Inhalt

W0181327

DAS SOZIALTHERAPEUTISCHE ROLLENSPIEL IM BEREICH DER SOZIALTHERAPIE

DAS SOZIALTHERAPEUTISCHE ROLLENSPIEL IM BEREICH DER HEIMERZIEHUNG UND SONDERPÄDAGOGIK

DAS SOZIALTHERAPEUTISCHE ROLLENSPIEL IM RAHMEN DER FAMILIENHILFEN

DAS SOZIALTHERAPEUTISCHE ROLLENSPIEL IM UMGANG MIT SINNKRISEN

ZUSAMMENFASSUNG

Einführung

DAS SOZIALTHERAPEUTISCHE ROLLENSPIEL – EINE METHODE DER SOZIALARBEIT UND SOZIALPÄDAGOGIK

Adelheid Stein

Das Sozialtherapeutische Rollenspiel ist eine eigenständige sozialpädagogische Methode, die sich an Handlungsstrategien der Sozialarbeit und Sozialpädagogik und deren beruflicher Haltung orientiert und die sich von anderen therapeutischen Behandlungsweisen abgrenzen läßt (siehe dazu Stein 1983, 32 – 37). Diese Methode ist bevorzugt für den sozialtherapeutischen Bereich entwickelt worden und wird in den unterschiedlichsten Feldern der sozialen Arbeit eingesetzt.

Primäres Ziel des Sozialtherapeutischen Rollenspiels ist die Mobilisierung der Selbstheilungskräfte der Klienten; es arbeitet insbesondere mit den gesunden Anteilen von Personen. Das Lerntempo und der Informationsstand eines Gruppenmitglieds werden sorgfältig beachtet. Es wird vorwiegend in Gruppen gearbeitet.

Die Bezeichnung „Rollenspiel" trifft nur für einen Teil der Spiele zu, und zwar für die problemzentrierten Spiele; sie helfen, Handlungsalternativen zu entwickeln und zu erproben. Zu den „Rollenspielen" sind auch die gruppenzentrierten Spiele zu rechnen; sie bieten Teilnehmern ganz verschiedene Rollen an, zum Beispiel Pflanzen, Tiere, Berge, Seen und andere mehr. Neben diesen „aktiven" Spielen gibt es auch solche, die sich mit Imaginationen, also mit Bildern beschäftigen (zum Beispiel ein imaginäres Fotoalbum betrachten, in einem fiktiven Koffer kramen); sie dienen in erster Linie der Erlebnisverarbeitung. Vor allem Klienten, die noch Angst vor Aktionen haben, ihren Platz noch nicht verlassen können und ähnliches, wird damit eine Chance geboten, in das Spiel einzusteigen. Es gibt Spiele, die die Realität betonen, in denen zum Beispiel aufgezeigt wird, was sich in einer bestimmten Situation ereignet; wir nennen solche Spiele Situationsspiele. Daneben haben wir Spiele entwickelt, die „legale" Fluchtmöglichkeiten anbieten, zum Beispiel Phantasiebilder, in denen wir vielleicht auf einem Pferd davonreiten oder mit einem Teppich in ein fernes Land fliegen. Der Veränderungsprozeß bezieht einmal mehr den Erlebnis-, einmal mehr den Handlungsbereich ein.

Diese verschiedenen Spielformen werden klassifiziert beziehungsweise eingeteilt in *wahrnehmungszentrierte Spiele* (a.), *gruppenzentrierte Spiele* (b.) und in *problemzentrierte Spiele* (c.).

9

a. Wahrnehmungszentrierte Spiele

Zu den wahrnehmungszentrierten Spielen gehören die *Erlebnisspiele* (mit Problemeingabe, zur Sinnfindung, mit Verhaltensalternativen, mit Selbstdarstellung und so weiter), die *Einfühlungsspiele* und die *Phantasiespiele*. Die wahrnehmungszentrierten Spiele dienen der Selbst- und Fremdwahrnehmung und beschäftigen sich mit bewußten und vergessenen Anteilen unserer persönlichen Geschichte wie auch mit Schuldgefühlen und Sinnkrisen.

b. Gruppenzentrierte Spiele

Zu den gruppenzentrierten Spielen sind zu zählen die *gruppenzentrierten Phantasiespiele,* die *realitätsorientierten Gruppenspiele,* die *Beziehungsspiele,* der *Gruppenspiegel,* die *Gruppenbegegnung,* die *Gruppenmaskerade* und das *Gruppenbild.* Gruppenzentrierte Spiele greifen Erlebnisse in der Gruppe auf und ermöglichen solche. Sie zielen ab auf die Aufarbeitung von Sozialisationsdefiziten, auf die Veränderung von Einstellungen und auf die Verbesserung der Entscheidungs- und Konfliktfähigkeit.

c. Problemzentrierte Spiele

Unter diesem Begriff fassen wir zusammen die *Situationsspiele,* die *Gruppeneinfühlung,* das *diagnostische Spiel,* die *Gesprächsführungen,* die *Verhaltensmodifikation,* die *Motivklärung* und das *verschlüsselte Problem.* Problemzentrierte Spiele haben den Erlebnis- und Handlungsaspekt einer problematischen oder frustrierenden Situation zum Gegenstand. Sie dienen der Analyse des Problems, der Entwicklung von Alternativen des Handelns, der Verarbeitung von Insuffienzgefühlen und von Allmachtsdenken. (Zu den theoretischen Grundlagen der verschiedenen Spielformen, zu den Inhalten, Darstellungsweisen und Zielsetzungen siehe Stein 1983, 14 – 30).

Ziele des Sozialtherapeutischen Rollenspieles im Rahmen des Veränderungsprozesses sind die Wiederherstellung des Vertrauens in die eigene Kraft; die Weckung schöpferischer Phantasie, die es erlaubt, Veränderung die noch nicht geleistet werden kann, zu träumen; das Mutmachen zum Fehler, der häufig erst den nächsten Lernschritt möglich macht; das Erfahren von Eigenmacht durch Handlung; die Schulung der Wahrnehmung, der körperlichen und sprachlichen Ausdrucksmöglichkeit; die Differenzierung der Sensibilität gegenüber Konflikten und der Einfühlungsfähigkeit in andere; die Einübung von Rollen, die wir in unserer Gesellschaft zu spielen haben; die Ermutigung zu nonkonformem Verhalten und die Zunahme der Fähigkeit, die damit verbundenen Konsequenzen richtig zu sehen und die eigene Belastbarkeit richtig einzuschätzen; der Erwerb von Rollendistanz und die gleichzeitige Fähigkeit, divergente Spannungen auszuhalten; das Kennenlernen zweckmäßiger Konfliktlösungsstrategien und der Fähigkeit, mit anderen zu kooperieren; eine Zunahme der Fähigkeit zur Selbstdarstellung, zur Selbstbehauptung und, wenn notwendig, zur Selbstbegrenzung.

Das Sozialtherapeutische Rollenspiel folgt in seiner Durchführung bestimmten Regeln. Es handelt sich um Regeln, die für alle Spiele Gültigkeit haben, und um solche, die auf die Besonderheiten der jeweiligen Spielformen zugeschnitten sind. Die Spielregeln sind in gleicher Weise für den Spielleiter wie für die Gruppenmitglieder verbindlich (siehe Stein 1983, 118 – 136).

An der Entwicklung und Erprobung des Sozialtherapeutischen Rollenspiels wird seit 1970 an der Katholischen Stiftungsfachhochschule in München gearbeitet. Wichtig ist dabei der ständige Austausch mit der Praxis gewesen. Insofern kann man sagen, daß das Sozialtherapeutische Rollenspiel von Sozialarbeitern und Sozialpädagogen aus der Praxis für die Praxis geschaffen worden ist. Ein wesentlicher Anstoß für die Entwicklung eines solchen methodischen Instrumentariums war die Tatsache, daß die Klientel von Sozialarbeitern und Sozialpädagogen eher selten über jene sprachliche Ausdrucksmittel verfügen, mit denen therapeutisch gearbeitet werden kann; deshalb bedurfte es neuer Wege, um für diese Zielgruppe Möglichkeiten zur Darstellung und Bearbeitung von einschlägigen Problemen und Konflikten zu schaffen. Aber auch die berufliche Situation von Sozialarbeitern und Sozialpädagogen war für uns ein Anstoß zur Entwicklung dieses Instrumentariums. Diese berufliche Tätigkeit setzt eine stabile berufliche Identität voraus. Diese ist unter anderem abhängig von der Verfügung über ein eigenes Erkenntnis- und Handlungsinstrumentarium, mit dem originäre Zielsetzung und Methoden des Arbeitens formulierbar sind und mit dem auch eine Abgrenzung und Ergänzung anderer methodischer Verfahrensweisen in einem interdisziplinär arbeitenden Team möglich ist.

Die Sozialarbeit konnte als eine junge Handlungswissenschaft erst spät damit beginnen, ihre Bedingungen und Strategien systematisch zu untersuchen, die Ergebnisse darzustellen und Erklärungsansätze zu finden. Damit können auch neue Methoden nur sehr eingeschränkt auf vorhandene Theorieansätze bezogen werden. Auch das Sozialtherapeutische Rollenspiel befindet sich noch im Anfangsstadium seiner Theorienbildung: bei der Sammlung von Erfahrungen, bei der Untersuchung von Gesetzmäßigkeiten, bei der Beobachtung der Reaktionen unterschiedlicher Klientel.

Literatur:

Stein A. : Sozialtherapeutisches Rollenspiel. Frankfurt 1983.

Das Sozialtherapeutische Rollenspiel in der Ausbildung

DIE INFORMATORISCHE VERMITTLUNG DES SOZIALTHERAPEUTISCHEN ROLLENSPIELS AN DER FACHHOCHSCHULE

Walter Schild

I. Vorbemerkungen

Der Umgang mit dem Sozialtherapeutischen Rollenspiel als einem Mittel der psychosozialen Behandlung in Klientengruppen erfordert nicht nur die Fähigkeit, Spielregeln anwenden und Spielformen auswählen zu können, sondern es geht auch und besonders um die Bearbeitung von Klientenproblemen im Spiel. Das bedeutet, daß sowohl die individuelle Situation der Klienten als auch deren engeren und weiteren Umfeldbedingungen zu berücksichtigen sind, die die Hilfsbedürftigkeit herbeiführten. In diesem Zusammenhang ist es erforderlich, die Vielschichtigkeit der Konflikte von Klienten zu betrachten, die Verstrickungen des einzelnen in das System seiner sozialen Umgebung zu erkennen, problematisches Verhalten zu verändern sowie neue Verhaltensweisen einzuüben und sachkundige Hilfestellungen in wirtschaftlicher, rechtlicher und sozialer Hinsicht zu geben.

Dies macht deutlich, daß die Arbeit mit dem Sozialtherapeutischen Rollenspiel Fachwissen und Können voraussetzt. Es sind sowohl solide Kenntnisse in den Grundlagenwissenschaften der Sozialarbeit und Sozialpädagogik erforderlich (zum Beispiel in Psychologie, Recht, Pädagogik, Medizin) als auch eine in der Praxis erprobte und reflektierte Handlungskompetenz in der sozialpädagogischen Arbeit vor allem mit Gruppen und mit einzelnen; der methodische Bezug zum umgebenden Gemeinwesen darf dabei nicht fehlen. Da das Sozialtherapeutische Rollenspiel auf diesen beruflichen Grundlagen aufbaut, kann es sinnvollerweise erst nach Abschluß der Ausbildung zum Sozialarbeiter beziehungsweise Sozialpädagogen erlernt werden.

An der Katholischen Stiftungsfachhochschule München wird das Sozialtherapeutische Rollenspiel ab dem 7. Semester, also im Hauptstudium, informatorisch angeboten. Es soll zum einen helfen, mit eigenen aktuellen Problemen besser umgehen zu können. Gleichzeitig werden auch andere Spielformen vorgestellt, so daß die einzelnen Studenten über den Selbsterfahrungscharakter hinaus für ihre praktische Arbeit Mittel kennenlernen, die sie ohne größeres Risiko einzusetzen in der Lage sind: Stegreifspiele, Scharaden, Sketche und andere Rollenspiele. Studenten, die an einer solchen Lehrveranstaltung teilnehmen, sollen

a. das Sozialtherapeutische Rollenspiel informatorisch und zum Zwecke der Selbsterfahrung kennenlernen (II.),

b. daneben solche Rollenspielformen üben, die relativ risikoarm selbst eingesetzt werden können (Stegreifspiele und so weiter) (III.),

c. schließlich lernen, Spiele zu analysieren sowie gezielt und situations- und problembezogen einzusetzen (IV.).

Ich werde im folgenden auf diese drei Aspekte in der Ausbildung eingehen, ihre Bezüge untereinander und zum Sozialtherapeutischen Rollenspiel herausstellen und meine Absichten für die Lernsituation aufzeigen.

II. Einführung in das Sozialtherapeutische Rollenspiel

Das Sozialtherapeutische Rollenspiel zum Zwecke der Selbsterfahrung macht den künftigen Sozialpädagogen mit den Ängsten und Schwierigkeiten vertraut, die bei unbekannten Spielen, bei fremden Menschen, bei der Artikulation eigener Probleme und so weiter auftreten können. Es zeigt den Studenten beispielsweise, wie belastend unter Umständen Schweigen sein kann oder daß Abwehr nicht nur negativ verstanden werden darf, sondern vielmehr auch in ihrer positiven, Ich-stützenden Bedeutung erfahren werden kann. Der Student lernt, daß ein gesunder Mensch Intimitäten nicht ohne weiteres preisgibt, daß andere ähnliche Probleme haben wie er, daß die Lösungsversuche der anderen häufig nicht auf die eigene Situation passen, daß aber Teilaspekte doch genutzt werden können. Er erfährt, daß die Gruppe einer Lösung häufig näher kommt, als es der einzelne zu tun vermag, daß er auf das Arbeitsklima der Gruppe angewiesen ist und bereit sein muß, dieses zu verbessern und dergleichen mehr. Wir versuchen, dies an Beispielen aufzuzeigen:

Eine wichtige Erfahrung, die Studenten beim Sozialtherapeutischen Rollenspiel machen, ist die, daß sie sich auf sich selbst verlassen können. Eine Gruppe spielte zum Kennenlernen ein *Erlebnisspiel,* den „Reisepaß":

Es war die erste Zusammenkunft und kein einziges Mitglied brachte ein Erlebnis ein, das über die Berührung von Fakten (Name, Geburtsort, andere Besonderheiten und so weiter) hinausging. Nur der Spielleiter bot Erlebnisse an, die im Zusammenhang mit seiner Identität standen. Dies führte zu mehr

Mut bei einzelnen im Assoziations-Feedback. Im ganzen war das Spiel aber arm an Erlebnissen geblieben.

Dies stellten die Studenten im Auswertungsgespräch sofort fest und fanden, daß dies am Spiel liegen müsse. Der Gruppe wurde nun zu überlegen gegeben, was dieses Vorhaben aussagt, und es wurden die Gründe für diese Zurückhaltung gesucht. Die einzelnen sprachen nun von ihren Ängsten. Es machten sich Schuldgefühle breit, die mit der „Nichterfüllung dieser Aufgabe" – wie sie es verstanden – verbunden waren. Daraufhin wurde die positive Bedeutung solcher Abwehr herausgestellt: Schutz der Intimität. Den Studenten war wieder wohler. Sie fanden, richtig gehandelt zu haben, daß heißt nicht bereits am Anfang zu viel von sich preisgegeben zu haben, da für sie die Gruppe und die einzelnen Guppenmitglieder noch nicht einschätzbar waren. Sie erkannten nun, daß Verschweigen zunächst auch eine positive Funktion haben kann und daß der einzelne Mensch nicht ohne weiteres die eigenen Intimitätsschranken verletzt. Die Erfahrung der Gewißheit, sich auf sich selbst verlassen zu können, gab ihnen später die Möglichkeit, sich in der zunehmend vertrauter werdenden Gruppe zu öffnen.

Da Studenten eines 7. Semesters bereits einiges an sozialpädagogischer Praxis hinter sich haben, war es leicht, sie an die Situation ihrer Klientel in Anfangssituationen zu erinnern. Dies führte zu Überlegungen, wie Sozialpädagogen mit solchen Anfangsschwierigkeiten in ihrer Arbeit umgehen können.

Das Sozialtherapeutische Rollenspiel kann Studenten auch helfen, Erlebnisse aus dem Praktikum aufzuarbeiten. Das folgende Beispiel ist einer Arbeitseinheit Mitte des 7. Semesters entnommen. Für dieses Treffen war die Vorstellung eines *problemzentrierten Rollenspiels* vorgesehen:

Am Anfang der Stunde wurden deshalb Problemstellungen gesucht. Die Gruppe entschied sich für eine Situation aus einem Erziehungsheim. Student Max beschrieb zuerst in Umrissen seine Praxisstelle. Er berichtete dann von einem 14jährigen Jugendlichen seiner Gruppe, der straffällig geworden war: Der Sozialpädagoge, der im Heim die Jugendgerichtshilfe wahrgenommen hat, hätte die Hauptursache des Straffälligwerdens in der Tatsache des Heimaufenthalts des Jugendlichen gesehen. Er selbst habe in einer Besprechung auf der Seite dieses Sozialpädagogen gestanden, ohne dies aber deutlich zu machen. Er verstehe das eigentlich nicht, sei er doch sonst aktiver und mutiger. Er setzte an, diese Situation genauer zu erzählen. Der Dozent schlug vor, die besagte Besprechung im Rollenspiel zu rekonstruieren. Die Rollen des Heimleiters, Erziehungsleiters, Gruppenerziehers, Jugendgerichtshelfers und des Jugendlichen wurden besetzt; Max nahm wieder die Rolle des Praktikanten ein. Nachdem jeder sich über seine Rolle in dieser vergangenen Situation vergewissert hatte, begann das Spiel. Es wurde mehr und mehr zu einer Auseinandersetzung zwischen dem Jugendgerichtshelfer und dem Heimleiter, wobei der Vertreter des Jugendamtes für einen Abbruch der

Heimerziehung plädierte, der Heimleiter jedoch für den Verbleib des Jugendlichen im Heim eintrat. Das Gespräch wurde immer grundsätzlicher, lauter und entfernte sich immer weiter vom Jugendlichen, um den es gehen sollte. Der Erziehungsleiter und der Gruppenerzieher beschränkten sich auf gelegentliche Schützenhilfe für ihren Chef, der Praktikant hielt sich heraus, der Jugendliche war nicht gefragt.

In der Auswertung erkannte Max, daß der Jugendgerichtshelfer seinen grundsätzlichen Vorbehalten gegen die Heimerziehung Ausdruck gegeben hatte. Gleichzeitig habe er es genossen, den Heimleiter zumindest vorübergehend in Bedrängnis zu sehen – einen Menschen, den er in der Realsituation als arrogant und Überlegenheit demonstrierend erlebte. Diese lehrerhafte Art „von oben herab" löse – so Max weiter – bei ihm auch sonst Wut aus, mache ihn aber auch hilflos. Er habe sich in der Situation dem Jugendlichen sehr nahe gefühlt. Aus der Gruppe wurde der Eindruck formuliert, daß es hier um einen Machtkampf gegangen sei. Das argumentative Übergewicht habe sich langsam „pro Heimerziehung" verschoben. Der Student in der Rolle des Jugendgerichtshelfers führte das auf seine Wissensdefizite zurück: Ihm sei im Spiel klar geworden, wie wenig sicher er im Jugendhilfebereich sei, sowohl in pädagogischer als auch in rechtlicher Hinsicht. Für ihn sei es ein Anstoß, sich auf diesem Gebiet sachkundiger zu machen. Max, der „Problemgeber", meinte, er wolle das nicht bestreiten, für ihn hätte das Gespräch jedoch nicht zufällig diesen Verlauf genommen. Noch im Praktikum sei ihm klar geworden, daß der Heimleiter, zumindest im vorliegenden Fall, eine sachangemessenere Position vertreten habe. Die weitere Entwicklung des Jugendlichen habe nämlich eine erkennbare Wendung zum Besseren genommen. Er sei zugänglicher geworden und habe Gespräche von sich aus gesucht. Offenbar habe der Jugendliche die dramatische Besprechung anders erlebt als er – das Heim und die Erzieher als Anwalt seiner Person. Er selbst habe das nicht so recht einordnen können. Am Ende der Auswertung war Max sehr nachdenklich: ihm seien einige Widersprüche in ihm selbst deutlicher geworden, im Moment bringe er noch nicht alles „in die Reihe". Die Zeit in dieser Arbeitseinheit reichte lediglich noch für einen Austausch vorläufiger Folgerungen. Die meisten Äußerungen aus der Gruppe bezogen sich auf die Verschränkung von beruflichen und persönlichen Problemen: Es sei beunruhigend, wie schnell eigene Schwierigkeiten mit Problemen der Klienten verwechselt werden könnten. Andererseits wurde auf die „Selbstaufklärungschancen" einer guten Supervision oder auch einer Gruppe wie dieser hingewiesen. Es kommt freilich darauf an, diese Chancen auch zu nutzen.

Gerade das *Situationsspiel* bot den Studenten gute Möglichkeiten zur Aufarbeitung belastender Erfahrungen aus dem Praktikum. Die Komplexität sozialpädagogischer Handlungsvollzüge und Handlungskontexte wurde deutlich. Auch der persönliche Anteil an gelungenen oder mißlungenen Situationen trat oft klar zutage.
Ihn genauer anzusehen und die Assistenz der Gruppe bei der Aufarbeitung zu akzeptieren, setzt eine überschaubare Gruppe voraus,

die durch regelmäßige Teilnahme und durch Bereitschaft zur Offenheit gekennzeichnet ist. Diese Voraussetzungen zu schaffen gelingt nicht jeder Gruppe in gleichem Maße. Wo sie gegeben sind, wird die Chance des Sozialtherapeutischen Rollenspiels zu persönlicher Weiterentwicklung auch aufgegriffen. Das aktuelle Gruppengeschehen, die Beziehungen der Teilnehmer untereinander sowie die Positionen, die die einzelnen in der Lerngruppe oder in Gruppen außerhalb einnehmen, sind Gegebenheiten, die in den gruppenzentrierten Spielformen bewußt werden können.

Als drittes Beispiel sollen die Erfahrungen mit einem *gruppenzentrierten Phantasiespiel* dargelegt werden:

Der Gruppe hat es sichtlich Spaß gemacht, im Phantasiespiel einen alten Speicher mit Leben zu füllen. Irmi war der alte Schrank in der Ecke gewesen, der von der Maus ab und zu, weil diese in ihm Eßbares vermutete, aufgesucht, aber – da verschlossen – schließlich wieder aufgegeben wurde. Ansonsten aber stand der Schrank abseits des Geschehens. Schließlich wurde er von den anderen zur Verbarrikadierung gebraucht und vor die Speichertür geschoben.

In der Auswertung meinte Irmi, daß der ruhige Platz in der hintersten Ecke heute für sie gestimmt habe. Es hätte sie amüsiert, wie sehr ihre Verschlossenheit die Phantasie der hungrigen Maus angeregt hätte. Als Schrank sei sie leer gewesen. Brauche es nicht letztlich doch sehr wenig, um sich interessant zu machen?! Eine Konsequenz ihrer passiven Rolle sei gewesen, „alles mit sich machen lassen zu müssen". Das Herumgeschobenwerden habe ihr gar nicht gepaßt. Als sie dann als fester Schutz vor Eindringlingen von den Speicherbewohnern gelobt worden sei und den anderen räumlich wieder näher gerückt war, habe sich auch ihr Gefühl geändert. Sie habe plötzlich Lust verspürt, sich aktiver am Leben und Treiben zu beteiligen. Die Gruppe habe aber nicht geduldet, daß sie ihren Platz verließ. Für Irmi, ein sonst aktives Gruppenmitglied, war die Erfahrung einer passiven Rolle eine Vergewisserung ihres persönlichen Verhaltensspielraumes. Eine andere, sonst eher zurückhaltende Studentin hatte im Spiel bewußt eine aktive Rolle gewählt: Ihr habe die Mobilität und Abwechslung, die mit der Rolle verbunden waren, gefallen. Die Zeit sei wie im Fluge vergangen. Als Initiator der Verteidigungsaktion habe sie sich von der Gruppe sehr getragen gefühlt, und sie habe es genossen, im Zentrum des Geschehens mitzubestimmen und mitzutun, was sie vorher nicht für möglich gehalten hätte. Andererseits denke sie auch an die „Abfuhren", die sie sich da und dort eingehandelt habe, als sie aktiv auf andere zugegangen wäre. Das sei wohl der Preis, den ein Initiator zu zahlen habe.

Diese persönlichen Erfahrungen waren der Ausgangspunkt für ein Gespräch über Vorteile und Nachteile aktiven und passiven Verhaltens. Erfahrungen aus dem kurz zurückliegenden Praktikum lagen nahe und wurden angesprochen. Es wurden jedoch auch Erlebnisse aus dem privaten Lebensraum der Gruppenteilnehmer berichtet. Mit Bezug auf das Spielgeschehen und Irmis Äußerungen wurden anschließend Überlegungen zum „Drin- und Draußensein" in der Gruppe angestellt: Ein Student, der sein Praktikum in einer Heilpädagogischen Tagesstätte absolviert hatte, erinnerte sich an die Arbeit mit einem Jungen, der – wie Irmi heute – ganz am Rande der Gruppe gestanden sei. Auf Annäherungen von seiten der anderen Kinder habe er kaum reagiert. Die Kinder hätten deshalb immer weniger von ihm Notiz genommen, und für die Erzieher sei er ein immer drängenderes pädagogisches Problem geworden. Er selbst sei anläßlich eines Fußballturniers auf die Idee gekommen, diesen Jungen zum „Ballwart" zu machen. Wider Erwarten habe diesem die Verwaltung der Bälle Spaß gemacht und durch die Kontakte, die er in dieser Funktion zwangsläufig hatte, habe sich sowohl sein Gruppenstatus als auch sein Verhalten langsam verändert. Möglicherweise sei in dem Jungen Ähnliches abgelaufen, was Irmi von sich berichtet habe. Am Ende des Praktikums sei der Junge in die Gruppe integriert gewesen. Der Dozent lenkte die Aufmerksamkeit auf die Bedeutung der Kommunikation und zeichnete die Wechselwirkungen Einzelner – Leiter – Gruppe idealtypisch nach. Ein Hauptunterschied zwischen dem Spielgeschehen und der Realität wurde in der Rolle des Leiters gesehen: Während im Spiel die Integration des „Schranks" sich aus dem Gruppengeschehen ergab, ist es in der Praxis meist die Aufgabe des Sozialpädagogen, gezielte Hilfestellungen zur Integration von Außenseitern zu geben. Ob – wie im Spiel – auch sehr direktive Maßnahmen letzten Endes erfolgreich sein könnten, blieb als anregende Fragestellung im Raume stehen.

Im „Gruppenspiegel", einem Spiel, in dem sowohl positive als auch negative Erlebnisse aus der kurzen gemeinsamen Vergangenheit im Sinne einer Schlußauswertung ausgetauscht wurden, wurde unter anderem das Bedauern zum Ausdruck gebracht, daß man jetzt, wo man zueinander gefunden habe und sich in der Gruppe offener und risikofreudiger verhalte, schon mit der Arbeit aufhören müsse, weil die Zeit vorbei sei. Wie lange sei es eigentlich her, als es vorwiegend um die Frage ging, wieviel man hier von sich zeigen könne?

III. Vermittlung verschiedener anderer Rollenspielformen
Ein sozialpädagogischer Grundsatz verlangt, da anzufangen, wo der Klient beziehungsweise die Gruppe steht. Für das Sozialtherapeutische Rollenspiel bedeutet dies, mit denjenigen Spielen zu beginnen, die

bekannt sind und weniger angst machen. Es wurden deshalb exemplarisch Spiele erarbeitet, die allgemein gebräuchlich und bekannt sind. Oft berühren sich diese mit Spielen, die von Kindern und Jugendlichen spontan benutzt werden. Ein Gruppenleiter sollte möglichst viele solche Spiele kennen. Ihr Wert darf nicht unterschätzt werden. Das therapeutische Spiel ist aus ihnen entstanden, es war nicht umgekehrt. Zulliger verweist darauf, daß das Spiel selbstheilende Kräfte in sich berge. Im Lied heißt es „Wo man singt, da laß dich ruhig nieder..." Man kannte und nutzte früher die Kraft der Spiele, der Musik, der Märchen und so weiter. Uns sind offenbar diese sozialen Quellen zur Selbstheilung verloren gegangen, sicherlich aber sind sie verkümmert. Es wäre von daher wichtig, wieder in das Spiel „hineinzuhorchen", sich ihm anzuvertrauen und zu erfahren, was in ihm steckt. So könnte das Spiel Kräfte wachsen lassen und verschüttete Fähigkeiten regenerieren. Spiele, die nicht zu den therapeutischen gerechnet werden, sind deshalb für eine sozialpädagogische und auch sozialtherapeutische Gruppenarbeit durchaus wertvoll; sie sollten also nicht vernachlässigt werden.

Eine Studentengruppe hatte sich entschieden, Scharaden zu spielen: Sie wählte die Sprichwortscharade „Morgenstund hat Gold im Mund". Es machte viel Spaß, dem Spiel zuzusehen und die einzelnen Szenen zu erraten, sie in Worte zu übersetzen und das Sprichwort zu finden. Dann aber wurde die Frage nach dem Sinn solch „unsinnig" erscheinender Sprichwörter gestellt, die früher zwar Bedeutung gehabt haben mochten, inzwischen aber antiquiert erscheinen. Man fragte sich auch, was damit etwa in einer Jugendgruppe bewerkstelligt werden könne. Diese Fragen leiteten in Antwortversuchen ein, die wir kurz skizzieren: Gold im Mund muß keinesfalls Geld bedeuten, weil die Sonne auch golden ist; frühes Aufstehen ermöglicht das Erlebnis eines Sonnenaufganges (hier wurden Bergerlebnisse mit Jugendgruppen geschildert); der Morgen hat Reize, die keine andere Tageszeit hat; es gibt Tiere, die nur morgens zu sehen sind; die ganze Landschaft ist verzaubert, wenn sie voller Tau und Morgensonne ist; es sieht tatsächlich so aus, als sei die Gegend in Gold getaucht, wenn die Sonne aufgeht; der Tag wird ganz anders erlebt, wenn man früh aufsteht. Die Gruppe hatte durch ihre eigene, sehr lebhafte Diskussion erfahren, daß die Scharade ein guter Gesprächsanstoß war. Sie war neugierig auf andere Sprichwörter und darauf, ob auch sie einen neuen Sinn enthalten oder ob sie umdeutbar sind. Die Übertragung auf die praktische Sozialpädagogik war eingeleitet. Verschiedene Studenten wollen mit ihren Jugendgruppen versuchen, solche Diskussionen zu entfachen.

Es gibt eine Reihe weiterer *Rätselspiele* mit oder ohne Wettbewerbscharakter. Da bei allen diesen Spielen der nonverbale Ausdruck eine wichtige Rolle spielt, ist der Weg zur Pantomime nicht weit. *Panto-*

mimische Grundübungen, Aktionen und *Spiele* stellen den Körper und seine Ausdrucksfähigkeit in den Mittelpunkt. Studenten erleben gerade diese Übungsinhalte als starken Kontrast zu den meisten anderen Veranstaltungen, in denen der Körper, sein Befinden und seine Sprache nicht gefragt sind. Eine weitere spielerische Übung ist die *Erzählpantomime.* A erzählt eine Geschichte und B spielt sie nach. B spielt pantomimisch weiter, C begleitet das Spiel mit Worten, erzählt die Geschichte weiter, die nun D spricht und so fort. *Stegreif-spiel, Rollenspiele* mit einer Vorbereitung in der Gruppe und der ausgearbeitete Sketch sind weitere Übungsinhalte. Zusammengenommen bieten sie dem Sozialpädagogen vielerlei Möglichkeiten einer ansprechenden und motivierenden Themenbearbeitung.

Die Gruppe entschied sich für das Thema „Familie im Jahre 2000". In mehreren Szenen wurde der Einfluß der sogenannten „neuen Medien" auf die Erziehung und das Familienleben behandelt. Mit Hilfe der Spielform *Sketch* entstand ein Kaleidoskop teils lustiger, teils beklemmender Szenen aus einer Welt, in der sich die Menschen den Geräten angepaßt hatten. Der mögliche Realitätsgehalt dieser Vision beschäftigte die Gruppe stark. Gleichzeitig waren alle stolz auf die darstellerische Leistung und die gut gesetzten Pointen. Es entstand die Idee, dieses gelungene Opus Kommilitonen im Rahmen einer Aktionswoche vorzuführen.

Nicht zuletzt gehören in diese Kategorie auch die verschiedensten Spiele zum Einprägen der Namen und zur ersten Kontaktaufnahme in der Gruppe. Hier stellten die Teilnehmer Spiele vor, die sie selbst aus der Jugendarbeit, aus Kursen und so weiter kannten. Nicht alle dienten dem Zweck, für den sie gedacht waren. Spielanalyse und Anwendungsreflexion waren deshalb notwendig geworden.

IV. Spielanalysen und Erlernen des situations- beziehungsweise
    problembezogenen Einsatzes der Spiele
Arbeitet der Sozialpädagoge oder Sozialarbeiter mit Erwachsenen oder Senioren, dann ist es wertvoll, Kenntnisse zu haben, welche Spiele traditionell in welchem sozialen Kontext gespielt und erlernt wurden. Arbeitet er mit Jugendlichen oder Kindern, sollte er Gelegenheiten nutzen, zu beobachten, was diese gern spielen und wie sie spielen. Er kann daraus einen zweifachen Gewinn ziehen: Erstens kann er „dort anfangen, wo seine Gruppenmitglieder stehen" und zweitens lernt er auf diese Weise Spiele kennen, die in verschiedenen Gruppensituationen auch gezielt angeboten werden können. Voraussetzung für einen überlegten Einsatz solcher Spiele ist allerdings, daß der Sozialpädagoge die im Spiel wirksamen Bedingungen zu erkennen vermag. Er sollte sich verdeutlichen, welche Spielschritte ein-

zuhalten sind, wieviel Platz zur Verfügung stehen muß und ob Requisiten gebraucht werden. Dieses leistet die Spielanalyse.

Unsere Erfahrungen zeigen, daß nur solche Spiele in die eigene Praxis integriert werden, mit denen der Spielleiter selbst gute Erinnerungen verbindet. Neben den spielanalytischen Gesichtspunkten „Ziel", „Struktur", „Rahmenbedingungen" und so weiter spielt diese persönliche Komponente des Spielleiters eine wichtige Rolle.

Endlich lassen sich noch Überlegungen zu Zielgruppen, Alterspräferenzen (Kinder, Jugendliche, Erwachsene), Art und Größe der Gruppe und zur Anwendbarkeit in den verschiedenen Gruppenentwicklungsphasen anstellen. Beispielsweise eignen sich Spiele, in denen sich einzelne stark exponieren müssen oder in denen Körperausdruck dominiert, meist nicht für die Anfangsphase einer Gruppe.

V. Schluß

Ich habe den Versuch unternommen aufzuzeigen, wie sich ein vorbereitendes und informatorisches Seminar zur Selbsterfahrung mit dem Sozialtherapeutischen Rollenspiel einrichten läßt. Es lassen sich sicherlich eine Fülle anderer ebenso guter Möglichkeiten finden.

Wichtig ist es, nochmals herauszustellen, daß das Sozialtherapeutische Rollenspiel an den Leiter differenzierte Anforderungen stellt. Die Beiträge müssen von ihrer Erlebnisqualität her erfaßt werden, und gleichzeitig muß die Spielstruktur analysiert werden. Dies erfordert eine sorgfältige Vorbereitung mit Mitteln, die risikoarm erscheinen und den Sozialarbeiter und Sozialpädagogen gleichzeitig befähigen, das „allgemeine Spiel" in seiner pädagogischen Bedeutung zu erfassen und zu nutzen.

Spiele lassen sich zweckfrei spielen. Das Spiel ist in vielfältiger Weise fördernd, belebend, sogar heilend. Für Sozialpädagogen sind Spiele jedoch auch Mittel, um bestimmte Ziele in und mit der Gruppe zu erreichen. Ihrem gezielten Einsatz geht immer eine diagnostische Einschätzung der Gruppensituation voraus. Uns ist es wichtig, diesen methodischen Berufsvollzug als Prämisse immer wieder deutlich zu machen. Um das angestrebte Ziel zu erreichen, ist es erforderlich, ein entsprechendes Spiel zu kennen. Es war deshalb unser Bestreben, den Studenten eine Palette von Spielen zu vermitteln, die sie anwenden können und anwenden dürfen.

Der Zauber und die zusammenführende Kraft des Spiels wurden im oben erwähnten „Gruppenspiegel" von mehreren Studenten angesprochen: Sieglinde sagte beispielsweise, daß es ihr schwer gefallen sei, eine bestimmte Situation zu erinnern, in der sie sich nicht wohl gefühlt habe. Wie sich das Entrücktsein aus dem Schulalltag und die angenehme Spannung im Spiel in einem Bild ausdrücken lasse? Vielleicht könnte das Bild sie lachend zeigen, zusammen mit anderen Gruppenmitgliedern, eine Szene vorbereitend. Hier haben sie soviel gelacht, wie eigentlich noch nie. Peter nimmt auf diese Äußerung Bezug, bestätigt sie und ergänzt, daß auch die Beziehungen untereinander fester geworden seien. Wenn man einen Teilnehmer dieser Gruppe in der Fachhochschule treffe, treffe man einen Bekannten.

DAS SOZIALTHERAPEUTISCHE ROLLENSPIEL: HILFE ZUR IDENTITÄTSFINDUNG VON STUDENTEN

Siegmund Juen

I. Vorbemerkung

In meinen Ausführungen geht es mir darum zu zeigen, daß das Sozialtherapeutische Rollenspiel und besonders die Spielform „Phantasiebild" eine ausgezeichnete Hilfe sein kann, um Problemsituationen, wie sie auch in der Ausbildung zum Sozialarbeiter auftreten, aufzuhellen und einer Lösung zuzuführen. Um dieses Anliegen in der Gesamtheit verständlich zu machen, halte ich es für notwendig, zunächst kurz die äußeren Rahmenbedingungen, die Ausbildungsstruktur und die besondere Situation der Studierenden darzustellen. Dann erst möchte ich auf die hier besonders bedeutenden Eigenheiten des Sozialtherapeutischen Rollenspiels hinweisen, die Wirkung dieses therapeutischen Instrumentes darstellen und schließlich Bilder und Gedanken der Studierenden selbst zu Wort kommen lassen.

II. Die Ausbildungssituation

Um die Wirksamkeit des Instrumentes „Sozialtherapeutisches Rollenspiel" sehen und einschätzen zu können, ist es notwendig, die Ausbildungsstruktur (1.) und die Situation der Studierenden (2.) kurz darzustellen.

1. Ausbildungsstruktur

Die Ausbildung zum Sozialarbeiter dauert in Österreich zur Zeit vier Semester. An der Akademie in Innsbruck beträgt die Zahl der Studierenden pro Jahrgang 20 bis 25. Die Lehrveranstaltungen lassen sich nach Anzahl und nach Art der Zusammensetzung der Teilnehmer unterscheiden: Vorlesungen: Teilnehmer sind alle Studierenden eines Jahrganges; Seminare: hier sind die Jahrgänge geteilt in zwei Gruppen (10 bis 12 Teilnehmer). Die Zuteilung des einzelnen Studierenden zu einer dieser Gruppe erfolgt durch die Direktion der Schule. Die Zusammensetzung der Seminargruppen bleibt während der vier Semester konstant; Projektgruppen: die Anzahl der Teilnehmer ist hier ebenfalls 10 bis 12. Ab dem 2. Semester können hier jedoch die Studierenden Thema und Ziel des Projektes selbst bestimmen und damit auch Zugehörigkeit zur jeweiligen Gruppe selbst wählen. Supervisionsgruppen: die Anzahl der Teilnehmer liegt hier bei 5 bis 6. Die Studierenden wählen zunächst für sich einen Supervisor und können in begrenztem Maße auch die Gruppenmitglieder wählen. Diese Gruppierung bildet sich zu Beginn des 3. Semesters und bleibt bis zum Ende des 4. Semesters konstant. Die Unterscheidung nach diesen Gruppierungen ist in unserem Zusammenhang von Bedeutung. Die Auseinandersetzung der Studierenden mit sich selbst, mit der eigenen Person und mit der beruflichen Identität geht vorwiegend in diesen Gruppenbeziehungen vor sich. Darüberhinaus gibt es einen weiteren Brennpunkt der Auseinandersetzung: die Praktika und ihre Auswertung an der Schule. Jeder Studierende macht mehrere Kurzpraktika mit einer Dauer von 4 bis 6 Wochen. Die Reflexion darüber findet an der Schule statt, in Kleingruppen, zumeist aber im Einzelkontakt mit dem zuständigen Lehrer.

2. Die Situation der Studierenden

Die meisten Bewerber für die Aufnahme in die Akademie sind Maturanten, kommen also unmittelbar nach Abschluß einer Mittelschule dorthin. Sie sind im Alter zwischen 18 und 20 Jahren. Viele von ihnen wohnen das erste Mal getrennt von ihrer Familie. Nur wenige bringen Vorerfahrungen hinsichtlich einer beruflichen Tätigkeit im allgemeinen und einer sozialen Tätigkeit im besonderen mit. Abgesehen von den veränderten äußeren Umständen kommen die Studierenden in der Akademie in mehrfacher Weise in eine neue Situation: Zunächst sind sie mit den verschiedenen Human- und Sozialwissenschaften und mit dem Fachwissen der Sozialarbeit konfrontiert, mit wissenschaftlichen Erkenntnissen, mit Hypothesen, mit Ideologien und mit Wertfragen. Dann sind sie den ersten Erfahrungen im Berufsalltag ausgesetzt; Zusammenhänge im Sozialbezug, in der Gesellschaft und ihre Auswirkungen auf den Beruf und auf sie persönlich werden bewußt.
Sie sind also mit Inhalten konfrontiert, die eine berufliche Sozialisation einleiten und damit die Suche nach einer beruflichen Identität provozieren. Die Beschäftigung mit diesen Inhalten zwingt die Studierenden aber auch zu einer persönlichen Auseinandersetzung, zu einem ständigen Vergleichen mit der eigenen Situation und mit dem eigenen Standpunkt und fordert so zu eigener Stellungnahme auf. Konkret bedeutet dies, daß eine ohnehin aktuelle Entwicklung beschleunigt und zugespitzt wird, nämlich die Ablösung vom Elternhaus, die Auseinandersetzung mit Autorität allgemein, Fragen der Beziehung zu einem andersgeschlechtlichen Partner, die Suche nach einer grundsätzlichen Orientierung für das zukünftige Leben, letztlich die Frage nach der eigenen, persönlichen Identität.
Die oben genannten verschiedenen Gruppen bieten dem Studierenden ein Beziehungsfeld, das notwendige Gegenüber für eine Auseinan-

dersetzung und – je nach Situation der Gruppe – einen schützenden und tragenden Rahmen für eine Abklärung der eigenen Position. Sie bedeuten aber immer auch Anstoß und Aufforderung und stellen letztlich einen großen Gruppendruck dar, dem nur schwer auszuweichen ist. Im Laufe der vier Semester Ausbildung läßt sich folgendes beobachten: Im ersten Semester wird der Prozeß der Auseinandersetzung und der Identitätsfindung eingeleitet und erfährt eine enorme Bereicherung durch das erste Praktikum. Dieser Prozeß wird im zweiten Semester zunehmend intensiver. Zu Beginn des dritten Semesters ist ein Teil der Studierenden fast nicht wieder zu erkennen. Es ist nicht übertrieben, von einer Art „Krisensituation" zu sprechen – ausgelöst, so denke ich, durch eine Konfrontation in zweierlei Hinsicht: einerseits durch die Praktika am Ende des zweiten Semesters und in den Sommerferien und zum anderen durch den möglichen, direkten Kontakt mit den Eltern und mit andersgeschlechtlichen Freunden und potentiellen Partnern in den Ferien. Diese beiden Situationen verdichten sich geradezu zu einem Gegenstand der Auseinandersetzung in den Lehrveranstaltungen, da es ja um die berufliche Identität einerseits und um die persönliche Identität andererseits geht.

Die Reaktionsweisen in dieser Situation an der Akademie sind sehr vielfältig und können gleichzeitig nebeneinander auftreten. Häufig ist zu beobachten: aggressives, kritisierendes Verhalten gegenüber der Schule als Gesamtheit oder gegenüber einzelnen Lehrpersonen; Resignation und ein Nur-noch-Absitzen der restlichen Ausbildungszeit; Verlagerung der Interessen und der Aktivitäten nach außerhalb der Schule; ein Sich-gegenseitiges-Bekämpfen in den einzelnen Gruppen; Betonung der Auseinandersetzung auf einer nur intellektuellen Ebene und anderes mehr. Für alle diese Reaktionsweisen gilt, daß sie zunächst eine Art Lähmung zu Folge haben, was die Vermittlung und Erarbeitung von neuen Lehrinhalten betrifft. Dies wirkt sich bei einer so kurzen Ausbildungsdauer besonders nachteilig aus. Für alle Reaktionsweisen gilt auch, daß sie sich verstärken und auch exzessive Formen annehmen, wenn es nicht gelingt, einen Verarbeitungsprozeß in Gang zu setzen.

Nun versteht sich die Akademie nicht als Therapieeinrichtung. Sie hat aber in diesem Punkt eine Art therapeutische Funktion zu erfüllen. Die Schule und der einzelne Lehrer muß für den Studierenden zum Partner der Auseinandersetzung werden und dadurch die Auflösung dieser „Krisensituation" mittragen. Die Studierenden lassen sich in der Regel ohne Schwierigkeiten auf Fragen der beruflichen Identität ein. Damit ist die Bearbeitung dieser Fragen auch gut möglich. Eine wirkliche, eigene Berufsidentität kann der einzelne jedoch erst nach Abschluß der Ausbildung im Berufsalltag finden. Außerdem erfolgt eine Reifung in diesen Fragen erst mit und nach dem Finden und Festigen der persönlichen Identität.

Die Beobachtungen zeigen auch, daß im Brennpunkt der Auseinandersetzungen vorerst immer die ganz persönlichen Fragen stehen: die Suche nach der persönlichen Identität. Hier entsteht nun eine zusätzliche Schwierigkeit: Die Schule beziehungsweise der einzelne Lehrer kann nicht leicht zum Ort beziehungsweise Partner des Vertrauens werden, mit dem persönliche, oft intime Anliegen besprochen werden können. Auch bei guten Beziehungen wirken sich die vorhandenen Rollen Lehrer – Schüler blockierend auf das Verhältnis beider Seiten aus. Darüberhinaus ist zu bedenken, daß eine solche Entwicklung in der kurzen, zur Verfügung stehenden Zeit nicht abgeschlossen werden kann. So scheint mir das Erreichbare darin zu liegen, dem Studierenden behilflich zu sein, daß er einen Abstand von sich selbst bekommt, von seinen widersprüchlichen Gefühlen und vom Durcheinander der verschiedenen Fragen, um dadurch wieder festen Stand und einen Blick für die nächsten Schritte zu gewinnen.

III. Das Sozialtherapeutische Rollenspiel als therapeutisches Instrument

1. Allgemein

Das Sozialtherapeutische Rollenspiel wird an der Schule mehrfach eingesetzt, zum Beispiel in der Vorbereitung auf die Praktika und auf die Arbeit in Projekten, in der Auswertung der Praktika oder in der Supervision. Mir geht es hier vor allem um das Rollenspiel als therapeutisches Instrument im allgemeinen und um den Einsatz dieses Instrumentes in der oben beschriebenen Situation im besonderen. Seit einigen Jahren wird das Sozialtherapeutische Rollenspiel im 3. Semester als „Freigegenstand" angeboten. Ziel dieser Veranstaltung ist zum einen, die Methode des Sozialtherapeutischen Rollenspiels kennenzulernen, aber nicht sie zu erlernen, und zum anderen, den Studierenden ein Angebot zur Selbsterfahrung zu unterbreiten. Daß dieses Angebot von den Studierenden angenommen wird, ist nicht so selbstverständlich, wenn man die Situation bedenkt, in der sie sich befinden: Zu Beginn des 3. Semesters ist ihre Ablehnung gegenüber Schule und allem, was von dort kommt, auf einem ersten Höhepunkt angelangt. Je umfangreicher aber die Vorerfahrungen mit dem Sozialtherapeutischen Rollenspiel aus dem 1. und 2. Semester sind, desto größer ist auch das Interessse an diesem Angebot im 3. Semester (maximale Teilnahmequote bislang 70%). Dies und die Tatsache, daß sich die Studierenden dann auch in das Spiel und auf ihre persönlichen Probleme einlassen, obwohl es in der Schule und mit einem Lehrer als Leiter stattfindet, spricht für dieses Instrument. Wesentlich für das Gelingen scheinen mir dabei zwei Punkte zu sein:

a. Der Spielleiter, hier der Lehrer, der Vertreter der Schule beziehungsweise eine Autorität, läßt sich ebenfalls in das Spiel ein, bringt Bilder und damit persönliche Inhalte in den Austausch ein. Dadurch wird er zum Partner in einer Auseinandersetzung und kann auch als Partner agieren und mit den Studierenden zusammenarbeiten. Partner sein bedeutet aber nicht, daß der Lehrer seine Leiterfunktion aufgibt, im Gegenteil: diese Funktion gewinnt noch an Bedeutung für die Studierenden. Bei anderen Formen des Unterrichts besteht immer eine Gefahr, daß die Studierenden im Lehrer nur noch die abzulehnende und anzugreifende Autorität sehen.

b. Die Spielanlage und die Spielregeln, also das Instrument selbst schafft – vorausgesetzt es wird richtig gehandhabt – eine Situation, in der Bilder entstehen, die zunächst unbedeutend erscheinen. Unbedeutend heißt auch ungefährlich. Erst dadurch kann der einzelne Bilder überhaupt zulassen. Im Laufe des Spiels hat der einzelne die Möglichkeit, die Aussage seines Bildes selbst zu erkennen oder durch die Rückmeldung der anderen auf die Bedeutung des Bildes zu stoßen. Darüberhinaus bleibt ihm das Recht, seine Erkenntnisse über sich selbst mitzuteilen oder bei sich zu behalten. Diesen letzten Punkt halte ich für besonders wichtig. Ohne diese Spielregel wäre das Rollenspiel als therapeutisches Instrument in einer Schule und mit dem Lehrer als Spielleiter nicht effizient einsetzbar.

2. Die Spielform „Phantasiebild"

Der Verlauf der Veranstaltung im 3. Semester kann sich nach den Bedürfnissen und den Anliegen der Studierenden richten. Dem entsprechend werden alle verschiedenen Spielformen eingesetzt, vorwiegend aber *erlebniszentrierte* und *gruppenzentrierte Spiele*. Alle diese Spielformen bieten gute Möglichkeiten für die Studierenden, sich mit ihrer Situation auseinanderzusetzen, Struktur und Standpunkt zu finden. Ich möchte mich in der Folge mit einer Spielform beschäftigen und zwar mit dem *Phantasiebild*. Dies deshalb, weil dieses Spiel besonders aufhellende und klärende Wirkung hat, also etwas bietet, was für die Studierenden in ihrer Situation im 3. Semester besonders wichtig ist. Diese Spielform ist von ihrer Grundkonzeption her zunächst nicht daraufhin angelegt, eine stark klärende, diagnostische Wirkung zu erzielen. Meine Erfahrungen an mir selbst und in Studierendengruppen gehen jedoch in diese Richtung, wobei das „Samenkorn" und „das Blumenglas" am deutlichsten diagnostische Bilder hervorbringen.

Ob nun der einzelne Teilnehmer seine Erlebnisse und Erkenntnisse ausspricht und thematisiert oder nicht, das Ergebnis ist letztlich immer dasselbe: eine Darstellung seiner momentanen persönlichen Situation, und zwar oft im Sinne einer Erfassung der besonderen Umstände in der momentanen Lebenssituation und oft im Sinne einer Standortbestimmung im Ablauf der persönlichen Lebensentwicklung. Der Prozeß zu dieser Situationserfassung und vor allem der Endpunkt in diesem Spiel ist immer auch von Gefühlen begleitet, von Empfindungen, die auftauchen, wenn jemand sagt: „Das bin Ich!" Die Studierenden sprechen hier oft von Befreiung – Befreiung aber nicht, weil ein Problem beseitigt wäre, sondern weil sie wissen oder ahnen, wer und wo sie sind, und weil sie sich damit auch wieder mit Abstand betrachten und wieder handeln können. Darin liegt für sie in ihrer Situation die Befreiung

IV. Drei Beispiele

Aus eigener Erfahrung weiß ich, daß man in der Gruppe nicht alles, was man erlebt und erkennt, mitteilen will; oft auch deshalb, weil es noch nicht so richtig faßbar ist. Daher habe ich die Studierenden gebeten, nach dem Spiel (Phantasiebild), zu Hause, niederzuschreiben, was sie erlebt und gedacht haben und woraus ich einige Beispiele zitiere. Dazu auch Ergebnisse von Interviews mit der Fragestellung: Was hat das Spiel bei Ihnen bewirkt? Wie war es vor diesem Spiel? Diese Gespräche wurden später, circa 3 Monate nach dem Spiel geführt. Die Niederschriften sind unverändert übernommen. Anmerkungen von mir sind durch eckige Klammern gekennzeichnet.

1. Beispiel: Alfons

Im Beispiel Alfons wird recht gut sichtbar, wie Bilder im Laufe des Spieles entstehen und nach und nach Bedeutung gewinnen und wie diese Bedeutung teilweise auch erkannt wird. Es erfolgt eine Auseinandersetzung mit den vorliegenden Problemen, Alternativen werden gesucht und wieder verworfen, – alles jedoch in Bildern und nicht nur während der Phantasiephasen, sondern auch während der Austauschphasen. Der Versuch, die Bilder zu deuten, geht beim einzelnen Teilnehmer auch nach dem Spiel weiter. Darüberhinaus geht es in diesem Beispiel nicht so sehr um die Ablösung vom Elternhaus. Der Student ist bereits 24 Jahre alt und damit schon etwas älter als seine Kollegen. Es geht mehr um die Loslösung von einer ersten Liebe, um die Überwindung einer Phase der Isolation und um den Mut zur Begegnung mit einer neuen Partnerin.

Niederschrift:
1. Bild: Blumenglas. Ein kleines rundes Glas, fast wie eine Kugel, die oben offen ist. Samen. Ein Apfelkern.
2. Bild: Es entsteht ein kleines Apfelbaumpflänzchen. Es wächst rasch. Das Glas wird bald zu klein sein.
3. Bild: Das Glas ist zu klein geworden. Ich habe es zerbrochen und den Baum umgetopft in einen großen Keramiktopf. Er steht noch immer im Zimmer und wächst sehr schnell.
Bevor ich das Zimmer zerstöre, muß ich mit dem Baum aus dem Zimmer. Ich weiß nicht wohin damit. Zum Schluß stehe ich, den Baum in der Hand, auf der Wiese. Der Topf ist zu klein geworden. Ich habe den Baum aus dem Topf genommen. Die Wurzeln hängen frei in der Luft. Ich muß ihn bald irgendwo einsetzen, sonst verdorrt er. So stehe ich da auf der Wiese.
Als das Spiel vorgestellt wurde, war es für mich mühsam, ein passendes Gefäß und einen Samen zu finden. Das Glas war mir überhaupt nicht wichtig und ich wunderte mich, daß andere Gruppenmitglieder soviel Zeit verwendeten, ihr Gefäß zu beschreiben. Beim Suchen des Samens stellte ich mir vor, was ich jetzt gerne essen würde und kam auf einen Melonenkern. Ich hatte dann den Gedanken, daß ein Melonenkern bei oberflächlicher Betrachtung wie ein Apfelkern aussieht. Ich verglich eine Melonenstaude, die da am Boden herumkriecht, mit einem stolzen Apfelbaum und entschied mich für den Apfelkern; die Frucht war mir zu diesem Zeitpunkt nicht mehr wichtig.
Im zweiten Durchgang [gemeint ist die zweite Phantasiephase] spürte ich noch keine Verbindung zu dem Gefäß mitsamt dem jungen Trieb. Ich faßte auch die Beschreibung sehr kurz und unromantisch.
Plötzlich, im nächsten Durchgang, hatte ich sofort klare Vorstellungen von meinem Gewächs. Plötzlich gewann es an Bedeutung. Ab diesem Zeitpunkt hatte ich Interesse an dem Spiel. Es war eine logische Folge, daß ich das zu enge Glas zerschlug, um den Baum, der überraschend schnell wuchs, in einen größeren Topf zu pflanzen. Nun begann ich mich mit dem Baum zu identifizieren. Ich sah ihn (mich) in meinem düsteren Zimmer traurig stehen und wußte, daß dies nur ein vorübergehender Aufenthaltsort für den Baum sein kann.
Als der Spielleiter sagte, wir sollen uns nun die Pflanze vorstellen und – im gleichen Bild – auch uns als Person und was wir mit der Pflanze machen (an den genauen Wortlaut kann ich mich nicht mehr erinnern), wurde ich aus meiner totalen Identifikation mit dem Baum herausgelöst. Zuerst war ich enttäuscht, dann aber froh; denn ich war jetzt als Person wieder handlungsfähig. Der Baum mußte schleunigst aus der viel zu engen Wohnung hinaus. Ich wußte nur nicht wohin und hielt ihn ratlos in der Hand. Im Spiel erwähnte ich, daß ich kurz an das „Verheizen" meines Baumes gedacht habe. Bevor ich diesen Gedanken gefaßt hatte, dachte ich mir, ich müßte jetzt etwas Originelles sagen, zum Beispiel „verheizen". Ich spielte auch mit der Überlegung, daß dies eine bequeme Lösung wäre. Das erspart mir die Suche nach einem Ort für die Neupflanzung. Mein letztes Bild in dem Spiel: Ich stehe mit meinem Baum in der Hand ratlos vor meiner Wohnung. Ich überlegte, wo ich ihn einpflanzen könnte ...

Ich wohnte lange, zusammen mit meiner ehemaligen Freundin, in einem romantischen Haus samt Garten. Dort wollte ich aber den Baum nicht einsetzen. Als zweiten möglichen Ort sah ich meine derzeitige Wohnung und den Garten rund um das Haus. Diese Gegend kam für den Baum überhaupt nicht in Frage. Ich fühlte mich da nicht wohl. Auch irgend einen Wald oder irgend eine Wiese zog ich in Erwägung; das schien mir aber zu anonym. Ich fühlte mich jetzt bedrängt: Einerseits wußte ich, daß ich den Baum baldigst einsetzen mußte, sonst würde er verdursten, andererseits wollte ich ihn nicht irgendwo einsetzen, denn er wuchs ja sehr schnell und ein Umpflanzen würde immer schwieriger werden.

Jetzt, zu Hause und schreibenderweise, weiß ich, daß ich den Apfelbaum im Garten einer lieben Frau, die ich sehr gern habe, einpflanzen will. Ich gehe aber das Risiko ein, daß eine Neupflanzung schwierig werden und schmerzhaft sein kann.

Im Samenglas sah ich meine Familie. Der nächste, größere Topf könnte meine langjährige, vergangene Beziehung zu einer Frau symbolisieren. Die Herausnahme aus dem Topf erlebte ich (der Baum) als Befreiung. Als ich aber ohne Erde so in der Luft hing, fühlte ich mich einsam, irgendwie traurig und auch ratlos.

Mir war schon gegen Ende des Spiels der Zusammenhang der Erlebnisse des Baumes mit meinem Leben sonnenklar, ich wollte aber nicht darüber in der Gruppe sprechen. Ich dachte an ein harmloses Spiel und war auf solche Ergebnisse nicht gefaßt.

Gespräch:
Es ist mir klar geworden, daß ich nicht weiß, was ich will. Das wußte ich zwar vorher auch schon, aber in einer ganz undifferenzierten Weise. Jetzt weiß ich es ganz klar, – so klar, daß es mich zu einer Entscheidung drängt, zumindest in der Frage, wo ich den Baum hinsetzen will. Ich habe mir das erste Mal überlegt, zu wem ich als Person überall Beziehungen habe. Ich habe in der Zwischenzeit auch mit der besagten Frau Kontakt aufgenommen und unsere Beziehung abgeklärt.

2. Beispiel: Salome
Im Beispiel Salome kommen ganz deutlich Probleme der Ablösung vom Elternhaus, wie sie für viele unserer Studierenden typisch sind, zum Vorschein: selbständig sein zu wollen und doch nicht genau zu wissen, wie dies zu bewerkstelligen ist und welche Folgen dies haben könnte. Gut zu sehen ist hier auch, daß ein Bild nicht nur in seiner Gesamtheit Bedeutung hat, sondern daß Details oft eine unmittelbare Ausdrucksform für die Problem- und Erlebnissituation darstellen. Wenn Salome zum Beispiel das Glas nicht zerbrechen will und es schließlich auseinanderschneidet, und zwar so, daß zwei weiterhin verwendbare Teile entstehen, und wenn sie die Ränder abschleifen läßt, damit man sich nicht verletzen kann, dann ist dies wohl direkt

mit ihrer Aussage im Spiel in Verbindung zu bringen, daß sie die Eltern und Geschwistern nicht verletzen und ihre Beziehung nicht ohne weiteres verändern möchte. An dieser Stelle sei aber auch angemerkt, daß eine authentische Deutung und Entschlüsselung der Bilder nur der Betroffene selbst leisten kann.

Niederschrift:

1. Bild: Mein Blumenglas, das ich gefunden habe, ist aus durchsichtigem Glas; unten weit, geht gerade nach oben, verengt sich dann und weitet sich danach wieder – kelchförmig. Es ist Wasser drinnen und in der Verengung liegt eine kleine Zwiebel, von der ich nicht weiß, was daraus wird.

2. Bild: Zuerst sind aus der Zwiebel kleine Wurzeln gesprossen. Sie sind gewachsen, bis das Glas völlig mit Wurzeln voll war; nur oben an der Zwiebel hat sich nichts verändert. Ich wurde schon sehr ungeduldig. Doch dann ist endlich oben ein grüner Trieb herausgekommen, aus dem ein schmales längliches Blatt wurde, und daneben kamen immer mehr Blätter heraus, – immer eines, das sich nach rechts, und eines, das sich nach links bog. In der Mitte kam schließlich ein feiner, grüner saftiger Stiel heraus, an dem blaue Blüten waren. Ich erkannte, daß es eine Traubenhyazinthe war.

3. Bild: Die Hyazinthe blühte einige Zeit sehr schön, bis die Blätterspitzen langsam gelb wurden und immer mehr anfingen zu welken. Auch die blauen „Kügelchen" der Blüte wurden trocken und fielen der Reihe nach ab. Ich schnitt schließlich die verwelkten Blätter und die Blüte ab, und da fiel mir auf, daß neben der alten großen Zwiebel kleine neue Zwiebel herangewachsen waren. Aber dadurch war die alte Zwiebel durch die Verengung des Glases nach unten gezogen worden. Ich war ratlos, weil ich die Zwiebel aus dem Glas bekommen wollte, ohne das Glas beziehungsweise die Zwiebel kaputtzumachen.

Ich entschloß mich dann, das Glas mit einem Glasschneider auseinanderzuschneiden, also die obere Hälfte wegzuschneiden. So kann ich die Zwiebel herausnehmen, ohne sie zu beschädigen. Ich werde sie im nächsten Frühjahr in den Garten setzen. Die Ränder des Glases ließ ich abschleifen, so daß man sich daran nicht verletzen kann. Ich überlege mir nun, wofür ich die beiden Teile verwenden könnte.

Ich sehe mich als Zwiebel und das Blumenglas ist mein Elternhaus. Nun hatte ich dort drinnen früher leicht Platz. Mit der Zeit bin ich aber nun größer geworden, habe mich entwickelt und ich möchte nicht mehr nur im Blumenglas blühen.

Ich bin noch sehr mit der Ablösung beschäftigt, will hinaus, will meine Eltern und Geschwister aber auch nicht verletzen und will meine Beziehung zu ihnen nicht einfach umgestalten. Noch bin ich sehr stark in die Überlegung vertieft, wie ich das machen könnte.

[Alles, was hier niedergeschrieben worden ist, wurde auch ins Spiel eingebracht, also den anderen Teilnehmern mitgeteilt.]

Gespräch:
Die Problematik der Ablösung vom Elternhaus war schon lange da, etwa seit dem zweiten Semester [circa 6 Monate]. Ich habe mich aber nie um eine Lösung bemüht. Ich habe einfach abgewartet, – mit der Einstellung, eine Lösung wird sich dann schon ergeben. Nach dem Spiel ist mir erst bewußt geworden, daß diese ungelösten Fragen für mich eine wirkliche Belastung darstellen. Ich habe mir überlegt, wie ich als Sozialarbeiterin Jugendlichen helfen kann, sich abzulösen und selbständig zu werden, wenn ich dieses Problem für mich selbst nicht bewältigen kann. Ich mußte aktiv werden, um das Problem ganz gezielt anzugehen. Ich bin auch aktiv geworden. Das Spiel war der Anstoß dazu.

Ich habe zwar auch vorher schon versucht, mit den Eltern zu sprechen, aber immer sofort einen Rückzieher gemacht. Dann aber, nach dem Spiel, habe ich versucht, meine Meinung zu vertreten, und es ist zu weiterführenden Gesprächen gekommen. Seit etwa vier Wochen habe ich nun ein eigenes Zimmer hier am Studienort.

Ohne das Spiel wäre es so weitergegangen, wie vorher. Ich hätte mir dann nach der Ausbildung auswärts eine Arbeit als Sozialarbeiterin gesucht, um dadurch gezwungenermaßen von zu Hause wegzugehen. Das wäre aber keine wirkliche Lösung gewesen.

Ich habe übrigens auch beobachtet, daß sich meine Eltern verändert haben. Sie fühlen sich seither nicht mehr so verantwortlich für mich, sie fahren zum Beispiel dieses Jahr das erste Mal seit vielen Jahren wieder in den Urlaub. Es entsteht eine neue gute Beziehung zwischen uns. Darüber bin ich froh.

3. Beispiel: Berta

In diesem Beispiel werden Probleme der Suche nach der persönlichen Identität offenkundig. Dabei sind Fragen vorhanden wie: Wer bin ich? Was vermag ich? Welche Stimmung beherrscht mich? Welche Freundschaft und Partnerschaft habe ich und will ich? Gründe ich eine eigene Familie? Habe ich den richtigen Beruf gewählt? Welche Stellung und Funktion hat für mich die Familie?

Niederschrift:
1. Bild: Mein Blumenglas ist durchsichtig und sieht aus wie eine Kugel. Auf einer Seite ist ein Stück herausgeschnitten und der darüber liegende Wandteil nach innen gebogen, so daß die Kugel nach außen hin offen ist und gleichzeitig aber im oberen Teil eine verengte Wölbung vorhanden ist. Das Blumenglas hängt an einer Schnur. Durch einen Widerhaken an der Decke gehalten, befindet sich das Blumenglas circa 1 Meter von der Ecke entfernt vor dem großen Südfenster. Auf dem Boden des Glases befindet sich ein roter, platter, runder Samen, aus dem ein Kaktus wachsen wird.
2. Bild: Weil ich bereits wußte, daß aus dem Samen ein Kaktus wächst, wartete ich gespannt darauf, daß der Kaktus wächst. Es kostete mich viel Mühe und Zeit, sein Wachstum zu verfolgen. Langsam entstand ein grüner Stamm.

Daraus bildete sich ein Seitentrieb, der für mich nicht erfreulich ist, weil er meine Idealvorstellungen von einem Kaktus stört. Als der grüne Kaktusstamm kräftig und groß genug war, bildete sich auf ihm eine rote, knollenähnliche Blüte, welche gefurcht ist und die Blüte in 8 Teile spaltet.
3. Bild: Ich befinde mich im gleichen Raum wie der Kaktus. Auf einem grünen, klotzigen Polstersessel balancierend, stehe ich beim Kaktus, um ihm Wasser nachzugeben. Bei dieser Tätigkeit führe ich gleichzeitig ein „Gespräch" mit dem Seitentrieb und empfehle ihm, sein Wachstum zu stoppen, da er nicht mehr lange durch die Schmalform des Blumenglases [gemeint ist die enge Wölbung ganz oben in der Kugel] weiterwachsen kann. Der Kaktus steht fest da, er ist verwurzelt. Der Seitentrieb ist ein Auswuchs, bei dem die Weiterentwicklung nicht voraussagbar ist.
[Bis hierher wurden die Bilder und Gedanken im Spiel eingebracht, also den anderen Teilnehmern mitgeteilt. Das Folgende ist nur der Niederschrift anvertraut.]
Ich sehe Zusammenhänge zwischen meiner momentanen Situation und dem Phantasiebild: Das Blumenglas stellt für mich meinen engsten Bekanntenkreis (Familie, manche Verwandte, mein Freund) dar: „aufgehängt" = ist beweglich; Stimmung und Bezug ist schwankend, aber festhaltbar; „durchsichtig" = sie kennen mich; ich kann ihnen nichts verheimlichen; ihre Erziehungsbemühungen an mir werden an sie manchmal zurückgespiegelt. „Kugel ist an einer Seite stark geöffnet" = offen; Familie hat mir Platz gelassen für mich, meine Entwicklung. Der Kaktus, die rote Blüte und der Seitentrieb, das bin ich. Der Seitentrieb stellt für mich jenen Anteil dar, der mich beunruhigt, unsicher macht, Zukunft ist.
Mein Leben ist bereits verplant. Ich kann mir meine Zukunft bereits vorstellen: Diplomprüfung, Heirat, Berufstätigkeit, Kinder, Hausfrau und Mutter, Beratung. Zu jedem dieser Punkte muß ich aber die Frage stellen: Ist dies dann auch das, wozu ich fähig bin? Wie bewältige, wie lebe ich mein Leben? Was ist Liebe und was fordert sie?
Ich habe manchmal Angst vor dem gemeinsamen Leben mit meinem Freund. Nicht weil ich mir das Leben mit ihm nicht vorstellen kann, sondern weil dann viele unbekannte Faktoren (Schwiegereltern, Wohnsituation) auf uns, auf mich einwirken werden. Wie kann ich dies bewältigen?

Gespräch:
Vor dem Spiel wußte ich, daß es mir nicht gut geht. Aber ich wußte nicht so recht wie und warum. Nach dem Spiel habe ich zu Hause alle Problembereiche und alle Fragezeichen klar vor mir gesehen. Es ist mir fast zuviel geworden. Inzwischen ist das ganze nicht mehr aktuell. Es belastet mich nicht mehr, alle Fragezeichen sind ausgeräumt und ich weiß, was ich will und was ich tun werde.
Kurz vor dem Spiel war ein Gespräch mit den zukünftigen Schwiegereltern vereinbart. Ich war unsicher, hatte Angst, weil ich einfach nicht wußte, wie es werden würde. Durch das Spiel und die Überlegungen nachher bekam ich Klarheit und die Möglichkeit, konkrete Fragen zu stellen und Ausblicke zu

finden. Das Gespräch mit den Schwiegereltern verlief gut; auch die Gespräche mit meinem Freund und mit meiner Familie.

Das Ganze ist etwa innerhalb von 14 Tagen abgelaufen. Seither habe ich wieder Freiraum für andere Dinge: für die Schule, für die Prüfungen, für berufliche Fragen, für die Praktika. Ja, das letzte Praktikum ist mir viel leichter gefallen: Ich habe mich selbst akzeptiert und das, was ich mache und vorhabe. Und vor allem: Ich habe dies gegenüber allen, die mich danach fragten, vertreten können. Ich habe jetzt einen Weg vor mir, den ich zwar immer wieder hinterfrage, aber vorher hatte ich keinen Weg.

ANWENDUNGSMÖGLICHKEITEN DES SOZIAL-THERAPEUTISCHEN ROLLENSPIELS IN DER AUSBILDUNG ZUR FAMILIENPFLEGERIN

Ursula Schmidtobreick

I. Das Berufsbild der Familienpflegerin und ihre Ausbildung

Die Familienpflege setzt ein, wenn die Mutter durch Krankheit, physische und psychische Erschöpfung oder aus anderen Gründen ausfällt. Der Tätigkeitsbereich erstreckt sich auf hauswirtschaftliche, pflegerische und pädagogische Funktionen. Die Familienpflegerin übernimmt für einen begrenzten Zeitraum die Aufgaben der Mutter in der Familie. Sie führt den Haushalt weiter, pflegt kranke Familienangehörige und sorgt – in Absprache mit den Eltern – für die Pflege und Erziehung der Kinder (siehe Falk 1983, 122).

Die Familienpflegerin muß als „fremder Mensch" in verschiedenen Familien und Haushalten leben und arbeiten. Die Anwesenheit der Familienpflegerin im Haushalt ist teilweise nur für eine kurze Zeit erforderlich, teilweise aber auch für längere Zeiträume notwendig (zum Beispiel Pflege einer langzeitkranken Mutter). In einem Fall muß sie voll verantwortlich einen Haushalt führen (zum Beispiel bei Abwesenheit einer alleinerziehenden Mutter), bei einem anderen Einsatz wird sie vielleicht nur zur Unterstützung der Hausfrau herbeigerufen (zum Beispiel bei psychischer Erkrankung, bei einer Risikoschwangerschaft, zur Hilfe bei alten Menschen). Diese Arbeit bedeutet also einen ständigen Wechsel der Arbeitsbedingungen. Immer wieder muß sich die Familienpflegerin fremden Menschen anpassen und sich für eine begrenzte Zeit auf deren Art zu leben einstellen. Diese wenigen Andeutungen zeigen schon die Vielfalt der Tätigkeit und die Anforderungen an diesen Beruf auf und werfen ein Licht auf den Anspruch, der an die Ausbildung gestellt wird.

Die Ausbildung dauert zwei Jahre mit in den einzelnen Bundesländern unterschiedlicher Gliederung bezüglich Verteilung auf Vollzeitunterricht, Praktika beziehungsweise Berufspraktikum. Unterricht und praktische Unterweisung erstrecken sich auf sozialkundliche, hauswirtschaftliche, pflegerische und allgemeinbildende Fächer. Die Ausbildung schließt mit der staatlichen Anerkennung ab.

Seit drei Jahren unterrichte ich die Fächer Psychologie und Pädagogik sowie Beschäftigungslehre an der Fachschule für Haus- und Familienpflege in F. Zu meinen Aufgaben gehören außerdem die Praxisgespräche mit den Schülerinnen und Berufspraktikantinnen sowie den praxisanleitenden Familienpflegerinnen. Zu Anfang meiner Tätigkeit setzte ich das Sozialtherapeutische Rollenspiel nur vereinzelt in Praxisgesprächen ein. Nach und nach verwendete ich diese Methode – neben anderen – auch verstärkt im Unterricht.

II. Das Sozialtherapeutische Rollenspiel in der Ausbildung zur Familienpflegerin

1. Anwendung im Unterricht

Der schulische Lehrplan in der Ausbildung zur Familienpflegerin spiegelt im wesentlichen die Systematik der Wissenschaftsdisziplinen wider. Damit stellt sich das Problem, wie die Wissensstoffe praxisnah umgesetzt und vermittelt werden können. Ich ging dabei von der Überlegung aus, daß der Unterrichtsstoff möglichst erfahrbar gemacht und durch „individuelle Erlebnisaspekte" (Stein) untermauert werden sollte.

Aus Gesprächen und Unterrichtsauswertungen mit Schülerinnen weiß ich aber, daß persönliche Fragen im Unterricht zunächst einmal Abwehr- und Angstreaktionen bei ihnen auslösen und Phantasien verschiedenste Art freisetzen können: „Da bin ich vorsichtig"; „Psychologie, da wird man durchschaut"; „Ich will doch etwas über andere Menschen erfahren"; „Bloß nichts rauslassen"; „Was sollen die anderen, was soll die Lehrerin denken?"; „Nachher wirkt sich das auf meine Zensuren aus" und so weiter.

Ich habe erfahren, daß das Sozialtherapeutische Rollenspiel sich gut eignet, solche Vorbehalte abzubauen. An Hand von Bildern und Symbolen kann jeder in der Gruppe, auch die Lehrerin, so viel an Persönlichem einbringen, wie jeder möchte. Ich glaube, dieser Punkt ist besonders wichtig. Es gibt kein „richtig" und „falsch". Das ist sehr wohltuend für die Schüler. Der Selbsterfahrung wird im Sozialtherapeutischen Rollenspiel viel Platz eingeräumt. Die Kommunikation verändert sich. Sie wird freier. Die Selbst- und Fremdwahrnehmung wird immer wieder geübt, das Verhalten in der Gruppe beobachtet und überprüft. Diesen Inhalten kommt in der Ausbildung eine ebenso hohe Bedeutung zu wie dem theoretischen Wissen von allgemeinen Abläufen. Sie sind in Prüfungen aber nicht abfragbar, und sie einzuüben verlangt viel Zeit. Um beides zu erreichen, versuche ich sehr oft, neue Unterrichtseinheiten durch *wahrnehmungszentrierte Spiele* einzuleiten und aus dem, was selbst erfahren, erinnert und wahrgenommen wurde – sowohl aus der eigenen Geschichte wie auch durch das Einfühlen in andere – die Theorie zu erarbeiten. Dazu sind allgemeine *Erlebnisspiele, jahreszeitliche Spiele* und auch *Einfühlungsspiele* gut geeignet.

1.1. Die Fächer „Psychologie" und „Pädagogik"

Ich hatte beabsichtigt, in diesen Fächern zunächst die Erlebnisebene anzusprechen und dann die abstrakte Ebene aufzuzeigen. Es ging mir darum, alles, was bisher über das Erleben und Verhalten des Menschen im Unterricht mitgeteilt worden war (Denken, Fremd- und Selbstbeobachtung, Phantasie, Gefühle und so weiter) zu wiederholen und zusammenzufassen. Hierzu wählte ich ein *Einfühlungsspiel* mit dem Thema „Bildergalerie". Die Schülerinnen hatten sich hierbei Bilder zuzuordnen, die in der Galerie zu finden waren:

Meine beschreibende Einführung löste zuerst Verwunderung aus und dann ein zögerndes „Sich-darauf-Einlassen". Beim Austausch gab es Gelächter, Verwunderung, Erstaunen und nachdenkliche Zustimmung.

Es wurden Bilder an die Gruppenmitglieder gegeben wie zum Beispiel Fotos mit einem Wirbelsturm, mit Menschen im Regenmantel, mit einem Elefanten mit einer Tasse im Rüssel, der aus einem Porzellanladen kommt, oder ein Bild voller getrockneter Stiefmütterchen, eines mit duftenden Veilchen, ein Foto von einer Straße, auf der ein alter VW in der Ferne verschwindet und so weiter. Zum Teil hatten die Bilder mit Erlebnissen der einzelnen untereinander zu tun. Öfter aber spiegelten sie trefflich Eigenschaften und Eigenarten der einzelnen wider.

Es wurden alle Bilder angenommen. In der Phase der Korrektur, wo die Empfänger sich zu den zugeteilten Bildern nochmals äußern konnten, fragte die Schülerin, der das Veilchenbild zugeordnet worden war: „Warum gerade ein Veilchen? Das ist so klein und bescheiden". Die Eigenschaft „duftend" hatte sie überhört. Es folgte ein lebhafter Austausch über die Bilder, die die einzelnen erhalten hatten, und über die, die sie anderen zuordneten. Dies führte zum psychologischen Inhalt, zur Selbst- und Fremdwahrnehmung. Da dieser Vorgang emotional erlebt worden ist, wurde deutlich und einsichtig, wie subjektiv unsere Wahrnehmung ist. Es wurde auch klar, daß ich mich in meinem „So-Sein" darstellen muß und daß dies eine Abgrenzung von dem Bild bedeuten kann, das andere von mir haben. Es wurde auch einsichtig, daß jedes Bild mit unterschiedlichen Werten belegt sein kann; zum Beispiel jemand teilt mir mit, daß er ein ganz bestimmtes Bild von mir hat, das er bewundert; ich aber nehme häufig nur diejenigen Merkmale wahr, die negativ sind und bin deshalb verletzt. Sehr wichtig war für die Schülerinnen die Erfahrung, daß solche Zuordnungen Gefühle auslösen und daß es nicht zuletzt von meinem Selbstwertgefühl abhängt, ob ich erfreut oder gekränkt reagiere.

1.2. Das Fach „Beschäftigungslehre"

Im Fach „Beschäftigungslehre" soll die Familienpflegerin unter anderem auch Zugang zur Kinderliteratur bekommen. Dies ist wichtig, weil sie ja bei Kindern literarisches Interesse und die Freude am Lesen wecken soll. Es ist verständlich, daß sich unsere Schülerinnen wie auch die Eltern in den Familien fragen, ob dies überhaupt wichtig ist, da es doch heute ausreichend Kassetten, Video und Fernsehen gibt. Auch hier wollte ich die Frage nach der Bedeutung der Kinderliteratur von der Erlebnisseite her angehen:

Ich legte ein imaginäres Märchenbuch in die Mitte und ließ die Schülerinnen darin blättern, so daß sie anschließend Märchen nennen konnten, die ihnen etwas bedeuteten und mit denen sie bestimmte Erlebnisse verbanden. Es wurden zum Teil sehr stimmungsvolle Bilder geschildert und Beziehungen zu Personen der frühen Kindheit deutlich, wie zum Beispiel zu Großmüttern und Tanten oder zur eigenen Mutter, die vorlas oder erzählte. Daneben kamen auch solche Erlebnisse, in denen Kinder alleine waren, zwar Bücher besaßen, aber niemand da war, der ihnen vorlas oder das Geschriebene erklärte. Schließlich bekamen sie Kassetten als Ersatz und erlebten so ganz besonders da, wo die Beziehungen fehlten, ihre Verlassenheit. Solche Mitteilungen lösten Betroffenheit aus, mit deren Hilfe es möglich war, sich in solche Mangelerlebnisse einzufühlen. Für diejenigen, die sich in ihrer Kindheit mit solchem Ersatz begnügen mußten, war es umgekehrt erstaunlich zu erfahren, daß andere ihre Gefühle von damals teilen konnten.

In unserem Unterrichtsgespräch wurde nun herausgefunden, daß Erwachsene oft nicht (mehr) wissen, was für Kinder wichtig ist und daß sie viele ihrer Bedürfnisse als belanglos abtun. Der für Kinder wichtige Zusammenhang von Vorlesen, Erzählen, Anschauen und einer präsenten, die „Welt erschließenden" Person wurde deutlich. Die Schülerinnen spürten geradezu die Stimmung von damals aus ihrer eigenen Kindheit. Pädagogische Überlegungen zu „Rituale beim Zubettgehen", „Vorlesen oder Erzählen bei Regenwetter" und so weiter wurden angestellt. In der nächsten Unterrichtsstunde war es ein leichtes, an Hand dieser Erfahrungen die Theorie darzustellen und zu vermitteln.

1.3. Das Sozialtherapeutische Rollenspiel als Möglichkeit zum Kennenlernen

Aus dem Bereich der Erlebnisspiele gibt es eine Reihe von *Kennenlernspielen,* die sich für einen Einsatz auch im Unterricht eignen. Zu Beginn eines Schuljahres beginne ich mit einem solchen *Erlebnisspiel,* um unter den Schülerinnen eine vertraute Atmosphäre zu schaffen und um ihnen die Möglichkeit zu geben, voneinander die Namen zu erfahren. Es macht den einzelnen sehr viel Spaß, den Erzählungen zuzuhören und etwas über die Bedeutung zu erfahren, die jede einzelne ihrem Namen beimißt. Nicht weniger interessant ist mitgeteilt zu bekommen, an was die Schülerinnen die Namen ihrer Kolleginnen jeweils erinnern. Ein anderer Spielanlaß oder -inhalt kann die Neuheitssituation sein, die ja ein solcher Ausbildungsbeginn darstellt. Viele Erfahrungen, die an einem solchen ersten Schultag gemacht werden, können auch später noch ihre Wirksamkeit entfalten, können zum Beispiel Erwartungen wecken, denen man nicht gerecht werden kann, oder können Ängste auslösen, die nie besprochen und nie gelöst werden. Ein Fotoalbum mit Bildern vom ersten Schultag kann dafür eine gute Hilfe sein. Schüler dieser Altersstufe haben zumeist schon mehrere „erste Schultage" erlebt. Für jemanden, der in einem Beruf arbeitet, der mit Kindern zu tun hat, ist der Hinweis, sich mit den eigenen biographischen Erfahrungen auseinanderzusetzen und dieses Lernpotential auch zu nutzen, wichtig und immer wieder zu wiederholen.

1.4. Spielmöglichkeiten beim „Hüttenaufenthalt"

Während beim schulischen Unterricht die Zeiteinheiten einzuhalten sind und von daher eine sorgfältige Planung und Auswahl der Spielformen unabdingbar ist, bietet ein Hüttenaufenthalt Möglichkeiten, ohne diese zeitlichen Grenzen und Reglements zu spielen. Ziel und Anliegen dieser Spiele war und ist es, jene Erlebnisse und Erfahrungen auszutauschen und aufzuarbeiten, die die Schülerinnen bislang in der Ausbildung und Schulgruppe gemacht haben.

Dafür bietet sich insbesondere das *gruppenzentrierte Phantasiespiel* an, zum Beispiel die „Hochzeitsgesellschaft". Dieses Angebot entwikkelte sich immer zu einem lebhaften bunten Spiel. Da keine Rollenvorschriften bestanden, war es den Schülerinnen möglich, alle Varianten einer Hochzeitsgesellschaft zu spielen, die denkbar sind, also das Brautpaar, die Eltern und Großeltern, Geschwister, Verwandte, Nachbarn, Pfarrer, Meßdiener, Trauzeugen und so weiter. Das Fest, zu dem auch das Hochzeitsessen, das Überreichen der Geschenke, die Brautentführung und das obligatorische Gruppenfoto und so weiter zählten, stand im Mittelpunkt des Spiels.

Bei der Auswertung äußerten sich verschiedene Schülerinnen öfter dahingehend, daß sie die gewählten Rollen nur in diesem Rahmen hätten spielen können, während sie sich in der Schule dafür zu sehr gehemmt fühlten. Ich konnte bei diesem Spiel auch immer wieder Einzelgänger und Untergruppen beobachten, wie diese – weil vom Spielgeschehen „abgehängt" – von anderen angesprochen und zum Mitspielen neu motiviert wurden. Als besonders hilfreich fanden einige Mitspielerinnen, daß sie bei diesem Spiel einen Partner haben, der ihnen das Mitspielen erleichterte (zum Beispiel Großvater und Großmutter). Nach der Übertragbarkeit dieses Spiels und den damit gemachten Erfahrungen befragt, äußerten sie zum Teil erstaunliche Einsichten in die eigenen Persönlichkeits- und Beziehungsprobleme: „Ich habe nicht so dazugehört, aber es geht mir auch sonst so, daß ich nicht aus mir heraus kann. Dabei war es so lustig, wie alle gespielt haben". Häufig wurde auch die Gruppenrealität im Spiel wiederentdeckt; Entdeckungen und Überlegungen dieser Art wurden aber zumeist im schriftlichen Feedback und weniger im Gespräch selbst geäußert.

2. Anwendung im Praxisgespräch

Bei Gesprächen der Schülerinnen untereinander ergibt sich oft der Eindruck, daß die jungen Frauen bei Konfliktsituationen in der Einsatzfamilie etwa hinsichtlich Erziehungsfragen häufig selbst in Konflikte geraten. Diese sind zumeist auf divergierende Vorstellungen und Erwartungen auf beiden Seiten zurückzuführen; so kann zum Beispiel der Anspruch der Eltern den Vorstellungen und Handlungsmaximen der Familienpflegerin zuwiderlaufen, wenn diese sich gegen die Eltern mit dem „armen Kind" solidarisiert.

Hier bietet sich die Möglichkeit, problemzentriert zu arbeiten, das heißt unklare Situationen im *Situationsspiel* zu verdeutlichen und für offene Fragen Lösungen zu finden und zu überprüfen. Aus dem Familienpraktikum wurde zum Beispiel folgende Situation geschildert:

Die Praktikantin erledigt mit dem Kind die Hausaufgaben. Der Vater schimpft, weil ihm das Ganze zu lange dauert und das Ergebnis nicht seinen Vorstellungen entspricht. Er schlägt dem Kind das Heft um die Ohren. Die bettlägrige Mutter mischt sich vom Schlafzimmer aus ein und ergreift Partei für ihren Mann. Die Praktikantin stellt sich schützend vor das Kind. Die Schülerin, die den Vater spielte, hatte zunächst Schwierigkeiten, diese Rolle zu übernehmen; im Rollen-Feedback beschrieb sie diese Schwierigkeiten wie folgt: Sie habe sich zuerst ziemlich mies gefühlt. Erst während des Spiels sei sie stark geworden, weil die Mutter den Vater unterstützte. Zuerst habe er während des Schlagens ein schlechtes Gewissen gehabt, das aber sofort verflogen sei, als die Praktikantin für das Kind Partei ergriffen habe. Die Mutter schilderte ein Gefühl der Schadenfreude: andere schafften es also auch nicht mit dem Kind. Das Kind berichtete von Angst und Dankbarkeit für den Schutz. Die Praktikantin fühlte sich während des Spiels stark. Sie war zunächst erschrocken und dann erstaunt, daß sie dem Vater wirklich entgegentreten konnte. Bei der Auswertung wurde heftig auch über die Rolle der Eltern diskutiert und die Frage erörtert, wie man als Familienpflegerin mit solchen Situationen umgehen kann und soll, ob man Bündnisse mit einzelnen Familienmitgliedern schließen darf, ob man sich gegen andere wenden kann, wenn man anderer Meinung ist und so weiter.

Es hat sich bewährt, im Anschluß an ein solches *Situationsspiel* eine *Verhaltensmodifikation* zu spielen, in der mehrere Verhaltensmöglichkeiten erspielt und deren Vor- und Nachteile erprobt und überprüft werden können. Auch *Gruppeneinfühlungen* haben sich in solchen Konfliktsituationen beziehungsweise zu deren Aufarbeitung bewährt.

III. Schlußfolgerungen

Die skizzierten Beispiele müßten deutlich gemacht haben, wie das Sozialtherapeutische Rollenspiel in der Ausbildung zur Familienpflegerin zum Einsatz kommt und verwendet werden kann. Für mich ist es ohne Frage eine Methode für die soziale Arbeit, die außerdem in der Aus- und Fortbildung wie auch in der Praxisberatung wertvolle Hilfen bietet. Schülerinnen, häufig passiv und im Unterricht schon an Konsumverhalten gewöhnt, werden mit Hilfe dieser Methode rasch aktiv und eigenständiger. Sie spricht außerdem auf der Erlebnisebene beim Schüler einen Kompetenzbereich an, der in der üblichen schulischen Lernerfahrung fehlt. Und sie integriert im Lern- und Veränderungsprozeß kognitive und emotionale Elemente.

Die Familienpflege ist ohne Frage eine schwierige Tätigkeit. Alle, die diesen Beruf ergreifen, haben Anspruch auf Angebote und Hilfen zur eigenen persönlichen und beruflichen Identitätsentwicklung. Ohne diese Voraussetzungen, ohne die eigenen Konflikte gelöst zu haben, lassen sich auch die Konflikte anderer nicht lösen. Die dafür geforderte Persönlichkeitsentwicklung läßt sich in der für das schulische Lernen typischen abstrakten Weise nicht bewerkstelligen. Es bedarf dafür anderer Methoden, insbesondere solcher, die den Zugang zur Erlebnisebene öffnen, ohne den einzelnen in seiner Intimsphäre zu treffen. Gerade dafür bietet das Sozialtherapeutische Rollenspiel wertvolle Hilfe.

Literatur:
Falke, G.: Neue Trends in der beruflichen Situation der Familienpflegerin. In: Deutscher Caritasverband (Hrsg.): Caritas '84. Jahrbuch des Deutschen Caritasverbandes. Freiburg 1983, S. 122 ff.

DAS SOZIALTHERAPEUTISCHE ROLLENSPIEL ALS DIDAKTISCHES MITTEL

Hans Michael Miller, Adelheid Stein

I. Sozialtherapeutisches Rollenspiel und Didaktik

Das Sozialtherapeutische Rollenspiel ist von seiner Zielsetzung her ein Mittel zur psychosozialen Diagnose und Behandlung. Dies bedeutet für seine Anwendung, daß es

a. den Schutzraum einer kontinuierlichen und überschaubaren Gruppe braucht;

b. nicht zufällig, sondern sorgfältig geplant eingesetzt wird, so daß die Auswahl der Spielformen und die Steuerung des Spielprozesses im Dienste der Bearbeitung von Problemen steht;

c. einer exakten Auswertung bedarf, die jeweils die Grundlage für die weitere Arbeit darstellt;

d. von einem ausgebildeten Leiter zum Einsatz gebracht wird, der die Regeln der Spiele und die Grundsätze sozialpädagogischer Arbeitsformen berücksichtigt.

Eine Benutzung des Sozialtherapeutischen Rollenspiels als didaktisches Mittel birgt in sich die Gefahr, daß von diesen Zielsetzungen abgewichen wird. Somit stellt sich für unsere Thematik die Frage, inwieweit und unter welchen Gesichtspunkten das Sozialtherapeutische Rollenspiel auch didaktisch eingesetzt werden kann.

Wir kennen soziale Situationen, deren Strukturen sich gut aufzeigen lassen, deren Funktionsprinzipien erklärbar sind und anschaulich gemacht werden können. Hierfür stehen uns eine Fülle von sehr hilfreichen Modellen zur Verfügung. Wir kennen aber auch Situationen, die primär durch individuelle Erlebnisaspekte bestimmt werden, die bekannt sein sollten, um diese Ereignisse in ihrem Ablauf zu verstehen. Hier besteht die vordringliche Notwendigkeit, sich in diese Gefühlssituation einzufühlen, Gefühlslagen in größere Zusammenhänge zu stellen oder abgespaltene Gefühlsqualitäten wieder zu integrieren. Um das Verständnis für solche sozialen Phänomene zu wecken und zu vertiefen, scheint das Sozialtherapeutische Rollenspiel ein ausgezeichnetes Mittel zu sein, wenn es verantwortungsbewußt und gekonnt eingesetzt wird. Aufgrund der bisherigen Erfahrungen läßt sich sagen, daß die Anwendung dieser Spielart besonders hilfreich ist, wenn

a. soziale Situationen beurteilt und gehandhabt werden, deren gefühlsmäßige Seite entweder negiert oder vernachlässigt wird und sich dadurch die Gefahr einer rein abstrakten Überlegung ergibt;

b. Mitteilungen über Erlebnisinhalte gefragt und notwendig sind (zum Beispiel in der Bildungsarbeit);

c. Verhalten eingeübt werden soll und hierbei die Gefahr besteht, den Erlebniszusammenhang zu übersehen (zum Beispiel in der Ausbildungssituation). Wir werden dies an drei Beispielen skizzieren.

II. Beispiele aus der Praxis

1. Beispiel: Heimleiter in der Fortbildung

In Fortbildungen für Heimerzieher hatte sich gezeigt, daß das eigene Erlebnis als Grundlage für die Beurteilung und Handhabung problematischer sozialer Situationen hilfreich ist. Im Rahmen von psychologischen und pädagogischen Diskussionen kam die defizitäre oder verzögerte Ich-Entwicklung von Jugendlichen zur Sprache, die in extrem schwierigen familiären Milieus lebten. Bei diesen Diskussionen ergab sich dann zunehmend die Gefahr, daß über etwas oder jemand gesprochen wurde und daß sich damit eine Kluft zwischen den Erziehern, die eine in der Regel „normalere" Persönlichkeitsentwicklung durchlebten, auf der einen Seite und den von ihnen betreuten Jugendlichen auf der anderen Seite auftat. Hier wurde ein *Erlebnisspiel,* die „Spielzeugkiste", angeboten, das den Beteiligten sowohl fröhliche Begebenheiten wie auch konfliktreiche Situationen aufzeigte: Heitere Spiele wurden erinnert; kindlicher Zorn über Ungerechtigkeiten wurde geschildert, Gefühle von Verlassenheit und Trauer kamen zur Sprache, wenn etwa eine geliebte Puppe im Mülleimer landete oder an andere Kinder verschenkt worden war; Rivalitätsgefühle wurden erlebt, wenn Geschwister das vermeintlich Bessere bekamen. Diese Kinderdramen waren häufig noch in der Gegenwart mit Vorwürfen und Schmerz verbunden, so daß es zum Erstaunen der Gruppenmitglieder möglich wurde, an den negativen Erlebnissen nicht erwünschter Kinder, daß heißt ihren Jugendlichen teilzuhaben.

Das Auswertungsgespräch erbrachte für die weitere Bearbeitung der Thematik wertvolle Schritte: Aufgrund der eigenen Irritation wurde erkannt, daß Verletzungen aus der Kindheit häufig noch nicht verarbeitet sind. Gleichzeitig war erlebt worden, daß solche Erlebnisse dem Bewußtsein nicht ohne weiteres zur Verfügung stehen. Es war zudem deutlich geworden, daß die Geschichte des einzelnen in seiner Persönlichkeit aufscheint. Heimkinder haben es also besonders schwer, sich ihrer Geschichte bewußt zu werden. Und: es wurde einsichtig, daß die eigene Geschichte umso leichter erinnert wird, wenn Raum für entsprechende Gespräche besteht und wenn Zeichen aus der eigenen Vergangenheit vorhanden sind (Fotos oder Gegenstände).

Die folgende Diskussion der Heimleiter über die Identitätsentwicklung von Heimkindern verlief nun wesentlich erlebnisnäher.

2. Beispiel: Elterngruppe in einer Bildungsstätte

Auch für den Bildungsbereich hat sich das Sozialtherapeutische Rollenspiel als hilfreich erwiesen. Eine Elterngruppe, die sich mit Festen und Feiern in einer Bildungsstätte beschäftigte, fiel dadurch auf, daß sie ihren Kindern einen sehr strafenden und ängstlichen Nikolaus zumuten wollte. Das *Erlebnisspiel* „Nikolaussack" erbrachte eine Fülle ängstigender Erlebnisse dieser Eltern aus ihrer eigenen Kindheit. Hier wurde deutlich, daß sie sich heute mit dem „Aggressor" identifizierten und ihre Kinder genau in die Rolle zu bringen versuchten, die sie selbst einmal den eigenen Eltern gegenüber zugewiesen bekamen. Dieses Spiel hatte eine fruchtbare Aussprache zur Folge. Und es ermöglichte den Eltern, sich durch die Mitteilung demütigender Erlebnisse von diesen Verletzungen zu distanzieren. Sie brachten sich so in die Lage, ihre Festvorbereitungen neu zu überlegen.

3. Beispiel: Jugendliche in der Berufsausbildung

Wenn in Berufsausbildungsstätten Erfahrungen aus der Praxis eingebracht werden und neues, zweckvolleres Verhalten werden soll, darf die Erlebnisebene ebenfalls nicht übersehen werden. Hier bieten sich vor allem Situationsanalysen an. Es ist außerordentlich interessant, in einer Gruppe die Schilderung von Situationsabläufen zu hören und zu erfahren, was die einzelnen Gruppenmitglieder dabei heraushören. Da häufig sofort eine Interpretation des Erzählten vorgenommen wird, orientieren sich viele Zuhörer nicht an den Fakten, sondern an ihren Auslegungen. Dies führt oftmals zu einer Verfälschung dessen, was in Wirklichkeit abgelaufen war. Die Entwicklung von Handlungsstrategien ist auf eine saubere Darstellung von Fakten angewiesen. Eine Möglichkeit, dies zu erreichen, ist das *Situationsspiel,* bei dem die Spieler exakte Rollenvorschriften erhalten. Wichtig ist dabei, daß die Spieler immer dann einen Rollentausch einleiten, wenn der Problemsteller von einer realistischen Darstellung abweicht und Korrekturen notwendig sind.

In einer Fachschule berichtete ein 17jähriger von einer Begegnung mit einem Kunden: Dieser habe ihn „fertiggemacht", ihm gesagt, daß er ein „junger Schnösel" sei, der über nichts Bescheid wisse, und verlangt, daß er einen erfahrenen Kaufmann beihole. Der junge Mann wollte wissen, wie er sich künftig solchen unangenehmen Kunden gegenüber verhalten solle. Das Gespräch brachte eine Fülle von Vorschlägen, die vom schroffen „Es-sich-nicht-gefallen-lassen" bis zum Negieren dieses Wunsches des Käufers reichten. Sie waren alle wenig hilfreich, da sie die eigentliche Situation völlig ignorierten. Und dennoch gefielen sie dem Problemsteller. Hier hatte nun der Gruppenleiter die Aufgabe, erneut auf die Situation und ihren Ablauf zu verweisen: Der 17jährige, der seine eigene Rolle spielte, zeigte nämlich im Spiel ein aufmüpfiges und ignorantes Verhalten, das bei der Erzählung nicht deutlich geworden war. Der jugendliche Spieler in der Rolle des Käufers konnte sich in dessen Verärgerung gut einfühlen. Die Auswertung erbrachte zum einen Teil Verständnis für den 17jährigen, der sich unsicher gefühlt hatte und nicht wußte, wie er dem sicheren Auftreten seines Kunden begegnen sollte. Und sie legte die Gefühle des Käufers offen, der darüber verärgert war, daß er sich nicht für voll genommen fühlte.

Es galt nun, sowohl für den jungen Mann wie für dessen künftiges Verhalten, Hilfen zu finden. Wird in der Darlegung solcher Situationen das Verhalten des Problemstellers kritisiert, ohne daß seine eigene Konfliktsituation entsprechend berücksichtigt wird, ist ein Spiel wenig hilfreich. In unserem Fall war genau die Unsicherheit des Jugendlichen die Ursache für seine Überheblichkeit in der Begegnung mit dem imposant erscheinenden Kunden. Er muß also lernen, mit seiner Unsicherheit umzugehen, um so ein akzeptables Verhalten zu finden. Da wir es in dieser Gruppe mit lauter Jugendlichen zu tun hatten, handelt es sich hierbei um ein allen vertrautes Phänomen: Jeder der jungen Männer hatte bei der Formulierung von Verhaltensmodifikationen Gelegenheit, das zu tun und das zu sagen, was er als angemessen für diese Situation ansah. Die vorgeschlagenen Verhaltensmodelle dienten zum Teil nur dazu, den Jugendlichen zu entlasten, etwa nach dem Motto „Dem (Kunden) geb ichs einmal!", oder sie berücksichtigten unterwürfig nur die Situation des Käufers; andere Vorschläge liefen auf ein Verhalten hinaus, in dem sich der Verkäufer hilfesuchend an die erfahrene Fachkraft wendet. Nur selten wurde ein Verhalten vorgeschlagen, das beiden Standpunkten gerecht zu werden versucht, zum Beispiel „Ich wollte keinesfalls unhöflich sein, aber wir haben diese Sache augenblicklich tatsächlich nicht am Lager"; „Selbstverständlich rufe ich meinen Kollegen, aber ich hätte Sie gerne bedient"; „Ich erscheine Ihnen noch sehr jung, ich bin aber im 2. Lehrjahr und ich weiß sicher, daß wir diesen Artikel augenblicklich nicht haben. Wenn Sie aber die Bestätigung eines älteren Kollegen wünschen, helfe ich Ihnen gerne" und so weiter.

Das Auswertungsprotokoll ergab, daß viele der Jugendlichen sich in einer ähnlichen Rolle fühlten wie bei Auseinandersetzungen mit ihrem Vater und daß sie sich kaum in der Lage sahen zu argumentieren. Es wurde eine Reihe von ähnlichen Problemsituationen, die sie im beruflichen Bereich erlebt hatten, gesammelt mit dem Ziel, ihnen eine Gesprächsführung mit Kunden anzubieten. In diesem *stützenden Gespräch* wurde in zwei Gruppen gearbeitet; in der einen Gruppe wurden zunächst Argumente für den Jugendlichen beziehungsweise Verkäufer und in der anderen für den Kunden gesammelt. Es hatte sich nämlich gezeigt, daß die Schüler die Argumente der anderen

Seite nur schlecht phantasieren konnten, daß heißt bei Gesprächsführungen dieser Art im Nachteil sind, weil sie sich überrumpelt fühlen und die andere Seite nicht verstehen.

Diese Beispiele sollten verdeutlichen, daß in bestimmten Situationen das Sozialtherapeutische Rollenspiel mit Erfolg als didaktisches Mittel verwendet werden kann. Bei allen Spielen ist darauf zu achten, daß nicht durch eine zu häufige Benutzung eine Mechanisierung eintritt und daß die Spieler nicht die Lust am Rollenspiel verlieren. Die Art und Weise der Spielgestaltung könnte sich auf den Spielcharakter selbst auswirken, so daß bei einer zu starken Herausstellung des Aufgabencharakters das „Spiel" verloren geht und nur noch die Übung bleibt.

Das Sozialtherapeutische Rollenspiel in der Praxis von Sozialarbeit und Sozialpädagogik

SOZIALTHERAPEUTISCHES ROLLENSPIEL UND PRAXIS: EINLEITENDE BEMERKUNGEN

Walter Schild

In den folgenden Ausführungen geht es um Anwendungsbeispiele des Sozialtherapeutischen Rollenspiels in verschiedenen Arbeitsfeldern der Sozialarbeit und Sozialpädagogik. Den Berichten sollen einige einleitende Gedanken zum Verhältnis der Methode zur Praxis thesenartig vorangestellt werden:

1. Das Sozialtherapeutische Rollenspiel hat sich aus praktischen Problemstellungen der Sozialarbeit und Sozialpädagogik entwickelt. Ob es um die Frage ging, wie soziales Lernen im Sinne einer nachholenden Sozialisation für Jugendliche mit entsprechenden Defiziten vom Sozialarbeiter oder Sozialpädagogen gestaltet werden kann, oder ob an der Frage gearbeitet wurde, wie im Gespräch Alltagserfahrungen von Gesprächsteilnehmern zum Thema „Annahme von Hilfe" aufgegriffen werden können, oder ob es um die methodischen Fragen ging, wie eine ganze Gruppe in eine Problembearbeitung einbezogen werden kann beziehungsweise wie Gruppenbeziehungen sichtbar gemacht und bearbeitet werden können, immer hat bei der Entwicklung des Sozialtherapeutischen Rollenspiels im Vordergrund gestanden, auf Fragen nach einem kreativen und sozialarbeiterisch verantwortbaren Vorgehen in beruflichen Anforderungssituationen Lösungen zu finden.

2. Das Sozialtherapeutische Rollenspiel ist in einem lebendigen Praxis-Theorie-Dialog erweitert und modifiziert worden. Projektstudenten und Fortbildungsteilnehmer übertrugen das Sozialtherapeutische Rollenspiel in ihr jeweiliges Arbeitsfeld und meldeten Erfolge, aber auch Schwierigkeiten vor allem in den sogenannten Supervisionsgruppen zurück. Es wurde analysiert, überlegt und gefeilt – sowohl an den Modi der Anwendung als auch an den Spielen selbst. Umgekehrt brachten die Praktiker Situationen mit, die ihr Handeln forderten und für die in den Ausbildungsgruppen neue Möglichkeiten

erarbeitet wurden. Schließlich erprobten die Ausbildungsleiter das Sozialtherapeutische Rollenspiel in einigen der Bereiche, für die noch keine Erfahrungen vorlagen oder in denen sich Schwierigkeiten andeuteten.

3. Das Ergebnis dieser Entwicklungsgeschichte ist eine Methode mit einem enormen Anwendbarkeitsspektrum in Arbeitsfeldern der Sozialarbeit und Sozialpädagogik. Auch aus dieser Perspektive erweist sich das Sozialtherapeutische Rollenspiel als eine typische sozialarbeiterische Methode. Zunächst wird sich ein spezifisches berufliches Vorgehen immer der Frage stellen müssen, wie wirksam es die Situation der Klienten der Sozialarbeit und Sozialpädagogik verbessern hilft und inwieweit es die Erreichung der Ziele der Sozialarbeiter unterstützt. Mit diesem Legitimationsaspekt befaßt sich unter anderem der einleitende Artikel. In dem historisch gewachsenen, sehr ausdifferenzierten Hilfesystem der Bundesrepublik Deutschland trifft der Sozialarbeiter auf sehr verschiedene Aufgaben und Praxisbedingungen. Eine für sie verwendbare Methodik muß sich deshalb – ohne ihres sozialarbeiterisch-therapeutischen Grundansatzes verlustig zu gehen – an die besonderen Anforderungen des jeweiligen Arbeitsfeldes angleichen lassen. Wie die folgenden Beiträge belegen, ist dies beim Sozialtherapeutischen Rollenspiel offenbar möglich, da sich die Spiele in ganz verschiedenen Praxiszusammenhängen bewährt haben.

Um eine gewisse Vergleichbarkeit zu erzielen, werden in allen Beiträgen das Arbeitsfeld und die jeweiligen Probleme skizziert, zu deren Bewältigung der Sozialarbeiter beitragen soll. Des weiteren wird der Einsatz des Sozialtherapeutischen Rollenspiels an einem oder mehreren Beispielen exemplarisch verdeutlicht. Und es werden verallgemeinernde Schlußfolgerungen hinsichtlich der Möglichkeiten und Grenzen der Anwendbarkeit des Sozialtherapeutischen Rollenspiels im jeweiligen Arbeitsfeld gezogen. Dabei entspricht es dem heutigen Stand der Praxis, daß die Schlußfolgerungen vorsichtig formuliert sind, weil der bisherige Umfang der Erprobung noch keine abschließenden Urteile zuläßt. Für die Praxisforschung und -entwicklung ist damit ein weites Feld eröffnet.

Das Sozialtherapeutische Rollenspiel in der Praxisberatung und Fortbildung

DAS SOZIALTHERAPEUTISCHE ROLLENSPIEL ALS MITTEL DER PRAXISBERATUNG UND SUPERVISION

Adelheid Stein

I. Vorbemerkung

Im Rahmen der Praxisberatung ist der Supervisor im allgemeinen vor folgende Aufgaben gestellt: Er soll

a. Hilfen zum Erkennen von Problemsituationen, also für die psychosoziale Diagnose geben;

b. Handlungsstrategien mit dem Supervisanden entwerfen und auf ihre Tauglichkeit hin überprüfen;

c. die Anteile des Supervisanden, die den Umgang mit Klienten erschweren oder im Umgang mit Klienten eigene Konflikte verstärken oder Ich-Kräfte schwächen, in Selbsterfahrung bewußt machen;

d. institutionelle und gesellschaftspolitische Zusammenhänge, die den Hilfeprozeß in irgendeiner Form fördernd oder behindernd beeinflussen, transparent machen.

Um eine solche Beratung leisten zu können, wurden verschiedene Zusatzausbildungen entwickelt, die Sozialarbeitern und Sozialpädagogen mit ausreichenden beruflichen Erfahrungen Methoden des praktischen Umgangs in der Supervision wie auch die theoretischen Zusammenhänge, die für eine solche Arbeit bedeutsam sind, vermitteln.

Das Sozialtherapeutische Rollenspiel kann als eine derartige Methode der Supervision angesehen werden. Vorwiegend im Spiel werden Situationen, die unbefriedigend verlaufen sind, analysiert. Verhaltensmodifikationen vermitteln neue oder angereicherte Handlungsmodelle, die in künftigen Situationen hilfreicher sein können, als es die alten Verhaltensmuster waren. Gleichzeitig ist das Sozialtherapeutische Rollenspiel ein vorzügliches Mittel zur Selbsterfahrung, das dem Supervisanden die Möglichkeit zur Begegnung mit seiner Geschichte einerseits und mit seinen Seelenbildern andererseits gibt, ohne sie analysieren zu müssen, sie aber „spielend" mehr und mehr verarbeiten zu können. Darüber hinaus ermöglicht diese Rollenspielform die Analyse von institutionellen Strukturen und verlebendigt gesellschaftliche Situationen, die in ihrer abstrakten Erscheinungsweise dem einzelnen Individuum zumeist als wenig bedeutungsvoll erscheinen.

Im folgenden möchte ich anhand von Supervisionsprotokollen zwei unterschiedliche Situationen der Praxisberatung aufzeigen und damit die Aussagen dieses Vorspannes illustrieren. Es handelt sich um einen Institutionskonflikt, der in einer dreitägigen Sitzung ausschließlich im Spiel herausgestellt und der Bearbeitung zugänglich gemacht wurde (II.), und um die Überprüfung einer psychosozialen Diagnose (III.). In allen Beiträgen wird die Selbsterfahrung betont.

Das Sozialtherapeutische Rollenspiel stellt dem Praxisanleiter eine Fülle von Spielmöglichkeiten zur Verfügung, die an feste Regeln gebunden sind. Da ihre Handhabung ohne eine Ausbildung nicht vorstellbar und auch nicht wünschenswert ist, verzichte ich auf eine Darstellung des Spielablaufs, mache jedoch deutlich, was sich im Spiel ereignet hat, bezeichne die Spielform und skizziere die Auswertung.

II. Bearbeitung eines Institutionskonfliktes im Rahmen einer dreitägigen Fortbildung

1. Die Situation

In einer therapeutischen Einrichtung für Behinderte mit starken Alkohol- und Beziehungsproblemen waren seit langem Schwierigkeiten im Team festgestellt worden, denen man mit Beratungen, gemeinsamen Freizeiten und ähnlichem beizukommen versuchte, ohne daß eine Veränderung bewirkt werden konnte. Bei den Teammitgliedern handelte es sich um diplomierte Pädagogen, Sozialpädagogen und um handwerklich Ausgebildete, die mit den Klienten zu tun hatten. Alle Beteiligten strebten ein homogenes Team und eine funktionierende Teamarbeit an und berücksichtigten demokratische Gepflogenheiten; auf Vorrangstellungen innerhalb des Teams wurde weitgehend verzichtet. Doch eine Konfliktbearbeitung konnte nicht erreicht werden. Auch ein Zusammengehörigkeitsgefühl wollte nicht entstehen.

2. Die Fortbildung

Es standen uns drei Tage in einer Bildungsstätte zur Verfügung, die landschaftlich reizvoll lag und jedem die Möglichkeit bot, seine Freizeit allein in der Stille, mit anderen in der Natur oder auch gesellig im nahe gelegenen Ort zu erleben. Von allen diesen Angeboten wurde abwechselnd Gebrauch gemacht. Die entspannte Situation und die Möglichkeit zu privaten Beziehungen förderten bereits das gewünschte Gemeinschaftsgefühl, ohne daß über den Konflikt gesprochen worden war. Damit war für das Vorhaben eine äußerst günstige Voraussetzung geschaffen.

Bei der Planung des Ablaufes dieser drei Tage ging ich von der Überlegung aus, daß es wichtig ist

a. gleiche Erlebnisse zu haben und sich dadurch mit den anderen verbunden zu fühlen;

b. auszusprechen, wie ich den anderen sehe, und ihm zu sagen, wie ich mich sehe, wobei er sein Bild und ich das meine korrigieren kann;

c. die Gruppe in ihrer Vielfalt zu erleben und zu sehen, daß unter Umständen einem Gruppenmitglied Verbindungen möglich sind, die die Leitung nicht in gleicher Weise hat, und zu erfahren, was die einzelnen voneinander erwarten;

d. Konfliktsituationen und ihre Bewältigungsversuche zu erfahren.

Aus diesen Überlegungen heraus wählte ich als Einstieg ein *Erlebnisspiel:*

Die Gruppenmitglieder sahen sich zunächst ein imaginäres Photoalbum an, in dem sie Bilder aus ihrer Kindheit fanden. Im darauffolgenden Assoziations-Feedback wurde deutlich, daß Freuden, Leiden und die Spiele von Kindern, die in einem vergleichbaren Kulturkreis aufwuchsen, durchaus ähnlich sind. Photos von Streichen, die man anderen gespielt hatte, oder die man dem Kind von damals spielte, lösten Erinnerungen an eine Fülle gleicher oder ähnlicher Erlebnisse aus. Längst vergessene Spiele wurden wiederentdeckt. Diejenigen Gruppenmitglieder, die ihre Kindheit auf dem Land erlebten, hatten Begegnungen mit Gänsen, Hühnern und Vierbeinern, über die herzlich gelacht wurde. Die Stadtkinder von damals zeigten ihrerseits großen Einfallsreichtum im Hinblick auf die Zweckentfremdung von Werkzeug und Mobiliar, den die anderen bestaunten. Daneben gab es natürlich auch Kindheitsdramen, über die mittlerweile gelacht werden konnte: unerfüllte Wünsche, die Zerstörung von Lieblingspuppen und -bären und anderes mehr.

Meine Aufgabe als Spielleiter bestand nun darin, durch mein Feedback und durch eigene Erlebnisse die ursprüngliche Gefühlsqualität bei den Teilnehmern wieder herzustellen, das Kind wiederzufinden, das damals klagte, weinte oder sich empörte, das aber heute – nun erwachsen – zu dem Vorgefallenen lachte.

Die Auswertung ergab, wie nahe sich die Gruppe durch dieses Erlebnisspiel gekommen war. Das Entdecken der gemeinsamen kindlichen Nöte und der gemeinsamen Vergnügungen erweiterte diese Verbundenheit und vertiefte sie gleichzeitig. Es war sehr wichtig für die Gruppe, auch die Spielleiterin kennenzulernen und zu entdecken, daß deren Erlebnisse sich kaum von ihren eigenen unterschieden, daß auch sie hilflos sein konnte oder Streiche gespielt hatte. Der Selbsterfahrungsanteil wird hier ohne Schwierigkeiten deutlich.

Im Hinblick auf die augenblicklichen beruflichen Konflikte der Teilnehmer haben sich für die Gruppenleiterin folgende Fragen ergeben: Gibt es Erlebnisse, die für frühe seelische Verletzungen sprechen und die mittlerweile nicht bearbeitet wurden? Zeigen sich auffällige Geschwisterrivalitäten, die möglicherweise nicht überwunden wurden und heute auf Mitarbeiter übertragen werden? Entsprechen die geschilderten kindlichen Schwächen, etwa die Unfähigkeit, sich zu wehren oder Wünsche zu äußern, oder das Ausleben von Rücksichtslosigkeit und Macht, noch dem heutigen Verhalten?

Im Sozialtherapeutischen Rollenspiel wird nicht interpretiert. Der Spieler wird auch nicht veranlaßt, sich zu offenbaren. Überlegungen wie die oben aufgeführten Fragen sind zunächst nur für den Leiter im Sinne einer diagnostischen Überlegung wichtig. Bei erfahrenen Gruppen ergibt sich im Auswertungsgespräch von selbst der Vergleich zwischen früher und heute.

Die inzwischen erreichte Atmosphäre in der Gruppe erlaubte es jetzt, einen Schritt weiter zu gehen und in einem Spiel zu offenbaren, wie sich die einzelnen Gruppenmitglieder sahen. Wir wählten hierfür den „Zauberspiegel", ein Spiel aus den *Einfühlungsspielen*. Das Zauberglas unseres Spiegels erlaubte es, die Gruppenmitglieder in einer verfremdeten Situation, in der Vergangenheit oder in der Zukunft zu sehen. Realistisch erlebte Situationen waren dabei nicht zugelassen. Es galt zu erfahren, ob der einzelne das ihm zugeordnete Bild bejahen konnte oder ob er es nur unter bestimmten Bedingungen annehmen wollte, ob er es zu verändern wünschte oder ob er es gar ablehnte:

Es war außerordentlich interessant, wenn etwa einem konservativ erscheinenden Gruppenmitglied das Spiegelbild „Fünfjähriges Mädchen, in weißem Kleid und mit Haarschleife, sittsam an der Hand der Mutter gehend" zugeordnet wurde und dann die Korrektur kam: „Ich bin auf dem Land aufgewachsen, auf Ästhetik wurde kein großer Wert gelegt, ich bin barfuß zur Schule gegangen"; oder wenn ein Gruppenmitglied, das sich betont leger gab, das Bild „Achtjähriges Mädchen im Kirschbaum, spuckt heimlich auf die Erwachsenen hinunter" bekam und dies entrüstet zurückwies: „So etwas hätte ich mich nie getraut, das würde ich ja heute noch nicht wagen." In einigen Fällen wurde um die Stimmigkeit von Bildern wie dem folgenden bereits sehr gerungen: „Märchenerzählende Großmutter mit sechs Enkeln im gemütlich eingerichteten Wohnzimmer, ordentlich Strümpfe strickend"; die Reaktion eines Teilnehmers darauf: „Die vielen Enkel und die Großmutter könnte ich schon annehmen, das würde ich mir sogar wünschen. Aber so ordentlich wäre ich nicht, daß ich Strümpfe strickte, und auch nicht so geschickt. Ich könnte mir die Großmutter eher durch den Wald gehend vorstellen, mit den Enkeln um sie herum und Geschichten erzählend; und Weisheit, ja die würde ich mir schon wünschen, aber das schaff ich noch nicht."

Die Auswertung erbrachte eine Fülle von Überlegungen, die sich die Gruppenmitglieder im Zusammenhang mit diesem Spiel machten: So wurde zum Beispiel erkannt, daß die Wertigkeit, die ich einem Bild gebe, wenn ich es einem anderen zuordne, keinesfalls mit der übereinstimmen muß, die der andere dem Bild gibt, wenn er es erhält. Es wurde auch gesehen, daß die gegebenen und die erhaltenen Bilder nicht identisch zu sein brauchten und daß das, was der eine schön findet, dem anderen mißfallen kann. Gleichzeitig wurden am Rande auch schon die Beziehungen in der Gruppe angesprochen: „Ich hätte so gerne gehabt, daß du dich über mein Bild freust, und war ganz enttäuscht, weil es dir so mißfallen hat." Hier wurde wiederum auch der Selbsterfahrungsaspekt deutlich.

Die Grundstimmung in der Gruppe war heiter und gelöst. Dem Spiel schloß sich ein gemütlicher Abend mit viel Gelächter an. Die Gruppe vermittelte den Eindruck von Harmonie und Gelöstheit, von dem die Spielleiterin aber wußte, daß er der Arbeitssituation offenbar nicht standhalten konnte.

Der erste Tag gab vor allem den individuellen Bildern Raum; er machte beispielsweise Überlegungen wie die folgenden möglich: Wer ist der einzelne für mich und wer bin ich? Was können die andern und was kann ich? usw. Und es bestand die Gelegenheit, die Spielleiterin und ihre Verläßlichkeit zu erfahren. Dagegen sollte das Thema „Gruppe" nun den zweiten Tag bestimmen. Es wurde mit einem *gruppenzentrierten Phantasiespiel* begonnen; als Thema wurde der „Tiergarten" gewählt. Jeder konnte hier Tier oder Gegenstand sein; Menschen waren ausgeklammert:

Bald ergaben sich Untergruppen, die sich zum Teil von anderen abgrenzten, um dann wieder ihre Nähe zu suchen. Es ereigneten sich Konflikte zwischen den Tieren. Ängste wurden geäußert — etwa, daß man gefressen werden könnte, oder ein Vogel fürchtete um seine Eier, wenn das Eichkätzchen unterwegs war. Andererseits wurden aber auch Beteuerungen abgegeben, daß man so etwas doch nicht tue.

Es war ein sehr buntes Spiel mit vielen Szenen und Gruppierungen, das selbst die Leiterin nicht mehr in allen Einzelheiten verfolgen und übersehen konnte, und sie auf die Auswertung angewiesen blieb.

In der Auswertung zeigten sich ebenfalls Untergruppen, die denen glichen, die auch im Team erkennbar waren. Aber die Kommunikation untereinander riß nie ab. Die Gruppen waren außerdem nicht konstant, sie änderten sich vielmehr in ihrer Zusammensetzung immer wieder. Konflikte traten häufig dann auf, wenn die Rollenvorschriften mißachtet wurden, zum Beispiel wenn vor einem Raubtier ein schwächeres Tier keine Angst haben sollte oder wenn man in der Rolle eines wilden, gefährlichen Tieres vorgab, zahm zu sein. Sehr viel konfliktfreier jedoch verliefen die Begegnungen immer dann, wenn Bedingungen ausgehandelt wurden, die klar genug waren, daß man sich unter ihnen gefahrlos auf den anderen einlassen konnte, zum Beispiel: „Ich habe mich grade an einem Büffel sattgefressen, ich könnte jetzt nichts mehr fressen, auch wenn ich wollte "; oder: „Wir jagen da drüben, da gibt es genug. Die Vogeleier sind mir zu klein, ich kann doch in den Hühnerstall." Die Auswertung machte auch deutlich, daß die Wahl der Rollen individuell getroffen wurde. So wurde kein zweiter Tiger gewählt, obwohl ein Gruppenmitglied anfangs mit dem Gedanken gespielt hatte, es war ja schon einer da.

Es gelang sehr gut, das Spielverhalten der Teilnehmer mit dem Verhalten, das sie in der Realität zeigten, zu vergleichen und typische Verhaltensweisen, die im Team an den Tag gelegt wurden, auch hier im Spiel zu erkennen. Insgesamt wurde das Spiel mit viel Freude gespielt und die Auswertung ohne Schwierigkeiten und mit großem Engagement vorgenommen.

Für die Arbeit mit Klienten und für unsere Zusammenarbeit hatte dieses *gruppenzentrierte Phantasiespiel* wertvolle Einsichten gebracht: Es war der Gruppe offensichtlich möglich, im privaten Bereich miteinander relativ konfliktfrei umzugehen. Die Schwierigkeiten schienen im Arbeitsbereich zu liegen. Abweichungen von Rollenvorschriften mußten begründet werden und verunsicherten. Solches, von der Vorschrift abweichendes Verhalten irritierte, man konnte ihm nicht trauen. Und: in Untergruppen waren diejenigen Mitglieder hilfreich, die auch Beziehungen zu anderen Untergruppen hatten. Sie konnten gut als Vermittler dienen. Im Konflikt wurde ihre Stellung in der eigenen Gruppe aber problematisch.

Ich hatte den Eindruck, daß jetzt die Bereitschaft gegeben war, sich auf die Gruppe und ihre Strukturen näher einzulassen. Das Engagement der Mitglieder war groß, die Stimmung fröhlich und ein Gemeinschaftsgefühl war entstanden.

Wir wählten dafür ein *Beziehungsspiel* und „unser Dorf" als Thema. Auf einem Bogen Papier skizzierten wir das Dorf, von Bergen umgeben, an einem Fluß bzw. See gelegen. Der nächste Schritt bestand in der Überlegung, was wir in diesem Dorf sein wollten:

Bei diesem Spiel zeigte sich nun zum ersten Mal ganz deutlich die Konfliktstruktur im Team. Die Teammitglieder mit akademischer Ausbildung waren ein alternatives Bauernhaus am Dorfrand und ein Fischerhaus. Die Sozialpädagogen stellten die Häuser dar, die für Bildung und Soziales wichtig waren: Schule, Kindergarten, Spielplatz, Kirche und so weiter; sie bildeten überdies den Ortskern. Die Gruppenmitglieder mit handwerklicher Ausbildung erschienen als Häuser hoch oben am Berg, der von einer uneinnehmbaren Burg, einer Brauerei, gekrönt war; sie betonten zusätzlich ihre Unbezwingbarkeit. Ein Gruppenmitglied, das auch sonst eine Außenseiterposition einnahm, war ein Haus mit Fischräucherei, allein am See, abgegrenzt von den anderen Häusern. Zwischen diesen Berufsgruppen gab es einzelne Häuser, die sowohl nach der einen wie auch nach der andern Seite tendierten; diese Gruppenmitglieder nahmen auch sonst eine verbindende Stellung ein. Es wurde hart darum gerungen, die Standpunkte der „Berghäuser" ins Dorf zu verlegen. Aber es wurde nur erreicht, daß man vom Dorf auf den Berg hinaufkommen durfte. Um auf die Burg zu gelangen, mußten erst zwei andere Häuser passiert werden; eines davon war ein Gasthaus.

Für die Gruppe war dieses Spiel außerordentlich anschaulich. Die Beteiligten waren in der Lage, die Plazierungen zu durchschauen und ihre Bedeutung zu erkennen. Das löste eine Art Euphorie aus. Man wollte das Bild nach Hause mitnehmen und im Dienstzimmer aufhängen.

Für die Bewertung der Gruppensituation erbrachte dieses Spiel folgendes Ergebnis: Das Herz des Dorfes bildeten die Häuser, die die Gruppenmitglieder mit sozialen Berufen repräsentierten; ihnen waren alle Einrichtungen zu eigen, die für Bildung und Wohlergehen wichtig sind; sie bildeten also einen Machtblock. Dem stellte sich ein ebenso bedeutender, wenn auch kleinerer Machtkomplex gegenüber: die Angehörigen der handwerklichen Berufe; hier wurde die Macht nun durch Uneinnehmbarkeit demonstriert: wollte man zu ihnen, gab es Höhen und Gefahren zu überwinden, Mauern schützten die Gebäude; sie selbst kamen nicht herunter, hatten aber am Dorfrand einen Vermittler. Keine Macht beanspruchten die Leiter, die ins Alternative auswichen, am Dorfrand – abgesondert von den einen und den anderen – angesiedelt waren; ihnen fiel es offenbar schwer, die Macht zu demonstrieren, die mit ihrer Leiterrolle verbunden ist. Bei genauerer Betrachtung ergab sich die Frage, für wen die Häuser überhaupt gebaut waren, die für Bildung und Wohlergehen sorgen sollten. Es gab nämlich keine Bauernhäuser und Wohnhäuser und die übrigen, die diese Einrichtungen hätten nutzen können, wie zum Beispiel der Wirt und der Brauereibesitzer, lebten hoch auf dem Berg und wollten nicht ins Dorf.

Die Übertragung dieser Situation in die Realität beziehungsweise die Überprüfung der Ergebnisse an der Realität zeitigt folgendes Fazit: Von den sozialen Berufen geht tatsächlich ein Bildungsanspruch und gleichzeitig ein Bildungsangebot aus; denn alle Teammitglieder nehmen an einer Supervision teil und reflektieren dort ihre Arbeit, wobei die Handwerker aber weder über die notwendigen Erfahrungen verfügen noch die erforderlichen theoretischen Hintergründe näher kennen. Es stellt sich damit die Frage, ob man nicht zunächst dieser Gruppe die Möglichkeit einräumen sollte, für sich die Arbeit und ihr berufliches Handeln zu reflektieren. Sodann ist die zentrale Gruppe der Sozialpädagogen zu befragen, ob nicht auch sie selbst sich zum Gegenstand der Reflexion machen und an dem von ihr praktizierten Machtanspruch Veränderungen vornehmen müßte. Und schließlich ist unverzichtbar, daß die Leiter des Teams ihre Stellung besser ausfüllen und ihre Funktion deutlicher machen. Möglicherweise gilt ihnen der Konflikt, weil sie gerade in dieser ihrer Kompetenz angefragt werden.

Am letzten der drei Fortbildungstage wurde versucht, problemzentriert zu arbeiten, das heißt, es galt, Situationen zu spielen, die konflikthaft erlebt wurden, und dafür alternative Verhaltensstrategien zu entwickeln. Damit wurde die spielerische Erlebnisebene deutlich verlassen. Die Diskussionen waren direkt, hart und wenig versöhnlich. Zwei der oben bereits angesprochenen Punkte wurden explizit thematisiert: Die handwerklich Ausgebildeten wünschten, stärker separiert zu werden, und wollten eigene Methoden. Die übrige Gruppe aber mochte dies nicht akzeptieren und machte die Untergruppe der Handwerker zum Feind, der ihr Angebot verschmähte. Die Leiter im Team stellten zwar Fragen, aber keine Forderungen und trafen auch keine Entscheidungen.

Die konfliktgeladene Schlußauswertung brachte folgende Erkenntnisse: Es war offensichtlich sinnvoller, Konflikte am Arbeitsplatz zu besprechen, da sie nur dort auftraten. Auf privater Ebene waren innerhalb des Teams durchaus Kommunikationsbereitschaft und -fähigkeit gegeben. Die Konflikte mußten eher von den Leitern als von außenstehenden Personen angesprochen werden, wobei diese bereit sein müßten, sich selbst Konflikte einzuhandeln. Möglicherweise sollte ihnen hierfür eine Supervision zuteil werden.

3. Fazit

Es zeigt sich, daß das Sozialtherapeutische Rollenspiel zwar Konflikte der beschriebenen Art aufzuzeigen vermag und es ermöglicht, im Spiel Strategien für eine Lösung zu entwickeln. Auf die Erprobung in der Realität kann jedoch nicht verzichtet werden. Die dreitägige Fortbildung war im Sinne einer Konfliktanalyse wertvoll und kann als gelungen bezeichnet werden. Die eigentliche Arbeit aber, die Übertragung in die Realität, konnte hier nicht geleistet werden.

III. Die Überprüfung einer psychosozialen Diagnose
1. Das Problem

Eine Sozialpädagogin, die in einer Kinderpsychiatrie arbeitet, brachte in eine von mir durchgeführte Selbsterfahrungsgruppe mit Praxisberatung das Problem „Christian" ein, das sie im Rahmen der von ihr durchgeführten Elternarbeit bearbeiten wollte:

Christian, ein 7jähriger Junge, war zur Beobachtung in die Kinderpsychiatrie aufgenommen worden. Er war als autistisch diagnostiziert. Im Vordergrund stand zunächst eine rein medizinische Ursachenklärung: frühkindlicher Hirnschaden. Für die Sozialpädagogin war es wichtig, darüber hinaus zu klären, ob auch das elterliche Erziehungsverhalten die Auswirkungen dieser Schädigung zusätzlich negativ beeinflußten. Diese Annahme schien nämlich nahe zu liegen, da Christian ein für autistische Kinder atypisches Verhalten zeigte: Er war kontaktfreudiger, konzentrierter und sprachgewandter als es autistische Kinder sonst zu sein pflegen.

Zur Vorgeschichte gaben die Eltern gegenüber der Sozialpädagogin an, daß Christian als „Nachzügler" geboren worden war. Er hatte 3 ältere Brüder, die bei seiner Geburt 8, 10 und 12 Jahre alt waren, und eine Schwester, die mit 16 Jahren die Familie verlassen hatte; sie ist das älteste Kind der Familie. Christian war also das fünfte Kind. Seine Eltern hatten mit seiner Geburt nicht mehr gerechnet. Alle Söhne waren inzwischen beruflich gut untergebracht; der Jüngste besuchte noch das Gymnasium. Die Schwester war sozial auffällig geworden, das heißt mit Drogen in Berührung gekommen und längere Zeit untergetaucht. Als sie wieder Kontakt mit den Eltern aufnehmen wollte, wurde sie vom Vater abgewiesen. Sie lebte allein, hatte aber losen Kontakt zur Mutter. In der Familie durfte ihr Name nicht ausgesprochen werden.

Dies hatte sich während der ersten beiden Lebensjahre von Christian ereignet. Er wußte somit bis vor kurzem nichts von der Existenz seiner Schwester.

Die Eltern waren durchaus bereit, den Lebenslauf von Christian zu skizzieren, sahen sich aber nicht in der Lage, Szenen zu vermitteln, die das Verhalten der Kinder und den Erziehungsstil der Familie deutlich gemacht hätten. Der Vater hatte nämlich einer regelmäßigen Aussprache nicht zugestimmt, so daß die familiäre Situation von Christian nur sehr eingeengt beurteilt werden konnte.

Die Gruppe wollte nun den Versuch unternehmen, anhand der bekannten Daten und vor allem aufgrund der Familienstruktur Möglichkeiten der innerfamiliären Kommunikation zu phantasieren. Die Ergebnisse sollten später in der Realität auf ihre Richtigkeit hin überprüft werden.

2. Die Problembearbeitung

Zu diesem Zweck wurde ein *problemzentriertes Spiel* gewählt, und zwar das *diagnostische Spiel*. Es wurden drei Szenen festgelegt: „Der 3jährige Christian spielt mit seinen Brüdern; die Mutter ist weggegangen" (a.); „Die Eltern unterhalten sich über ihre Kinder" (b.); „Es kommt Besuch" (c.).

a. In der ersten Szene versuchen die (damals) 11-, 13- und 15jährigen Jungen mit ihrem kleineren 3jährigen Bruder, den sie beaufsichtigen sollen, zu spielen. Dabei zeigen sie im Spiel folgendes Verhalten:

Die älteren Kinder versuchen, ihre Spielsachen vor dem jüngeren, der sie an sich nehmen will, in Sicherheit zu bringen. Sie verteidigen ihr Eigentum und stoßen den Kleinen weg. Sie beschimpfen ihn und sagen, daß sie ihn zu nichts gebrauchen könnten. Sie machen ihm bei seinen eigenen Spielversuchen Vorschläge und greifen aktiv in sein Spiel ein. Sie schließen ihn von ihrem Spiel aus mit der Begründung, er sei noch zu klein, zu dumm und ungeschickt. Christian macht zunächst immer wieder Versuche, seine Wünsche zu befriedigen. Schließlich weint und schreit er, stampft mit den Füßen und wirft sich zu Boden. Als die Brüder in sein Spiel eingreifen, zieht er sich zurück und setzt sich – Schutz suchend – unter den Tisch.

Im Rahmen der Auswertung hatten wir uns zu fragen, welche Gefühle mit diesen Verhaltensweisen verbunden waren:

Die Brüder fühlen sich von dem Kleinen stark gestört, sind zornig auf ihn. Sie finden, daß er immer verwöhnt werde, und haben nicht zuletzt deswegen ihm gegenüber Haßgefühle und Omnipotenzphantasien. Sie sind auch auf die Eltern zornig, die ihnen dieses Kind als Geschwister zumuten, und fühlen sich durch die Rolle, die ihnen dabei zukommt, entwertet. Christian erlebt sich abgedrängt und hilflos. Er sieht die Brüder als übermächtige Riesen und kann sich nicht vorstellen, es ihnen jemals gleichzutun.

Im Identifikations-Feedback werden diese Gefühle bestätigt und insoweit ergänzt, als sich einige Gruppenmitglieder in der Rolle von

Christian stark erlebten und das Gefühl hatten, aggressiv etwas bewirken zu können.

b. In der zweiten Szene wurde gespielt: Vater und Mutter unterhalten sich über ihre Kinder. Christian ist zu diesem Zeitpunkt 4 Jahre alt und bereits aggressiv auffällig. Die Tochter befindet sich „im Untergrund":

Es ist interessant, den autoritären Ehemann, der genau weiß, was in der Familie geschieht, wie auch die unsichere, überforderte Mutter zu beobachten. Beide Elternteile machen sich große Sorgen um ihre Kinder, besonders um den Jüngsten: Der Vater befürchtet, daß er „charakterlich aus der Art schlagen" könnte wie die Tochter. Die Mutter betont, daß sie alles tue, was man nur könne, daß aber auch alles vergebens sei. Der Vater machte ihr gelegentlich Vorwürfe, weil sie nicht strenger durchgreife. Die Mutter fragt sich, ob dieses Kind überhaupt noch nötig gewesen wäre. Beide Eltern messen die Fähigkeiten und Unfähigkeiten von Christian am Können der wesentlich älteren Brüder. Sie haben große Pläne mit dem Jüngsten vor: Er soll noch mehr leisten und besser sein als die Brüder. Beide Eltern können sich gegenseitig keinen Halt geben und sich nicht trösten. Jeder Partner ist mit seiner Angst allein, jeder macht den anderen für die Mißstände verantwortlich.

Im Rollen-Feedback wurden als Gefühle geäußert:

Zweifel am anderen und Zorn über das Unverständnis; Angst, der andere könnte die Schuld bei einem selbst suchen; Angst, man könne tatsächlich schuld sein; Trauer über die Situation ohne Hoffnung auf Änderung.

Im Identifikations-Feedback kamen ergänzend die folgenden Gefühle dazu:

Angst, die Nachbarn könnten etwas merken; Schmälerung des Selbstwertgefühls; Größenphantasien im Zusammenhang mit Opferbereitschaft bei der Mutter im Sinne von „Wer außer mir könnte so etwas aushalten?", „Ich bin eine großartige Mutter, aber keiner merkt es".

c. Als dritte Szene wurde nun ein Besuch der Großeltern gespielt:

Hier stürmen die jüngeren Söhne auf die Großeltern zu, während sich der Ältere reserviert im Hintergrund hält. Christian, der jüngste, drängt sich an die Mutter. Die Großeltern wissen nicht, wo sie anfangen sollen, denn die drei älteren Söhne reden alle auf einmal auf sie ein. Die Kinder stören sich gegenseitig; wenn der eine nahe an die Großeltern herankommt, wird er vom anderen zurückgezerrt oder vom Ältesten gemaßregelt.

Die Mutter versucht, Ordnung zu schaffen — aber vergebens. Schließlich fängt Christian lauthals zu schreien an und die Mutter verläßt mit ihm den Raum. Der Vater spricht ein Machtwort und verlangt, daß Ordnung einkehre. Er holt die Mutter mit dem Kleinen zurück, damit er die Großeltern begrüße. Christian aber wirft sich auf den Boden und schreit. Die Mutter bringt ihn in sein Zimmer und kommt allein zurück. Der Vater beschimpft seine älteren Söhne und sagt, Christian führe sich auf wie ein Idiot. Die Großeltern wirken erschöpft und setzen sich schließlich.

Im Rollen-Feedback wurden folgende Gefühle beschrieben:
Die älteren Brüder fühlen sich benachteiligt, weil Christian dauernd dürfe, was ihnen nicht erlaubt sei. Sie machen den Eltern den Vorwurf, daß sie ihnen nicht genügend Hilfen anbieten würden. Der Ältere ist zum Teil amüsiert, zum Teil zornig auf die Situation; er würde den kleinen Bruder gern verprügeln.
Die Mutter ist hilflos und ratlos und geniert sich, gleichzeitig ist sie zornig auf ihren Ehemann, der ihr nicht ausreichend helfe. Sie ist auch auf Christian zornig, der sie immer wieder in solche Situation bringe und so schwierig sei.
Die Großeltern fühlen sich durch die Situation überfordert und wissen nicht, wem sie den Vorzug geben sollten. Sie sind auf die Eltern ärgerlich, die nicht rechtzeitig eingegriffen hätten, und auf die Schwiegertochter, weil sie die Kinder nicht richtig erzogen hätte und den Kleinen so verwöhnte. Sie sind Christians wegen besorgt und fürchten, er könnte schwachsinnig sein.
Der Vater hat das Gefühl, er sei allein imstande, Ordnung zu schaffen. Er geniert sich vor seinen Eltern und ist zornig auf seine Frau und auf Christian. Es fürchtet, Christian könnte wirklich ein Idiot sein.
Christian fühlt sich hilflos und sieht sich nicht in der Lage, sich mitteilen zu können. Er hat das Gefühl, für ihn sei kein Platz, und er könne nur auf sich aufmerksam machen, wenn er schreie und aggressiv sei. Er hat das Bedürfnis nach Rückzug und Flucht.

Das Identifikations-Feedback ergänzte die bisherigen Befunde wie folgt:
Die Mutter fühlt sich zwischen ihren Söhnen hin- und hergerissen. Sie hat allen gegenüber ein schlechtes Gewissen und wünscht sich, der Vater könnte sie eindeutiger schützen. Sie fragt sich, was sie alles falsch mache. Die Großeltern fühlen sich hilflos und hören jeweils dem zu, der am lautesten und drängensten sei. Christian fühlt sich nicht ernst genommen und abgedrängt; er hat Rivalitäts- und Konkurrenzgefühle seinen Brüdern gegenüber.

Das Auswertungsgespräch ergab, daß die Turbulenzen in einer so großen Familie kaum vorstellbar waren. Die Gruppe war sich einig darüber, daß in so engen Räumen ein ruhiges Aufwachsen nur schwer möglich ist. Offenbar lagen derart divergente Bedürfnisse bei den Kindern vor, daß es einer durchschnittlichen Mutter schwerfallen mußte, ihnen auch nur annähernd gerecht zu werden. Eine so schwache Mutter wie hier mußte zudem dauernd mit Frustrationen zu kämpfen haben. Was Christian anging, so hatte das Spiel ergeben, daß er wiederholt die Erfahrung machte, keine Durchsetzungschance außer der Aggression zu besitzen. Zudem lernte er, daß Verweigerung Stärkeren gegenüber ein Machtmittel darstellt. Das Kind kam kaum zu Wort und konnte deshalb wohl nur eingeschränkt erleben, daß Sprache ein Mittel ist, Bedürfnisse anzumelden. Neu für die Gruppenmitglieder war auch die Angst der Eltern, es könne sich bei Christians Verhalten um einen angeborenen Charaktermangel handeln, wie ihn die einzige Tochter zeigte.

Es war wichtig, nach Beendigung des *diagnostischen Spiels* festzustellen, daß es sich bei den Ergebnissen nicht um Fakten handelte, die die Familie selbst mitgeteilt hatte, sondern um erspielte Annahmen der Gruppenmitglieder. Deshalb war das Spielergebnis nun in der Realität zu überprüfen. Die Problemstellerin bekam die Aufgabe gestellt, mit der Mutter die familiäre Situation nochmals zu besprechen und dabei ihre (mögliche) Hilflosigkeit, ihre (möglichen) Ängste vor angeborenen Charakterschwächen sowie ihre (möglichen) Frustrationen und Partnerprobleme anzusprechen. Sie teilte der Gruppe später mit, daß die familiäre Situation tatsächlich ähnlich verlaufen war wie im Spiel. Nun sei es allerdings ruhiger geworden, weil die älteren Söhne von zu Hause ausgezogen seien. Die Mutter sprach von Schuldgefühlen, die sie allen gegenüber habe, und von Minderwertigkeitsgefühlen. Sie gab zu, daß die partnerschaftliche Beziehung belastet war. Augenblicklich schien sie die Hilflosigkeit ihres Kindes aber noch zu brauchen, weil sie sich durch den Auszug der älteren Kinder überflüssig fühlte.

3. Zusammenfassung

Es lag die Diagnose „Autismus" vor, die ausschließlich medizinisch, das heißt mit „frühkindlicher Hirnschaden", begründet worden war. Die Sozialpädagogin vermutete aufgrund atypischer Verhaltensweisen des Kindes und aufgrund der familiären Kommunikations- und Beziehungsstruktur, daß die Schädigung sozial mitverursacht sein könnte. Es war nun zu überlegen, ob das Kommunikationssystem der Familie mit zu diesem Schaden beigetragen haben könnte. Da die Eltern keine Szenen vermitteln konnten, die den Erziehungsstil und die Umgangsformen in der Familie anschaulich gemacht hätten, entschloß sich die Beratungsgruppe zu einem *diagnostischen Spiel*. Es handelte sich dabei also um ein Spiel über die Familie, nicht mit ihr. Es wurde anhand von denkbaren „realistischen Szenen" aufgezeigt, wie sich die Gruppenmitglieder die Kommunikation in der Familie vorstellten. Im Rollen-Feedback wurden die Gefühle geschildert, die mit dem jeweiligen Verhalten verbunden waren.

Die Spielsituation erbrachte folgendes Ergebnis: Es handelte sich um eine Familie, in der ein Elternteil starre Orientierungen vorgibt, die der andere, unsichere Elternteil durch sein Verhalten wieder in Frage stellt. Es mangelte vor allem dem jüngsten Kind an klarer und ein-

deutiger Orientierung und an dem für Autonomieentwicklung notwendigen eigenen Raum. Den Beeinträchtigungen der viel älteren Geschwister kann der Jüngste nur Aggression oder Fluchtverhalten entgegensetzen. Die Sprache als ein Mittel, Bedürfnisse zu äußern oder sich mitzuteilen, wird von ihm nur eingeschränkt erfahren.
Es ist notwendig und wichtig, sich bewußt zu machen, daß es sich bei den Spielergebnissen um Hypothesen handelt, die der Verifikation durch die Realität bedürfen. Es wurde deshalb eine sorgfältige Prüfung dieser Annahmen verlangt. Diese bestätigten tatsächlich eine Reihe der Annahmen, die im Spiel erarbeitet worden waren. Die medizinische Diagnose konnte nun um eine psychosoziale erweitert werden, die für den Umgang mit den Eltern und für deren künftigen Erziehungspraktiken Bedeutung haben wird. Für die Planung weiterer sozialpädagogischer Strategien ging es nun darum, die Situation der Eltern stärker zu berücksichtigen, ihre Ängste, Befürchtungen, aber auch ihre Wünsche mit einzubeziehen und die familiäre Kommunikation zu verändern, das heißt dem Jungen einen angemessenen Raum zur Selbstdarstellung und zum Rückzug einzuräumen.

IV. Schluß
Die Beispiele einer Supervision sollten nicht primär Themen herausstellen, die zur Beratung anstehen. Sie sollten vielmehr aufzeigen, daß das Spiel Möglichkeiten bietet − ähnlich wie es das Gespräch tut −, zu solchen Problemen Stellung zu nehmen, die das praktische Handeln des Sozialarbeiters und Sozialpädagogen einschränken. Stärker aber als beim Gespräch werden die Spielsituationen von Gefühlen begleitet, die für die Beurteilung von Konflikten sehr wichtig sind. Auch wenn auf einen Vergleich mit der Realität und auf eine Erprobung von Verhaltensweisen in ihr letztlich nicht verzichtet werden kann, so kommt doch auch dem Spiel ein starker Übungscharakter zu. Die Vorbereitung auf die reale Situation ist durch das Spiel sicherlich intensiver. Da eine Fülle von Spielformen sowohl den Erlebnisbereich ansprechen als auch den Handlungsbereich ausweisen, ist die Verbindung von Selbsterfahrung und sachlicher Beratung deutlich. Da die Spiele und die Auswertung der Spiele in der Gruppe erfolgen, wird die subjektive Situation des Problemstellers überschritten. Der Vorgang wird zu einer Beratung der Gruppe, die ähnliche Probleme kennt, und zu einer Beratung jedes einzelnen Gruppenmitgliedes, das in unterschiedlicher Form seine eigenen individuellen Anteile entdeckt und dadurch sein Verhalten in einer anderen Situation reflektieren lernt.

ERFAHRUNGEN MIT DEM SOZIALTHERAPEUTISCHEN ROLLENSPIEL IN EINER GRUPPE VON EHRENAMTLICHEN HELFERN EINES ALTENZENTRUMS

Doris Knaier

I. Einführung

1. Probleme ehrenamtlicher Hilfeleistungen

Ehrenamtliche Helfer sind heutzutage gesuchte Leute. Wahrscheinlich waren sie es schon immer, da der Bedarf an privater Hilfe nicht neu ist. Gewandelt hat sich jedoch der Charakter der ehrenamtlichen Hilfe. Was früher der Aufmerksamkeit von Nachbarn überlassen blieb, wird heute − sicher nicht ausschließlich, in der Tendenz aber zunehmend − von öffentlichen, staatlicherseits geförderten sozialen Diensten und von professionellen Helfern erbracht. Der entscheidende Punkt der Veränderung ist die Aufwandsentschädigung, die ehrenamtlichen Helfern gezahlt wird. Damit wird das persönliche und wechselseitige Verhältnis von Geben und Nehmen im Hilfeprozeß auf der „Symbolebene" des Geldes ausgedrückt und zum Teil distanziert, als „gekaufte soziale Dienstleistung" abgewickelt. Eine Ursache hierfür sind sicher der Ausfall von privat funktionierender Hilfe insbesondere in den rasch anwachsenden Städten und die tiefgreifende Umstrukturierung der Lebensweisen in den Stadtteilen und Gemeinden. Mit der Ver-Öffentlichung wird die private Hilfe aber auch aus dem Bereich des „naiven Tuns" herausgehoben: Professionelle Helfer kümmern sich um die Vermittlung von Hilfesuchenden und Helfern, um die finanziellen und organisatorischen Seiten der Hilfeleistung und um die Beseitigung von Reibungspunkten, die im Hilfeprozeß immer wieder entstehen. Hilfe wird thematisiert, problematisiert und hinterfragt. Die Helfer werden in speziellen Helferkursen angeleitet und werden so ihrerseits zu Klienten.

Was sind das nun für Menschen, die auf die verstärkte Werbung für ehrenamtliche Helfer reagieren? In dem Bereich, über den hier zu berichten ist, sind es vor allem Frauen, die in irgendeiner Form nach einer Aufgabe außerhalb der Familie suchen und dabei im traditionell von Frauen beanspruchten Tätigkeitsbereich bleiben wollen oder müssen und hier einen gewissen Freiraum finden, der andersartige Befriedigungsmöglichkeiten und größere Flexibilität bietet als andere berufliche Tätigkeiten. Der Entschluß zur ehrenamtlichen Tätigkeit hat immer auch „emanzipatorischen" Charakter, da er einen aktiven Schritt zur Erfüllung eines Bedürfnisses zum Beispiel nach einem neuen Aufgabengebiet darstellt. Er kann aber auch eine Haltung verfestigen, die früh erworbene Defizite auszugleichen sucht nach dem Motto „Was ich in meinem Leben nicht bekommen habe, gebe ich doppelt und dreifach an andere weiter". Schmidbauer beschreibt die Konfliktbereiche der Helferpersönlichkeit folgendermaßen: „Die in früher Kindheit erlittene, meist unbewußte und indirekte (1) Ablehnung seitens der Eltern, welche das Kind nur durch besonders starre (2) Identifizierung mit dem anspruchsvollen elterlichen Über-Ich emotional durchzustehen sich bemüht; die (3) verborgene narzißtische Bedürftigkeit, ja Unersättlichkeit; die (4) Vermeidung von Beziehungen zu Nicht-Hilfsbedürftigen auf der Grundlage von Gegenseitigkeit des Gebens und Nehmens und die (5) indirekte Äußerung von Aggressionen gegen Nicht-Hilfsbedürftige" (Schmidbauer 1977, 92).

Der vorliegende Bericht wertet die Arbeit mit einer Helfergruppe unter dem Aspekt aus, inwieweit das Sozialtherapeutische Rollenspiel dazu dienen kann, Helferpersönlichkeiten zu erkennen und durch Konfliktbearbeitung Raum zu geben für eine Weiterentwicklung dieser Persönlichkeiten.

2. Die Gruppe und die Rahmenbedingungen der Gruppenarbeit

Die Gruppe wurde unter dem Thema „Meine Familie als Hintergrund meiner helfenden Tätigkeit" angeboten. Die Teilnehmerinnen, 6 Helferinnen und die Leiterin des Alten- und Servicezentrums (ASZ), trafen sich insgesamt 5mal für ca. 2 Stunden. Die Teilnehmerinnen kannten sich aus anderen Gruppen oder aus dem Arbeitszusammenhang. Sie wurden von der Leiterin persönlich zur Teilnahme an der Gruppenarbeit motiviert. Das ASZ selbst versorgt einen vorwiegend bürgerlich geprägten Stadtteil einer Großstadt.

In der Gruppe wurden nur *wahrnehmungszentrierte Spiele* eingesetzt; in der Übersicht: 1. Treffen: „Dokumentenmappe"; Ziel: Kennenlernen und Einführung in die Familienproblematik; 2. Treffen: „Familienfoto"; Ziel: Vertiefung der Familienproblematik und erster Bezug zur helfenden Tätigkeit; 3. Treffen: Erlebnisspiel mit der Eingabe „Hilflosigkeit"; Ziel: Thematisierung der Erfahrungen mit der eigenen Hilflosigkeit; 4. Treffen: Einfühlungsspiel „Erntedankkorb"; Ziel: Übung von Einfühlung und Abgrenzung. Die Beziehungen innerhalb der Gruppe werden verschlüsselt thematisiert; 5. Treffen: „Weihnachtskugel"; Ziel: Erweiterung der Familienproblematik und Ausklang der Gruppe.

II. Durchführung

Anhand von Beispielen soll im folgenden deutlich gemacht werden, wie mit Hilfe des Sozialtherapeutischen Rollenspiels das „persönliche Wachstum" von ehrenamtlichen Helfern gefördert werden kann.

1. Beispiel: Frau F.

Das Ausscheiden aus einer (Helfer-)Gruppe kann für einen Menschen einen wichtigen Schritt zur Weiterentwicklung seiner Persönlichkeit und damit seiner Helfer-Motivation und -Zielsetzung darstellen:

Frau F. ist verheiratet und hat erwachsene Kinder und ein Enkelkind. Sie nimmt nur am 2. Treffen der Gruppe teil und stellt dabei unter dem Thema „Familienfoto" das Foto ihres Enkels vor. Sie bemerkt dazu, daß sie die Vergangenheit hinter sich lassen und nur für die Zukunft leben wolle. Frau F. berichtet von ihrer geistig behinderten Schwester, deren Helferin sie wurde. Ihr ist bewußt, daß sie die helfende Rolle, die sie bereits als Jugendliche übernommen hatte, auch in der Ehe weitergeführt hat.

Frau F. bleibt dem 3. Treffen fern. Auf Nachfrage der Gruppenleiterin erklärt sie, daß sie nicht mehr in die Gruppe kommen möchte, weil sie von ihrer Familie in ihrer helfenden Tätigkeit unterstützt werde und damit keine Probleme habe. Ferner könne sie nicht schweigen und das Schweigen der anderen nicht aushalten. So gehe es ihr auch zum Beispiel bei den Helfertreffen. Die Leiterin des ASZ hatte der Gruppenleiterin Frau F. bereits als besonders schwierige Helferin avisiert: Sie sei bereits bei zwei vorangegangenen Versuchen, ehrenamtlich zu helfen, gescheitert und stelle das ASZ vor große Probleme. Sie handle vor allem zu eigenmächtig und überbetreue ihre Klienten.

Ohne die Biographie von Frau F. genauer zu kennen, liegt die Vermutung sehr nahe, daß sie eine typische „hilflose Helferin" ist, die früh gelernt hat, ihre narzißtische Bedürftigkeit in der Helferrolle zu kompensieren. Ihr Ausscheiden aus der Gruppe wird von der Gruppenleiterin zunächst als Abwehr gedeutet, sich mit der Helferrolle und der problembeladenen Beziehung zur Leiterin des ASZ auseinanderzusetzen.

Die Informationen einer Teilnehmerin beziehungsweise der Gruppenleiterin, an deren Gruppe Frau F. zuvor teilgenommen hatte, ergeben aber ein anderes Bild: Frau F. hatte sich bereits intensiv mit ihrer Familiengeschichte und ihrer persönlichen Rolle auseinandergesetzt mit dem Fazit, diesen Aspekt ihres Lebens zunächst einmal ruhen lassen zu wollen. Wohl auf Drängen der Leiterin des ASZ war Frau F. in die Gruppe gekommen, um darzulegen, was sie will: sich auf die Zukunft orientieren.

Im Sinn eines Moratoriums kann diese Entscheidung durchaus zu einer neuen Basis für eine Auseinandersetzung mit ihrer Helferrolle führen. Frau F. äußert sich gegenüber der Gruppenleiterin dahingehend, daß sie vielleicht die Altenpflegerausbildung beginnen wolle.

2. Beispiel: Frau E.

Wie wirkmächtig (früh-)kindliche Erfahrungen nicht nur für die Persönlichkeitsentwicklung sein können, sondern sich auch bis in die „Helfer-Dispositionen" hinein auswirken, zeigt das nachstehende Beispiel:

Frau E. ist 35 bis 40 Jahre alt, wirkt jedoch älter. Sie ist verheiratet und hat 2 fast erwachsene Töchter. Sie hat sozusagen den Einstieg in die ehrenamtliche Tätigkeit gerade erst hinter sich. Frau E. stellt bei der „Dokumentenmappe" ein Volksschulzeugnis vor, in dem sie sich von einer Lehrerin ungerecht behandelt fühlte. Noch heute ärgerte sie dies. Sie hat noch keine Distanz zu dem kleinen Mädchen, das sie einmal war, und kann sie auch in der Auswertung des Spiels noch nicht herstellen.

Im 2. Treffen präsentiert Frau E. als „Familienfoto" ein Bild von ihr und ihrer Mutter in gleichen Kleidchen, das der Vater in Krieg und Gefangenschaft dabeihatte. In der Auswertung erzählt sie, daß sie sehr enttäuscht gewesen sei, als der aus dem Krieg heimkehrende Vater so ganz anders gewesen wäre als auf dem Foto, das sie und die Mutter behalten hätten. Frau E. und die Mutter hatten den Vater während dessen langer Abwesenheit idealisiert, sich sprichwörtlich ein Bild von ihm gemacht, das dann der Realität nicht entsprach. Die „gleichen Kleidchen" deuten auf eine symbiotische Beziehung zwischen Mutter und Tochter hin, in der die narzißtischen Bedürfnisse der Tochter nach Individuation wenig Raum fanden. Im anschließenden Gespräch über Erfahrungen in der Helfertätigkeit betont Frau E., daß ihr die Dankbarkeit einer Frau sehr wichtig gewesen sei, der sie einmal eine Uhr repariert hätte. Frau E. scheint helfen zu wollen aus dem Wunsch heraus, anerkannt zu werden. Es ist fraglich, ob Frau E. hierbei Befriedigung finden kann, ohne dem Schmerz und der Wut über die mangelnde Anerkennung als Kind zu begegnen.

Beim 3. Treffen, beim *Erlebnisspiel* zum Thema „Hilflosigkeit" fällt Frau E. keine Situation ein, in der sie gänzlich hilflos war. Soweit sie sich erinnern könne, sei immer Hilfe gekommen. „Hilflos zu sein" erlebt Frau E. offenbar als eine sehr angsterregende Situation. Durch geeignete Spielangebote könnte Frau E. ermutigt werden, sich diesem Problem einmal zu stellen − verbunden mit dem Erlebnis, daß sie heute als Erwachsener anders damit umgehen kann als als Kind. Unter dem Aspekt „hilflos gewesen zu sein und Hilfe bekommen zu haben" fällt Frau E. ein Badeunfall ein, bei dem ein Mann sie vor dem Ertrinken gerettet hat. Frau E. bedauert heute noch, daß sie nicht wisse, wer der Mann war. Die Abwesenheit des Vaters mag bei Frau E. ein Männerbild induziert haben, das Tendenzen zum „rettenden Engel" aufweist. Die Frage bleibt offen, inwieweit die Identifizierung mit diesem „Phantasievater" für Frau E. die Motivation zur Helfertätigkeit darstellt.

Im Einfühlungsspiel „Erntedankkorb" bedauert Frau E., nicht ein bestimmtes Bild von der Gruppenleiterin bekommen zu haben. In der Übertragung läßt sich dies als Wunsch nach Zuwendung der Mutter deuten. Frau E. erzählt, daß sie gerne schenkt, was ihr selbst gefällt, in der Hoffnung, daß es auch den Beschenkten gefällt. In weiteren Spielen müßte Frau E. in ihrer Individuation und Abgrenzung von anderen gestützt werden.

Im „Weihnachtsspiel" zeigt Frau E. den ersten Entwicklungsschritt eines zuvor angedeuteten Themas. Sie erzählt, daß sie mit der Mutter erst wieder fröhliche Weihnachten hätte feiern können, als der Vater aus der Gefangenschaft zurückgekehrt gewesen sei. Nun steht also nicht mehr die Enttäuschung über den tatsächlichen Vater, sondern dessen posivite Wirkung auf die Mutter und sie im Vordergrund. In der Auswertung stellt Frau E. ihre Dankbarkeit für ein Weihnachtsgeschenk des Vaters der Undankbarkeit ihrer eigenen Töchter gegenüber. Wenn sie heute alleine wäre, würde sie an Weihnachten zu ihren Eltern gehen, weil diese es erwarteten. Frau E. hat sich nie von ihren Eltern abgelöst und steht heute in einer Lebensphase, in der die Töchter beginnen, aus dem Haus zu gehen. In diesem Prozeß entschließt sich Frau E. zur ehrenamtlichen Hilfe. Sie wird sicher Enttäuschungen auf ihrer Suche nach Dankbarkeit erleiden und wird sie vielleicht bei entsprechender Begleitung als Chance zur Bearbeitung von alten Konflikten nutzen können.

3. Beispiel: Frau C.

In einem weiteren Beispiel wird mit Hilfe des Sozialtherapeutischen Rollenspiels sichtbar, wie sich frühkindliche Erfahrungen und die Beziehungen zu den Eltern verknüpfen mit den Motiven und Zielsetzungen des Helfens, denen vor allem im Hinblick auf eine Verbesserung des Selbstwertgefühls und der Identitätsbildung eine wichtige Funktion zukommt, deren kompensatorischer Charakter allerdings überwunden werden muß:

Frau C. ist ca. 35 Jahre alt, mit einem Ausländer verheiratet und hat halbwüchsige Kinder. Sie hat einen großen Haushalt zu versorgen, dazu noch etliche Haustiere und arbeitet halbtags als Putzfrau in einer Apotheke und einer Heilpraktikerpraxis. Sie will Heilpraktikerin werden. Frau C. thematisiert beim Spiel „Dokumentenmappe" ihre Probleme: die Situation ihres Mannes als Ausländer und die damit verbundenen behördlichen Schwierigkeiten; die Kinder stellt sie als Personen mit „doppelter Staatsbürgerschaft" dar. Wo es um die eigene Identität geht, definiert sich Frau C. vor allem — vielleicht aus einem wenig entwickelten Selbstwertgefühl heraus — über ihre Familie.

Auch im 2. Spiel, beim „Familienfoto", tritt Frau C. hinter ein Familienmitglied zurück: Sie erzählt mit viel Sympathie von der Tochter, die sich ein eigenes Reich im Dachboden geschaffen hat. Verschlüsselt drückt sie damit ihren Wunsch nach einem eigenen Reich aus und dokumentiert so gleichzeitig das enge Verhältnis zur Tochter, die ihre eigenen Ziele — substitutiv — für sie verwirklicht. In der Auswertung erzählt Frau C., daß sie ihrer Tochter Selbstbewußtsein zu vermitteln versuche, woran es ihr gemangelt habe. In der weiteren Arbeit muß Frau C. in ihrem Selbstbewußtsein gestützt werden, und zwar, da sie sehr leistungsorientiert ist, vor allem in Bereichen, die davon unabhängig sind.

Beim 3. Treffen, beim Erlebnisspiel zum Thema „Hilflosigkeit", erzählt Frau C. zum ersten Mal ein eigenes Erlebnis: Sie sei schwer krank gewesen, und ihre Eltern hätten ihr nicht geholfen. Es wird deutlich, daß sie die Hilfe, die sie selbst nicht bekommen hat, nun ihrer Tochter zuteilwerden lassen möchte. Im zweiten Beitrag erzählt Frau C. von Bekannten, die sich – fast zu besorgt – um sie gekümmert hätten, als sie leicht erkältet gewesen wäre. Einerseits hat Frau C. sich inzwischen einen Bekanntenkreis erschlossen, in dem sie andere Erfahrungen machen kann als mit den Eltern, andererseits merkt sie dadurch aber auch, daß es ihr schwerfällt, Hilfe anzunehmen. In der eigenen Krankheit wird Frau C. an frühe Kränkungen erinnert, die sie nicht verarbeitet hat, sondern nun mit Helferbeziehungen kompensiert. Frau C. hat die helfende Tätigkeit begonnen, als sie Selbständigkeit gegenüber der eigenen Familie suchte. Sie hat nicht auf ihre Berufsausbildung als Verkäuferin zurückgegriffen und meint, daß die alten Leute dankbarer seien als die eigene Familie. Vor dem Hintergrund der konfliktreichen Elternbeziehung wird Frau C. mit großer Wahrscheinlichkeit in ihrer Suche nach Anerkennung durch die Hilfsbedürftigen auch Enttäuschungen erleben, die mit einer entsprechenden Begleitung bearbeitet werden können. Frau C. geht aber noch einen Schritt weiter: sie sucht Selbständigkeit durch ihre Helfertätigkeit und durch die begonnene Berufsausbildung. Die weitere Beratung kann sie darin unterstützen, Gefühle der Einsamkeit, die die Freiheit mit sich bringt, zu ertragen und auf Ersatzbindungen zu verzichten.

Frau C. verpaßt das 4. Treffen. Sie äußert zu Beginn des 5. Treffens dezidiert den Wunsch, weiter an solchen Gruppen teilzunehmen. Beim Spiel „Weihnachtskugel" thematisiert Frau C. zum ersten Mal einen positiven Aspekt ihrer Herkunft: die Bindung an die Großmutter, und zwar im Bild der Weihnachtskugel. Der Ehemann kann die Großmutter heute noch nicht leiden, sie hat sie jedoch sehr gerne. Frau C. kann sich also in ihrem Verselbständigungsprozeß durchaus vom Mann abgrenzen und auf Wurzeln in ihrer eigenen Familie aufbauen. Als Erlebnis, das mit Weihnachten in Zusammenhang steht, erzählt Frau C. von einem Wunsch, als Kind von den Eltern Schlittschuhe geschenkt zu bekommen. Sie sei sich sicher gewesen, daß ihr Wunsch erfüllt würde, doch die Schlittschuhe hätten nicht unter dem Baum gelegen. In einem Enttäuschungs- und Wutausbruch hätte sie auf ein Kissen geschlagen und sich verletzt, weil darunter die Schlittschuhe gelegen hätten. Frau C. löst in der Gruppe große Teilnahme für dieses Erlebnis aus. Es drückt sozusagen gleichnishaft aus, daß die Zuwendung, die die Eltern Frau C. gaben, zu einem bestimmten Zeitpunkt von ihr wegen früherer Versagenserlebnisse nicht mehr angenommen werden konnte. In einem Bild ausgedrückt: der Sender der Eltern traf nicht die Frequenz des Empfängers von Frau C. In der weiteren Arbeit mit Frau C. ist darauf zu achten, ob sie die Anerkennung durch die eigene Familie wahrnehmen kann oder inwieweit sie hier noch dem Kindheitsmuster verhaftet ist. Die Dankbarkeit der alten Menschen bei ihrer helfenden Tätigkeit kann sie bereits zulassen. Ein weiterer Ansatzpunkt ist, Frau C. in ihren „Aggressionen nach außen" zu stützen, um selbstschädigendes Verhalten langsam abzubauen. In der Auswertung erzählt Frau C., daß sie sich in diesem Jahr geweigert habe, den Bruder und die Eltern zu Weihnachten einzuladen. In einem anderen Zusammenhang kommentiert sie den Bericht einer Teilnehmerin, das heißt von einer Frau, die sich scheiden lassen will, damit, daß sie dieser Frau recht gebe. Frau C. ist mit Nachdruck dabei, sich von Eltern und Ehemann abzugrenzen und einen eigenen Weg zu entwickeln.

III. Zusammenfassung

Die 5 Treffen machen deutlich, wie wichtig eine Begleitung von ehrenamtlichen Helfern ist. Ehrenamtliche neigen ebenso wie professionelle Helfer dazu, sich über die eigenen Bedürfnisse mit der Helferrolle hinwegzuhelfen, ohne sich über diesen Zusammenhang im klaren zu sein. Sie kompensieren ihr persönliches und familiäres Vakuum in der helfenden Tätigkeit und geraten dabei in die Gefahr, die Hilfsbedürftigen zu Ersatzspielern in ihrem eigenen Konflikt zu machen. Die meisten Helferinnen nehmen ihre ehrenamtliche Tätigkeit auf Grund von strukturellen Veränderungen in der Familie, zum Beispiel im Zusammenhang mit dem Erwachsenwerden der Kinder, auf. Sie laufen Gefahr, zum einen das alte Muster der helfenden Mutter auf die Hilfsbedürftigen zu übertragen, um damit Trennungsschmerz zu vermeiden, und zum anderen keine Neuorientierung vorzunehmen. Im Sozialtherapeutischen Rollenspiel zeigen sich Entwicklungsstand und Entwicklungsmöglichkeiten der Teilnehmer in den einzelnen Beiträgen gleichsam wie unter einem Brennglas. Damit bietet es gute Ansätze zur Unterstützung von ehrenamtlichen Helfern in ihrer Identitätsfindung und Persönlichkeitsreifung.

Kennzeichnend für die hier vorgestellte Gruppe war, daß die Teilnehmerinnen relativ unregelmäßig zu den Treffen kamen. Die Ursache dafür kann der starke Selbsterfahrungscharakter der angebotenen Spiele gewesen sein. Es ergibt sich die Frage, ob nicht ein Einstieg, der zuerst mehr den Umgang mit alten Menschen und erst dann Rückspiegelungen auf die eigene Person zum Inhalt gehabt hätte, für die Teilnehmerinnen angemessener gewesen wäre. Der Schritt von der Arbeitssituation zur Person ermöglicht nämlich mehr Distanzierung und Schutz als umgekehrt.

Literatur:
Schmidbauer, W.: Die hilflosen Helfer. Reinbeck 1977.

SOZIALTHERAPEUTISCHES ROLLENSPIEL: EIN FORTBILDUNGSANGEBOT FÜR MITARBEITER IN KINDERTAGESSTÄTTEN

Mechthild Teuber

I. Die Rahmenbedingungen

1. Sozialtherapeutisches Rollenspiel im Rahmen der Fortbildung

Das Referat Kindertagesstätten im Diözesancaritasverband A. bietet in jedem Kindergartenjahr für die 365 angeschlossenen Einrichtungen (Kindergärten, Kinderhorte und Kinderkrippen) ein thematisch breit gefächertes Fortbildungsprogramm mit Kursen und Arbeitskreisen an. Der Besuch von Fortbildungsveranstaltungen ist für die Mitarbeiter der Kindertagesstätten verpflichtend. Sie treffen jedoch selbst die Wahl, welchen Kurs oder welchen Arbeitskreis sie besuchen möchten. Für die Dauer der Fortbildung werden sie zwar von der pädagogischen Arbeit freigestellt, für die Teilnahme an den Fortbildungsveranstaltungen müssen sie jedoch einen finanziellen Eigenbeitrag leisten.

2. Entstehung und Zusammensetzung der Gruppen

In den letzten drei Jahren habe ich insgesamt sieben Veranstaltungen, das heißt jeweils fünf Nachmittage à drei Stunden, zum Thema „Sozialtherapeutisches Rollenspiel" angeboten (zweimal in Neu-Ulm, fünfmal in Augsburg, wobei zwei dieser Angebote für Teilnehmerinnen ausgeschrieben waren, die bereits Rollenspielerfahrungen hatten). In Neu-Ulm handelte es sich ausschließlich um Teilnehmerinnen, die von mir in der Fachberatung betreut werden, das heißt in der Regel war ein Kontakt zwischen uns — direkt oder indirekt durch Kolleginnen in der Einrichtung — bereits vorhanden. In Augsburg dagegen trafen sich zu den Veranstaltungen Erzieherinnen auch aus Einrichtungen, die nicht von mir, sondern von Kolleginnen in der Fachberatung betreut werden. In der Ausschreibung für dieses Angebot hieß es unter anderem: Das Sozialtherapeutische Rollenspiel bietet Möglichkeiten zur Entdeckung der eigenen Kreativität im Umgang mit der (Berufs-)Rolle, zum Ausprobieren von und Einüben in neue ungewöhnliche Rollen im Schutz einer Gruppe, zur Sensibilisierung der Wahrnehmung eigener und fremder Probleme (im Hinblick auf Kontakte im beruflichen Bereich zum Beispiel mit schwierigen Kindern, mit Eltern, im Umgang mit Kollegen und Vorgesetzten), zur Überprüfung von Selbstwahrnehmung und Fremdwahrnehmung und zum (Wieder-)Entdecken spontaner Spielfreude.

3. Die Teilnehmerinnen

Das Angebot war für alle Mitarbeiterinnen ausgeschrieben worden, das heißt es kamen Erzieherinnen in Leiterinnenfunktion, Erzieherinnen in Gruppenleiterfunktion, Kinderpflegerinnen sowie Berufspraktikantinnen und auch eine Vorpraktikantin. Durch die unterschiedlichen beruflichen Voraussetzungen ergab sich bereits zu Anfang in den verschiedenen Gruppen mehr oder weniger intensiv die Fragestellung: Für wen ist das Sozialtherapeutische Rollenspiel überhaupt geeignet? Welche Voraussetzungen sollen die Teilnehmer erfüllen? Erstaunlicherweise wurde diese Frage immer zuerst von den Teilnehmerinnen mit dem „geringeren beruflichen Selbstverständnis" gestellt: von der Vorpraktikantin, von der Berufspraktikantin und besonders von den teilnehmenden Kinderpflegerinnen. Diese Fragen beantworteten sich in den einzelnen Gruppen am Ende des Angebotes immer wieder von selbst: Das Sozialtherapeutische Rollenspiel ist für alle Mitarbeiterinnen in Kindertagesstätten offen. Es handelt sich jeweils um eine Frage der Persönlichkeit, ob die Teilnahme positiv erlebt wird oder nicht.

Zu Anfang des ersten Treffens teilte ich den Teilnehmerinnen jeweils mit, daß sie erst nach dem ersten Nachmittag über ihre endgültige Teilnahme entscheiden, sich dann aber auch für die weiteren vier Nachmittage verpflichten sollten. Da es sich beim Sozialtherapeutischen Rollenspiel um ein neues, bis dahin unbekanntes Fortbildungsangebot in Kindertagesstätten handelte, sollten die Teilnehmerinnen Zeit haben zu entscheiden, ob sie sich auf das Sozialtherapeutische Rollenspiel wirklich einlassen wollten. Bis auf das aufbauende Angebot erschien in jeder der von mir geleiteten Gruppen eine Teilnehmerin danach nicht wieder und entschied sich gegen das Rollenspiel. Die Begründung für die Absage lag in der Regel in der Feststellung: „Das Sozialtherapeutische Rollenspiel bringt mir nichts. Ich hatte mir etwas ganz anderes erwartet, etwas was ich direkt im Kindergarten umsetzen kann." Eine weitere Teilnehmerin sagte nach dem dritten Treffen ab und begründete die Entscheidung mit der Rücksprache mit ihrem Psychotherapeuten, bei dem sie damals in Behandlung war, wovon ich bis zu dieser Mitteilung nichts gewußt hatte.

II. Die praktische Durchführung
1. Das Angebot von Spielen

Da mir für diese Fortbildung nur eine begrenzte Zeit zur Verfügung stand, strukturierte ich jeweils die fünf Treffen vor, das heißt, ich nahm mir jeden Nachmittag vor, ein bis zwei Spiele anzubieten, die ich nach einem gewissen System aufbaute. Folgende Spiele wurden von mir in der Regel angeboten: „Das Namenspiel", „Gegenstände in die Mitte legen", „Der leere Korb", „Fotoalbum", „Gruschtkiste", „Dokumentenmappe", „Der fliegende Teppich", „Gemüsegarten"; außerdem: verschiedene gruppenzentrierte Phantasiespiele nach Abstimmung mit den Teilnehmerinnen zu den Themen „Bahnhofshalle", „Dachboden", „Müllhalde", „Rumpelkammer"; im aufbauenden Angebot zusätzlich: „Verlorene Wünsche", „Schnappschuß", „Tauschzentrale", „Jeder ist eine Blume", „Wundertüte".

In den Auswertungen zeigte sich jedesmal, daß das *gruppenzentrierte Phantasiespiel* von den Teilnehmern sehr positiv aufgenommen wurde; es machte ihnen Spaß und regte zur Selbstreflexion an. Diese Spielform habe ich jeweils beim vierten Treffen angeboten, wo – meiner Erfahrung nach – die Gruppen in der Lage sind, kreativ und mutig mit der eigenen Phantasie umzugehen.

In das anschließende letzte Treffen brachte ich dann ein Abschlußspiel mit thematischem Blick auf die Beziehung der Gruppenmitglieder untereinander ein.

Innerhalb einer Gruppe berichtete eine Erzieherin über eine äußerst problematische Familie nach der Auswertung des Spiels „Gruschtkiste". Ich stellte der Erzieherin frei, ob sie dieses Problem für die Gruppe zur Verfügung stellen wollte. Eine Woche später teilte sie uns in der Gruppe mit, daß sie – klopfenden Herzens – das Problem bearbeiten wolle. Ich wählte für diese Thematik eine Gruppeneinfühlung in bezug auf die Mutter und erreichte damit bei den Teilnehmerinnen eine große Verblüffung. Alle sahen ausnahmslos die Mutter in einem völlig anderen Licht, als sie es bisher taten. Die Mutter war bisher vom gesamten Personal als unmöglich eingeschätzt worden, weil sie nur die Wünsche ihres Kindes berücksichtigte, nicht aber auf die Vorschläge des Kindergartenpersonals einging. Meiner Meinung nach hatte dieses eingeschobene, nicht geplante Spiel bei den Teilnehmerinnen dieser Gruppe eine äußerst positive Wirkung, auf die auch in der Gesamtauswertung wieder Bezug genommen wurde.

2. Inhaltliche Probleme in den verschiedenen Spielen
Durch alle von mir angebotenen Spiele zogen sich für mich verschiedene Grundthematiken:

a. Die Situation als Frau und Mutter
Die Teilnehmerinnen waren zwischen 18 und 32 Jahre alt, eine weitere, Ordensfrau, war 40 Jahre alt. Infolge dieser altersspezifischen Zusammensetzung spielten die Frage nach einem eigenen Kind und

Probleme mit der Schwangerschaft eine gewichtige Rolle. Zudem waren in mehreren Gruppen Teilnehmerinnen schwanger. Sie brachten unter verschiedenen Aspekten diese Thematik immer wieder in die Gruppe ein. So war in zwei Gruppen je eine Frau anwesend, die ihre ledige Schwangerschaft auch als Problem empfand. Außerdem waren auch Frauen anwesend, die bereits ein Kind in der Schwangerschaft verloren hatten und hier schmerzlich wieder daran erinnert wurden, nicht Mutter zu sein.

b. Hierarchie im Kindergarten

In den Gruppen wurde deutlich, daß einige Kinderpflegerinnen mit gestärktem Selbstbewußtsein aus der Fortbildung wieder in ihre Arbeit gingen. Eine weitere Teilnehmerin war sich ihrer Zweifel an den eigenen beruflichen Fähigkeiten noch mehr bewußt als vor der Veranstaltung.

3. Probleme der Gruppenleitung

Mein größtes Problem war, den Teilnehmerinnen diese besondere Methode nahezubringen. Für mich selbst war es sehr wichtig, ein positives Echo zu erhalten, da das Angebot dieser Fortbildung innerhalb des Caritasverbandes nicht ungeteilte Zustimmung hervorrief. Die positive Annahme der Fortbildung durch die Teilnehmerinnen bestärkte mich jedoch darin, weiterhin Sozialtherapeutisches Rollenspiel anzubieten. Und die Nachmittage machten mir auch Mut, Sozialtherapeutisches Rollenspiel auch für spielerfahrene Kolleginnen anzubieten.

Probleme ergaben sich für mich anfangs durch die Teilnahme der Ordensfrau, die mit ihrem Alter weit über dem Durchschnitt der Gruppe lag. Ich war mir lange Zeit nicht darüber im klaren, wie eine Ordensfrau auf diese Fortbildung reagieren würde, welche Informationen über die Inhalte der Nachmittage sie nach außen weitertragen würde. Die Ordensfrau nahm mir jedoch meine Ängste, da sie selbst innerhalb der fünf Nachmittage richtig aufblühte, eine große Spielfreude entwickelte und sich rundherum wohlfühlte, da sie hier tun und lassen konnte, was sie wollte.

In meinen anfänglichen Überlegungen fand ich es außerdem problematisch, aus den Kindergärten, die ich in der Fachberatung betreue, Mitarbeiterinnen im Rollenspiel zu haben, die sich vielleicht nicht vorbehaltlos in das Spiel einbringen könnten, da sie mich als „Vorgesetzte" erleben.

Diese Befürchtung wurde allerdings durch die Spontaneität innerhalb der Spiele nicht bestätigt. Ähnlich erging es mir in den Gruppen in

Augsburg, wo Teilnehmerinnen aus Kindergärten anwesend waren, die mich teils gut, teils kaum kennen und von einer anderen Fachberatung betreut werden. Allen Teilnehmerinnen war die von mir über die Spiele auferlegte Schweigepflicht besonders wichtig, die auch für meine Person gegenüber den entsprechenden Fachberatern galt.

4. Besonderheiten in der Rollenspielgruppe für Fortgeschrittene

Auf Grund der großen Nachfrage entschloß ich mich, ein Angebot auch für Erzieherinnen mit Rollenspielerfahrung zu machen. Es meldeten sich acht Kolleginnen, die bereits mit mir Erfahrungen im Sozialtherapeutischen Rollenspiel gesammelt hatten. Von den Teilnehmerinnen wurden zu Anfang hohe Erwartungen formuliert, da sie die Methode bereits kannten und sie auch als positiv erlebt hatten. Sie zeigten eine große Bereitschaft zur Offenheit und kritischen Reflexion. Da ich die Gruppe allein leitete, war ich mir zuerst nicht darüber im klaren, ob ich durch eine entsprechende Spielauswahl diese hohen Erwartungen auch würde erfüllen können.

Da alle bereits wußten, um was es ging, wurden die Spiele selbst sehr viel intensiver, das heißt sie nahmen erheblich mehr Zeit in Anspruch. Auch die Auswertungsgespräche nahmen an Intensität und Wichtigkeit, aber auch an zeitlicher Dauer zu. Aus dem positiven Verlauf dieses ersten Angebots für Spielerfahrene ergab sich der Wunsch nach einem zweiten Treffen. Mit diesem Kreis schon sehr sensibilisierter Teilnehmerinnen, die bereits alle zweimal, eine sogar dreimal am Sozialtherapeutischen Rollenspiel teilgenommen hatten, habe ich es dann gewagt, in die Märchensymbolik zuzusteigen. Hier sehe ich auch einen engen thematischen Bezug zum beruflichen Alltag, zum Umgang mit Märchen in der Kindertagesstätte.

III. Auswertung der Veranstaltungen

1. Die Rückmeldungen der Teilnehmerinnen

Da ich die einzige Leiterin der Gruppe bin und auch gegenüber meinem Arbeitgeber die Wirkung und Brauchbarkeit dieses Fortbildungsangebotes zu vertreten hatte, erarbeitete ich einen Abschlußfragebogen mit folgenden Fragen: Wie haben Sie sich in der Gruppe gefühlt (a.)? Was haben Sie in dieser Gruppe über sich und über andere erfahren (b.)? Was beeindruckte Sie inhaltlich am meisten (c.)? Was können Sie in Ihrer beruflichen Arbeit umsetzen (d.)? Kommentar zur Kursleitung (e.); Veränderungsvorschläge und Wünsche (f.).

Die Frage a. wurde durchwegs positiv beantwortet, wobei immer wieder dankbar darauf hingewiesen wurde, daß man sich ohne Zwang und ohne Druck äußern konnte, wenn man wollte. Außerdem sei es sehr positiv gewesen, daß ich gleich von Anfang an betont hätte, es gäbe keine falschen Aussagen im Rollenspiel, denn alles was von den Teilnehmerinnen eingebracht werde, sei richtig. Immer wieder wurde die Überraschung über die große Offenheit betont und die Tatsache erwähnt, daß alle schnell ein „Bekanntheitsgefühl" entwickelt hätten. Viele Teilnehmerinnen empfanden weiterhin ein bis dahin unbekanntes Vertrauen in eine Gruppe von Unbekannten, die sich aus Anlaß einer Fortbildung trifft.

Die Frage b. über die Erfahrungen mit sich selbst wurden größtenteils mit dem Wunsch beantwortet, in Zukunft mehr zuzuhören, abzuwarten, den anderen ernst zu nehmen, mit dem Mitmenschen vorsichtiger umzugehen, andere Menschen in ihrer Andersartigkeit zu akzeptieren, vor allen Dingen auch anderen gegenüber offener zu sein, um so den anderen die Chance zur Offenheit zu geben.

Die Erfahrung über die anderen Gruppenteilnehmer gingen weitestgehend in die Richtung, daß festgestellt wurde: die anderen haben die gleichen oder ähnlichen Probleme wie ich.

Die Frage c. nach dem größten Eindruck, den die inhaltliche Arbeit hinterlassen hat, wurde vorrangig mit dem Hinweis auf die Verbesserung der Selbst- und Fremdwahrnehmung beantwortet. Außerdem wurde die ausgiebige Reflexion über die verschiedenen Themen innerhalb der Spiele positiv beantwortet. Bei dieser Frage wurde bemerkt, daß das *gruppenzentrierte Phantasiespiel* am meisten Eindruck hinterlassen habe.

Die Frage d. nach der Umsetzung in die berufliche Arbeit wurde wiederum mit „mehr zuhören", „mehr Geduld, sich in den anderen hineinzuversetzen", „nicht in Gewohnheiten und Routine zu verfallen" sowie „Kritikfähigkeit zu üben und die eigenen Normen zu überdenken" beantwortet.

Der Kommentar zur Kursleitung (e.) war durchweg positiv. Dies wurde damit begründet, daß die Kursleitung als Mitspielerin und echte Teilnehmerin empfunden wurde, die auch persönliche Erlebnisse einbrachte.

Veränderungsvorschläge und Wünsche (f.) gingen fast ausschließlich in Richtung weiterer Angebote zum Sozialtherapeutischen Rollenspiel, durchaus auch mehr als fünf Nachmittage oder auch als Kursangebot von drei aufeinander aufbauenden Tage.

2. Abschließender Kommentar

Mit dem Rückblick auf sieben verschiedene Gruppen und damit ca. 55 Teilnehmerinnen kann ich das Wagnis, Sozialtherapeutisches Rollenspiel in der Fortbildung anzubieten, als gelungen bezeichnen und positiv beantworten. Ich glaube, daß die in der Ausschreibung angegebenen Zielsetzungen vielfach erreicht beziehungsweise sogar überschritten werden konnten. Aus den Beiträgen von Teilnehmerinnen konnte ich entnehmen, daß das Sozialtherapeutische Rollenspiel sich zwar vorrangig an die Person wendet, sich jedoch indirekt auch für die Umsetzung in berufliches Handeln eignet.

Im Rahmen eines Fortbildungsprogrammes, das auch die Persönlichkeitsentwicklung der Mitarbeiter in Kindertagesstätten berücksichtigen sollte, möchte ich aus Überzeugung das Sozialtherapeutische Rollenspiel nicht mehr missen. In seiner spielerischen Art und Weise bietet es den Teilnehmern eine gute Möglichkeit, einen Weg zu sich selbst, zum anderen und zur Gruppe zu finden, den beruflichen Weg kritisch zu hinterfragen und mit den daraus genommenen Ergebnissen besser den Anforderungen in den vorschulischen Einrichtungen gerecht werden zu können.

Die insgesamt fast ausschließlich positiven Rückmeldungen zum Sozialtherapeutischen Rollenspiel geben mir inzwischen zu denken und ich frage mich, ob mir nicht der vielleicht notwendige kritische Abstand zu den Äußerungen der Teilnehmerinnen fehlt. Hierfür wäre die Unterstützung eines weiteren Gruppenleiters sicherlich hilfreich – eine Möglichkeit, deren Umsetzung zur Zeit aber leider unrealistisch ist.

Das Sozialtherapeutische Rollenspiel im Bereich der Sozialtherapie

PROBLEMBEARBEITUNG IM SOZIALTHERAPEUTISCHEN ROLLENSPIEL: ERFAHRUNGEN IN DER AMBULANTEN BEHANDLUNG SUCHTKRANKER

Ulrich-Peter Roidl

I. Vorbemerkung

Im folgenden werden Erfahrungen dargestellt, die in der psychosozialen Behandlung mit Abhängigen, speziell mit Alkoholkranken gewonnen wurden. Die ambulante Behandlung diente in erster Linie der Vorbereitung auf eine stationäre Behandlung und deren Nachsorge, war aber auch als eine eigenständige Behandlungsform mit der Zielsetzung eines sinnerfüllten alkoholfreien Lebens gedacht. Der Kontrakt mit den Klienten sah vor: regelmäßige Einzelgespräche, regelmäßige Beschäftigungstherapie, Teilnahme an einer teilstationären Maßnahme und anschließend regelmäßige Teilnahme an einer Gruppe. Die teilstationäre Maßnahme erfolgte als eine Art „Hüttenaufenthalt", der zwei Tage dauerte und die Möglichkeit bot, erste Gruppenerfahrungen zu machen. Hier kam auch das Sozialtherapeutische Rollenspiel zum Einsatz, das als diagnostische Hilfe Aufschluß über die künftige Behandlungsplanung geben sollte.
Sofern die Bedingungen es zuließen, wurde eine ambulante Behandlung angeboten. Angeboten wurden Gruppen, die vorwiegend gesprächsorientiert arbeiteten, und solche, die das Sozialtherapeutische Rollenspiel einsetzten. Die Gruppen wurden vom Leiter der Fachambulanz, einem Sozialarbeiter und Sozialtherapeut, geplant, durchgeführt und ausgewertet. Die Bearbeitung des folgenden Materials stützt sich auf diese Erfahrungen.
In unseren Darstellungen werden wir ausschließlich auf *Erlebnisspiele,* also auf Spiele aus der Gruppe der *wahrnehmungszentrierten Spiele* zurückgreifen, weil sie sowohl in Gruppen bei teilstationären Maßnahmen wie auch in ambulanten Behandlungsgruppen bevorzugt verwendet werden. In der Fachambulanz wird das Sozialtherapeutische Rollenspiel seit 1973 eingesetzt, seither findet es zunehmend auch bei anderen Mitarbeitern Verwendung. Regelmäßig wird es angewandt in Behandlungsgruppen von Betroffenen (nur bei Ab-

hängigen), in Behandlungsgruppen von Angehörigen (Angehörigen von Alkoholkranken), in Partnergruppen (bei Alkoholkranken und deren Partnern) und bei teilstationären Maßnahmen. Unsere Darstellungen beschränken sich, wie bereits gesagt, auf teilstationäre Maßnahmen und auf Behandlungsgruppen von Betroffenen.

II. Die Klienten dieser Gruppen

Bei der Entstehung von Abhängigkeit spielen verschiedene Faktoren eine wichtige Rolle: die Eigenschaften und Wirkung des Suchtmittels, das erlernte Verhalten im Gebrauch des Suchtmittels und gesellschaftliche Faktoren. Neben den nicht zu unterschätzenden gesellschaftlichen Bedingungen, die Suchtverhalten verursachen und fördern, lassen sich auch Persönlichkeitsmerkmale ausmachen, die einen abhängigen Menschen charakterisieren. Es handelt sich dabei um Menschen, die nicht fähig sind, sich flexibel abzugrenzen, und deren Ich-Grenzen starr geöffnet sind und deswegen eine erhebliche Angst vor Abhängigkeit hervorrufen. Symbiotische Verschmelzungswünsche wechseln mit Versuchen von Überabgrenzung, weswegen Beziehungen zu anderen meist oberflächlich oder ohne Distanz verlaufen. Solche Menschen haben nicht gelernt, ihre Autonomie zu entfalten und konstruktiv mit Konflikten umzugehen. Die mangelnde Abgrenzungsfähigkeit führt zum Fehlen „echter Kontakte" (Winkelmann 1985, 73) und verhindert Trennung mit Trauer. Mit dem Griff zum Suchtmittel versucht der Abhängige den Defekt der Ich-Grenzen zu beheben, die starr geöffnet sind. Sie werden dadurch zwar nicht geschlossen, doch die Umwelt wird jetzt nicht mehr als so bedrohlich wahrgenommen (Winkelmann 1985, 73). Als Merkmale einer Suchtpersönlichkeit nennt Winkelmann (1985, 65 ff.): fehlende Objektkonstanz, Angst vor der Angst (unerträgliche Trennungsängste), starr geöffnete Ich-Grenzen (Abgrenzungsdefekt), symbiotische Verschmelzungswünsche (Distanzlosigkeit), Hilfe zur Realitätsbewältigung von Bezugspersonen wird als selbstverständlich erwartet (wie beim Kleinkind).

Die Erfahrung versagender oder zu beschützender Eltern kann Trennungsängste entstehen lassen, die eine Bewältigung der Realität aus eigenen Kräften unmöglich erscheinen läßt. Die Eltern können so die Brücke zur Realität nicht darstellen. Die Trennungsschritte des Kindes sind „zu schmerzhaft und zu angstmachend" (Winkelmann 1985, 12). Die Mutter kann das Kind nicht behutsam aus der symbiotischen Beziehung „aufgrund eines eigenen Ich-Defekts" (Winkelmann 1985, 72) entlassen. Das Kind wird vielleicht auch und gerade dazu gebraucht, Realität nicht bewußt wahrnehmen zu müssen.

1. Aufgaben und Zielsetzungen für die ambulante Behandlung

Aus dieser Darstellung ergeben sich Behandlungsziele und Aufgaben für den Einsatz sozialpädagogischer Methoden in der ambulanten Behandlung Alkoholkranker:

a. Der Suchtkranke erwartet Hilfen zur Realitätsbewältigung von außen, nämlich von seinen Bezugspersonen. Er muß zunehmend lernen, seine eigenen Kräfte und Stärken zu entdecken und ihnen zu vertrauen.

b. Er soll lernen, sich zunehmend flexibel abzugrenzen, um der Realität begegnen und sie aushalten zu können.

c. Vermeidungsverhalten und Schuldzuweisung nach außen wie auch die Leugnung der eigenen Beteiligung an seinem Schicksal sind Grundverhaltensweisen eines Alkoholkranken. Sie sollen in der Behandlung von ihm in einem allmählichen Prozeß erkannt und verändert werden.

d. Verselbständigung ist nur durch Trennung möglich (Trennung vom Suchtmittel, von abhängigen Beziehungen, von Persönlichkeitsaspekten und so weiter). Ein Verlust muß betrauert werden, wenn Neues entstehen soll. Schmerz, Zorn und Wut müssen durchlitten werden, bevor eine Veränderung möglich wird (Aguilera/Messick 1980, 160). Dabei wird Leid wieder erfahren und soll allmählich mit einer neuen Einstellung bewältigt werden.

e. Dabei ist es notwendig, nicht aufdeckend, sondern stützend zu arbeiten, damit der Klient sich nicht durch eine zu rasche Konfrontation mit seinen Problemen bedroht fühlt.

2. Das Sozialtherapeutische Rollenspiel als Methode in der ambulanten Behandlung am Beispiel der Erlebnisspiele

In einer kurzen Zusammenfassung möchte ich nochmals aufzeigen, wo der Einsatz des Sozialtherapeutischen Rollenspiels erfolgte, welche Spielformen verwandt wurden und welche Zielsetzungen sie verfolgten.

Erlebnisspiele wurden und werden in der ambulanten Behandlung Alkoholkranker angewandt und zwar

a. zur diagnostischen Abklärung im Rahmen einer teilstationären Maßnahme über zwei Tage, bei der die weiteren Behandlungsmöglichkeiten geklärt werden sollen und

b. als kontinuierliche Methode in ambulanten Gruppen während der Behandlung.

Behandlungsgruppen wie die hier beschriebenen müssen eine überschaubare Größe haben; sind sie zu groß − wir beobachteten dies ab einer Größe von mehr als 12 Mitgliedern −, dann läßt die Konzentrationsfähigkeit der Teilnehmer erheblich nach und für den Spielleiter wird es schwer, den Überblick zu behalten. Durch den Einsatz von zwei Leitern ist es möglich, den Spielverlauf intensiv zu beobachten, damit nach dem Spiel im Austausch darüber von den Leitern ein möglichst umfassendes Protokoll erstellt werden kann und um das anfallende diagnostische Material auch entsprechend auszuwerten. Die Behandlungsgruppen in der Fachambulanz waren immer gemischt, wobei es in der Behandlung insgesamt weniger alkoholkranke Frauen als Männer gab. Die Patienten der Fachambulanz gehörten hauptsächlich der unteren Mittelschicht an (Facharbeiter, Angestellte, Beamte), daneben waren mehr Klienten aus der Unterschicht als aus der gehobenen Mittelschicht in den Behandlungsgruppen vertreten.

In der Fachambulanz haben wir über Jahre hin die Beobachtung gemacht, daß Alkoholkranke nur äußerst eingeschränkt ihren Alltag gefühlsmäßig erleben und daß sie auch Erlebnisse ihrer Kindheit kaum noch farbig reproduzieren können. Es stehen ihnen auch die mit solchen Ereignissen verbundenen Erlebniswerte nicht mehr zur Verfügung. Mit den *Erlebnisspielen* ist beabsichtigt, zunächst eine Erinnerung an bestimmte Situationen zu wecken und diese schrittweise wiederzubeleben, also abgespaltene Gefühle sollen integriert werden (Stein 1983, 15). Gleichzeitig soll der Versuch unternommen werden, mit diesen Erinnerungen und Gefühlen gestaltend umzugehen, um sie so allmählich bearbeiten zu können.

Dieses Vorgehen konfrontiert natürlich den Klienten mit der Schattenseite seiner Persönlichkeit und mit leidvollen, schmerzlichen Erlebnissen, die er bisher zu verdrängen suchte. Wenn es gelingt, diese Wunden offenzulegen und mit ihnen umzugehen, dann können sich langsam neue Gefühle entwickeln. So könnten Trauer, Schmerz und Verzweiflung den Grund bilden für Befreiung, Freude und Glück.

Da mit dem Sozialtherapeutischen Rollenspiel die Lebensproblematik von Alkoholkranken bearbeitet werden soll, interessieren uns im folgenden Kapitel (III.) folgende Problemkreise: die Identität (1.), die Selbstwahrnehmung (2.), die Abgrenzung von „drinnen" und „draußen" (3.), die Trennungsproblematiken (4.) und die Trauerarbeit und Sinnfindung (5., 6.).

Die einzelnen Beiträge werden mit Aussagen der Gruppenteilnehmer illustriert, die den entsprechenden Spielprotokollen entnommen wurden.

III. Die Bearbeitung der Lebensproblematik von Alkoholkranken
In vielen Einzelgesprächen mit Alkoholkranken und deren Angehörigen wurde uns bewußt, daß ein Großteil der Klienten als Ziel der

Behandlung den Wegfall des Suchtmittels sahen. Hatten sie den Entzug geschafft, glaubten sie sich bereits am Ziel und damit in der Lage, ihr Leben ohne Hilfe selbst gestalten zu können. Die neu erlebte bewußte Wahrnehmung der Welt löste einen enormen Optimismus aus, den wir wiederum bremsen mußten, damit die Realität nun nicht durch hochtrabende Phantasien wieder verdeckt wurde. Viele Klienten brachen in diesem Stadium die Behandlung ab. Aus diesem Grunde führte die Fachambulanz die teilsstationäre Maßnahme ein. Die Organisation und Durchführung dieser Maßnahme übernahmen mein Praktikumsanleiter und ich. Alle neuen Patienten sollten in den ersten vier Wochen ihrer Behandlung an dieser Maßnahme teilnehmen, damit außerhalb ihres gewohnten Umfeldes erste Erfahrungen mit anderen und mit sich selbst gemacht werden konnten, die vielleicht zur Weiterführung einer Behandlung motivieren würden. Nachstehend sind insbesondere Erfahrungen aus den teilstationären Maßnahmen wiedergegeben.

1. „Identität" als Problem
In den Erlebnisspielen wird der Klient „mit Aspekten der eigenen Geschichte" (Stein 1983, 15) konfrontiert. Durch diese Spielform wird es ihm möglich, mit der Zeit einen Zusammenhang zwischen seiner Sozialstation und der jetzigen Situation zu sehen. Im Prozeß seiner Behandlung werden ihm frühere Erlebnisse wieder zugänglich, werden seine Gefühle erfahrbar, was ihm vorher nicht möglich war. Dadurch kann es zur „Verdeutlichung und Korrektur der Selbstwahrnehmung" (Stein 1983, 15) kommen, und der Klient kann allmählich sein bisheriges Leben, sein Schicksal, mit neuen Augen betrachten und annehmen. Dabei werden Fragen nach der persönlichen Identität („Wer bin ich? Was habe ich erlebt?") und nach der sozialen Identität („Was haben meine Erlebnisse mit anderen gemein? Wo unterscheiden sie sich?") zunehmend gestellt und zu beantworten versucht (ebd.).
Bei den teilstationären Maßnahmen wurden den Klienten in den Gruppen *Erlebnisspiele* zum gegenseitigen Kennenlernen angeboten. Es handelt sich dabei um die Beschäftigung mit einer imaginären Kennkarte, einem Identitätsausweis also. Hier stellte sich die Frage „Wer bin ich?" ganz zentral. Die Konfrontation mit der eigenen Person erfolgte einmal durch das imaginäre Bild und zum zweiten durch die Persönlichkeitsmerkmale, die im Reisepaß eingetragen sein könnten:

Beispiel: Bertl

Bertl findet im Spiel einen Personalausweis mit seinem Namen, der grau und zerfleddert ist und nur noch aus losen Blättern besteht. Es sind keine Stempel darin eingetragen, seit Jahren ist er ungültig. Bertl teilt mit, er habe im Knast die Blätter einzeln verkauft.

Im Assoziations-Feedback betont er, im Gegensatz zu den anderen keine weiten Reisen gemacht zu haben, er sei ja viel im Knast gewesen. Im Gefühls-Feedback äußert er nach langem Räuspern Angst vor der Gruppe und auch Angst davor, wegen seiner Haftstrafen nicht angenommen zu werden.

Zu Lebensgeschichte: Bertl ist 22 Jahre alt, Arbeiter, verheiratet und hat ein Kind. Sein Vater ist ebenfalls alkoholkrank. Bertl war mehrmals wegen Verkehrsdelikten unter Alkohol inhaftiert. Er hatte Verbindung zu Rockergruppen. Eine erste stationäre Entwöhnungsbehandlung brach er angeblich wegen des Kindes ab. Nach einem ersten Beratungsgespräch nahm er an dem teilstationären Aufenthalt teil.

Interpretation der Spielaussage: Bertls Ausweis ist zerrissen und nicht mehr vollständig, er hat Teile davon im Gefängnis gelassen. In der Realität außerhalb der Haftanstalt ist der Identitätsausweis ungültig, weil er nicht verlängert wurde. Bertls bisheriges junges Leben ist bestimmt von langen Aufenthalten in totalen Institutionen, in denen man keine eigenständige reife Identität entwickeln kann. Beziehungen zu anderen Menschen, zu einer gemischten Gruppe hat er kaum gelernt und sie machen ihm Angst, da sein „Knastverhalten" in der Gruppe nicht angebracht ist. Seine Identität scheint genauso zerrissen wie sein Ausweis. Trotzdem teilt er der Gruppe einen bislang verschwiegenen Teil seiner Geschichte mit.

2. Selbstwahrnehmung

Die folgenden Beiträge aus einer stationären Maßnahme habe ich ausgewählt, weil sie Aufschluß über die Selbstwahrnehmung von Gruppenmitgliedern geben. Abhängigkeit schränkt Selbsterkenntnis und Selbstbeurteilung stark ein, weil dafür die Fähigkeit zur Distanz und zur Abgrenzung notwendig wäre. Abhängige beziehen ihren Selbstwert aus dem Urteil ihrer Umwelt, ähnlich wie dies Kinder bis etwa zum 11. Lebensjahr tun (Lersch 1956, 132 ff.; Remplein 1967 336 ff.). Es fehlt ihnen der Grad an Selbstbewußtsein, der es möglich machen würde, Selbstwert aus sich selbst zu beziehen, wie es in der Pubertät durch die erwachende Fähigkeit zur Reflexion allmählich möglich wird. Gerade die Beiträge der weiblichen Gruppenmitglieder – denen in unserem Kulturkreis Verselbständigung weniger gestattet wird als den Männern – zeigen, wie zunächst das Problem „Alkoholismus" und die damit verknüpfte Selbsteinschätzung an Äußerlichkeiten festgemacht wird:

Beispiel: Anna

Anna findet im Spiel einen alten realen Reisepaß mit einem Bild, das sie mit langen schwarzen Haaren zeigt. Auf diese Haare sei sie sehr stolz gewesen. Sie teilt noch mit, daß sie eigentlich aus dem Ruhrgebiet komme. Im Assoziations-Feedback ergänzt sie, daß in ihrem Paß Stempel von weiten Reisen seien, die sie vor Jahren gemacht habe. Im Gefühls-Feedback macht sie keine Angaben.

Zur Lebensgeschichte: Anna ist sehr groß (1,90), Mitte 30, Pädagogin, verheiratet und momentan ohne Anstellung. Fünf Jahre lang war sie das einzige Kind in ihrer Herkunftsfamilie. Sie kommt aus Norddeutschland und hat den durch den Beruf des Ehemannes bedingten Umzug nach Bayern lange nicht verwunden. Sie fand dort auch keine neuen Freunde.

Interpretation der Spielaussage: Anna findet ein äußerliches Merkmal, auf das sie stolz ist langes schwarzes Haar. In Wirklichkeit hat sie rote lockige Haare, die sie kurzgeschnitten trägt. Wie sie den gefärbten Haaren der Vergangenheit nachtrauert, so trauert sie auch um ihre alte Heimat. Das Hier und Jetzt besitzt noch nicht die gleiche Wertigkeit für sie. Es ist zu vermuten, daß sie unter ihrer Körpergröße gelitten hat und sich deswegen anders besser gefällt als sie wirklich ist. Auch im Assoziations-Feedback weist sie auf Äußerlichkeiten hin („die weiten Reisen"), ohne inhaltlich oder gefühlsmäßig näher darauf einzugehen.

Beispiel: Marie

Nach der Eingabe findet Marie einen Reisepaß mit einem Bild, das sie mit schulterlangem braunen Haar zeigt. Mit leiser Stimme erzählt sie, daß sie wegen des langen Alkoholmißbrauchs jetzt unter Haarausfall leide.

Im Assoziations-Feedback erwähnt sie kurz längere Reisen nach Afrika und Amerika.

Im Gefühls-Feedback macht sie keine Mitteilung.

Zur Lebensgeschichte: Marie ist 36 Jahre alt, ledig, Akademikerin. Wegen Trunksucht wurde sie entmündigt, sie wohnt bei ihrer Mutter. Alle bisherigen Versuche, vom Alkohol loszukommen, sind gescheitert. Seit sechs Wochen ist sie in ambulanter Behandlung.

Interpretation der Spielaussage: Marie findet ein Bild aus der Zeit, in der sie noch nicht auffällig geworden war, das sie mit langem braunen Haar zeigt. Jetzt ist ihr Haar kurzgeschnitten, fahl und dünn. Zugleich gibt Marie einen Hinweis auf einen alkoholbedingten Defekt, ein äußerlich sichtbares Merkmal für langjährigen Alkoholmißbrauch, das sie ausmacht. Auch Marie erwähnt nur kurz ihre weiten Reisen, ohne konkreter darauf einzugehen.

Beispiel: Konrad

Konrad findet im Spiel seinen Reisepaß, der noch 2 Jahre gültig ist, den er nicht verlängern lassen will. Der Grund sei das Paßbild, es stamme aus der Zeit, als er noch getrunken habe. Darauf sei er aufgedunsen abgelichtet. Sechs Jahre sei er „trocken gewesen", dann „habe er ein bißchen was dazwischenkommen lassen".

Weder im Assoziations-Feedback noch im Gefühls-Feedback macht er weitere Angaben.

Zur Lebensgeschichte: Konrad ist Anfang 50, Koch und vom Arbeitgeber in die Behandlung geschickt worden. Nach sechs Jahren Abstinenz war er in seinem Beruf rückfällig geworden und konnte die Anforderung nicht mehr erfüllen. Er ist verheiratet und hat zwei ältere Söhne. Vor sechs Jahren brach er eine stationäre Behandlung ab.

Interpretation der Spielaussage: Auch Konrad beschreibt seine Identität durch äußere Merkmale, durch das Paßbild aus seiner „nassen" Zeit. Er findet im Gegensatz zu anderen einen noch gültigen Paß, wie auch seine „nasse" Zeit durch den Rückfall wieder gültig geworden ist. Doch weder bei seinem Identitätsausweis noch nach seinem Rückfall wird Konrad von sich aus aktiv. Er wartet ab, bis der Paß ungültig geworden ist, um sich dann ein neues Bild machen zu lassen. Und ebenso wartet er, bis sein erneutes Trinken anderen offenbar wurde, die ihn dann zu einer Behandlung drängten. Seinen Zustand versucht Konrad herabzuspielen, zu bagatellisieren („es sei ihm etwas dazwischengekommen") und nach außen hin eine eigene Beteiligung zu leugnen.

3. Die Abgrenzung von „drinnen" und „draußen"

Ein weiterer notwendiger Schritt zur Entwicklung einer eigenen Identität ist die Abgrenzung von „drinnen" und „draußen". Nach der erfahrenen Nähe in der Gruppe von gleichermaßen Betroffenen stellt sich für einen Klienten allmählich die Aufgabe, sich von den außer ihm liegenden sozialen Objekten abzugrenzen. Gelingt dies nicht, werden zum Beispiel eigene Ängste und Befürchtungen auf ein anderes Gruppenmitglied projiziert:

Beispiel: Helmut und Vera

Helmut findet im *Erlebnisspiel* „Osterkorb" ein rotes Ei in Griechenland, das nach dem dortigen Brauch einem guten Freund oder einem geliebten Menschen geschenkt wird. Er teilt der Gruppe mit, daß er dieses Jahr Ostern zum ersten Mal in Griechenland feiern werde. Vera findet eine Fernsehübertragung vom Petersplatz, wo der Papst den Segen „urbi et orbi" spendet. Sie erlebe dabei Gemeinsamkeit.

Im Assoziations-Feedback berichtet Vera von einer Rückfallbesprechung aus ihrer stationären Behandlung, als ein Freund nach siebenjähriger Abstinenz einen Rückfall an Ostern erlitten habe. Helmut entgegnet darauf heftig, daß ihm das nicht passieren könne, weil er es nicht wolle. Er werde deshalb schon vor Ostern nach Griechenland fahren, um seinen Freunden von seiner Alkoholkrankheit zu erzählen, damit ihm nichts angeboten würde.

Zur Lebensgeschichte: Vera ist 45 Jahre alt, Angestellte und mit einem ebenfalls alkoholkranken Mann verheiratet. Sie hat eine stationäre Behandlung hinter sich, ihr Mann ebenfalls; beide sind „trocken". Seit ein paar Wochen ist Vera wieder an ihrer alten Arbeitsstelle tätig. Zu Helmut, der 67 Jahre alt ist, hat sie ein freundschaftliches Verhältnis.

Interpretation der Spielaussage: Veras Beitrag macht offenbar, daß sie erlebte Situationen, die ihr Angst gemacht haben, auf Helmut überträgt. Ein Freund von ihr hat an Ostern in Griechenland einen Rückfall erlitten und Helmut will gerade an Ostern dort hin. Helmut hat diese Befürchtungen aber nicht. Er hat vorgeplant, um kritischen Situationen vorzubeugen, so wird er früher fahren, um seine Freunde auf sein neues Verhalten vorzubereiten. Ihm stehen bereits andere Verhaltensmöglichkeiten zur Verfügung, die ihn schützen. Es stellte sich dann – nach drei Monaten – heraus, daß Veras Befürchtungen umsonst gewesen waren. Veras Projektion wird verständlich aus der Tatsache, daß ihr Mann und sie über zwanzig Jahre alkoholabhängig waren. Zudem ist sie erst vor kurzem an ihren alten Arbeitsplatz zurückgekehrt. Beide Situationen machen ihr Angst, und so ist sie nicht in der Lage, Abgrenzung zu leisten und Helmut so zu sehen, wie er wirklich ist und welche Fähigkeiten er schon erworben hat.

Beispiel: Berta

Nach der Eingabe findet Berta im Erlebnisspiel „Identitätsausweis" einen Reisestempel von Jugoslawien in ihrem Paß.

Im Assoziations-Feedback erzählt sie von den weiten Reisen ihres Sohnes, der im Staatsdienst sei. Schon mehrmals sei er nach Südostasien geflogen, dabei habe sie als Mutter immer Angst um ihn. Sie wisse auch nicht, ob jemand das verstehen könne, wenn er sie weinen sähe.

Im Gefühls-Feedback meint sie, es gehe ihr gut.

Zur Lebensgeschichte: Berta ist über 50, Hausfrau und hat drei erwachsene Kinder, die alle schon außer Haus leben. Sie hat seit Abschluß ihrer Lehre nicht mehr gearbeitet, weil sie kurz danach schwanger wurde. Ihr Mann ist noch berufstätig und viel beschäftigt. Momentan haben sie wenig gemeinsame Interessen. Sie hat aus Langeweile zu trinken begonnen.

Interpretation der Spielaussage: Berta findet einen Reisestempel, der ihr Identität verleihen soll. Zu ihrer eigenen Identität äußert sie sich nicht konkret und bietet so nur verschlüsselt eine Stellungnahme zu ihrer Problematik an. Als sie mit 18 schwanger wurde, gab sie ihren Beruf auf und lebte von da an für die Kinder und für ihren Mann. Als die Kinder das Haus verließen, verlor sie ihre Aufgabe und den Sinn ihres Lebens. Eine eigene Identität neben ihren Kindern und ihrem Mann hat sie nie entwickeln können. Sie kann sich auch von deren Erlebnissen nicht abgrenzen.

Ergänzungen zu Bertas Entwicklung: Berta war eine Klientin, die ich alleine betreute. In den ersten vier Monaten ihrer Behandlung spielte die Familie und der Haushalt eine Hauptrolle in ihrem Denken. Sie ging deswegen manchmal eher nach Hause, um ihren Mann zu „bekochen". Für sich tat Berta wenig. Als sie die per Kontrakt vereinbarte Beschäftigungstherapie vernachläßigte und sich mit neuen Klienten im „Club 29" lieber unterhielt, veränderten wir ihren Behandlungsvertrag, und sie betreute von da ab neue Patienten und übernahm mit einem anderen Klienten die Bewirtschaftung im Club an vorerst einem Wochentag. Inzwischen ist ihr ihre Behandlung mindestens ebenso wichtig wie ihr Ehemann. Sie hat sich auch deutlich von ihrem

25jährigen Sohn abgrenzen können, dem sie die Wäsche nur noch ausnahmsweise besorgt. Ihr Engagement für Betroffene sei ihr wichtiger geworden, teilte sie ihm mit.

4. Die Bearbeitung der Trennungsproblematik

Eine zentrale Thematik im Leben eines jeden Menschen stellen Abschied und Trennungen und die begleitenden Gefühle von Angst und Trauer dar. Abhängigkeit beinhaltet nun immer Trennung und Trauer, Abhängigkeitswünsche und -ängste. Der Alkoholkranke versucht seinen Gefühlen und deren Wahrnehmung dadurch zu entgehen, daß er trinkt, sich „zumacht", um nichts spüren zu müssen. Werden Verlust und Trennung bewußt, kommt es zu „Schmerz und Verzweiflung", weil die „Sehnsucht nach dem verlorenen Objekt ständig und unstillbar" (Aguilera/Messick 1980, 160) im Menschen verbleibt. Frühere Erfahrungen hindern den Alkoholkranken häufig, autonomes Verhalten zu versuchen. Auch für den Spielleiter ist es schwierig, Angst, Zorn und Trauer über Verluste erlebbar werden zu lassen. Daher ist es für Klienten wichtig, in der Gruppe neue Erfahrungen mit autonomem Verhalten zu machen, in aktuellen Situationen zu versuchen, Trennungen zu leisten und dabei Bearbeitungsstrategien angeboten zu bekommen. Das Wegbleiben von der Gruppe kann ein Versuch sein, Selbständigkeit zu erproben. Dabei können sich Konflikte für den Spielleiter ergeben, die in einer Supervision bearbeitet werden sollten (Stein 1985, 28).

Auf einen Alkoholkranken bezogen bedeutet das, daß für jede Veränderung ein Abschied notwendig ist, ein Abschied vom Suchtmittel, von vertrauten Personen, Situationen, Einstellungen und Verhaltensweisen. Nach dem Abschied vom Suchtmittel bleibt ihm nur das Hoffen auf eine bessere Zukunft, das Vertrauen in die Gruppe von Gleichgesinnten und die Abhängigkeit vom Sozialpädagogen (wenn dieser ihn annehmen und mit ihm arbeiten kann). Ein jeder Mensch hat in seinem Leben Veränderungen erlebt, bei denen er das Neue, seine Angst davor und die Trauer darüber nicht wahrhaben wollte. Wird das Nichtwahrhabenwollen, die „Leugnung auf Dauer", erhalten, kann „Heilung" (Stein 1983, 23) nicht geschehen und eine Veränderung wird unmöglich. In der ambulanten Behandlung müssen Trennungen gelernt werden können, die der Klient in der Auseinandersetzung mit seiner eigenen Vergangenheit wieder erfährt. Wenn er sich darauf einläßt, muß er Angst, Schmerz, Empörung und Wut zulassen, um fähig zu werden, echte Trauerarbeit zu leisten.

Ebenso notwendig ist, Autonomie erfahren zu können, ohne daß Loslösungen bestraft werden, wenn ein Klient im Zuge seiner „Befreiungsversuche" in Schwierigkeiten gekommen ist. So wird es dem Klienten erlaubt und ermöglicht, zurückzukommen und weiterzuarbeiten, wenn er es will, bis die Loslösung glückt.

Am Beispiel einer rückfällig gewordenen Frau, die zu Beginn der Gruppensitzung allen ihren Rückfall „gestand", konnten die Gruppenmitglieder erarbeiten, daß diese Frau sich selbst etwas angetan hatte und nicht dem Gruppenleiter oder der Gruppe. Sie wurde auch nicht – nach dem ersten Schock – von der Gruppe ausgestoßen, vielmehr entstanden aus der großen Betroffenheit und den dabei empfundenen eigenen Ängsten vor einem Rückfall die Themen für die nächsten Treffen. Die als gefährlich angesehenen Situationen konnten von jedem einzelnen erkannt, eingebracht und in der Gruppe besprochen werden:

Beispiel: Anna

Anna findet im *Erlebnisspiel* „Fotoalbum" zum Thema „Abschied" ein Bild von sich, auf dem sie in M. hockt und „heult". Durch den Beruf ihres Mannes habe sie nach Bayern umziehen müssen. Sie sei aber öfters in ihre Heimatstadt zurückgefahren, weil sie sich in M. einfach nicht eingewöhnen konnte. Schmerz und Trauer hätten das verhindert. Sie habe sich aber selbst getäuscht.

Interpretation der Spielaussage: Trennungen, die unbewältigt blieben, haben in Annas Leben eine zentrale Rolle gespielt. Dabei gelang es ihr nicht, Schmerz und Leid zu bearbeiten. Der Abschied von ihrer Heimatstadt blieb in ihr so stark haften, daß sie die neue Umgebung gar nicht erst entdecken wollte, so wie auch die Geburt ihrer Schwester die Freude über das Geschenk ihrer Mutter in Enttäuschung verkehrte, weil von nun ab die Mutter nicht mehr allein für Anna da war. Ihre Verschmelzungswünsche mit der Mutter und der gewohnten Umgebung führten zu Ängsten, Enttäuschungen und Schuldgefühlen; der Konflikt selbst blieb aber über Jahre hinweg im Dunkeln. Erst im Spiel findet sie Zugang dazu. Später teilt sie mit, sie habe das Gefühl, „ein Licht wäre in ihr aufgegangen".

Beispiel: Bertl

Bertl findet im *Erlebnisspiel* „Fotoalbum" zum Thema „Geschenke" die Tränen seines Vaters auf einem Bild, die dieser vor der Einweisung in die Justizvollzugsanstalt für seinen Sohn vergießt.

Im Auswertungsgespräch teilt Bertl mit, daß er nach der Gruppe seinen Vater besuchen werde. Er sei durch das Bild sehr aufgewühlt worden.

Interpretation der Spielaussage: Wie viele Bilder von Bertl, so macht auch dieses deutlich, wie eng er noch mit seinem Vater verschmolzen ist. Es ist ihm bisher noch nicht gelungen, sich vom ebenfalls alkoholkranken Vater zu trennen. Sobald er anfangen würde, ihm Vorwürfe zu machen und zornig auf den Vater zu werden, der ihm eine gesunde Entwicklung versagte, wäre ein erster Schritt zur Loslösung getan. Noch aber weckten die Tränen des Vaters Schuldgefühle in ihm. Erst wenn Bertl die Trauer über seinen Vater durchlitten hat, kann eine neue Beziehung zu ihm entstehen.

Im Sozialtherapeutischen Rollenspiel werden solche Gefühle wieder erfahrbar und aussprechbar. Wut und Aggression sind erlaubt und können in der Gruppe mitgeteilt und auch geteilt werden.

Beispiel: Vera

Beim *Erlebnisspiel* mit Gruppenaktion „Fahr wohl" beladen die Gruppenmitglieder Schiffchen mit zum Beispiel unerfüllten Erwartungen, von denen sie Abschied nehmen wollen. Vera findet eine Situation: sie möchte sich aus dem Zusammenhalt mit ihrer Schwester lösen. Sie schickt ihr Schiffchen los, frägt dann aber die Spielleiterin, ob sie es nicht zurückholen könne, um es zu verbrennen. Der Spielleiter erwidert, Vera müsse nachschauen, ob das Schiff nicht schon zu weit weg sei und ob sie vielleicht die Leine noch nicht losgelassen habe, dann könne sie es noch zurückholen. Vera holt ihr Schiff zurück und frägt nochmals, ob sie es verbrennen dürfe. Sie setzt das Schiff ins Hafenbecken und verbrennt es.

Im Auswertungsgespräch erzählt Vera, daß sie lange keine Erwartung gefunden habe, dann sei ihr aber ihre Schwester eingefallen. Zuerst wollte sie das Schiff langsam davongleiten lassen, weil sie bisher sich immer langsam verabschiedet hätte. Sie habe aber dann gemerkt, daß sie lieber ein neues Verhalten ausprobieren wollte. Deshalb habe sie das Schiff dann auch verbrannt, was sie sehr erleichtert habe. Es habe sie außerdem sehr betroffen gemacht, daß sie immer erst fragen müsse, wenn sie etwas tun wolle. Damit würde sie sich noch beschäftigen.

Zur Lebensgeschichte: Wie bei Anna stand nach der Geburt der jüngeren Schwester Veras Mutter ihr nicht mehr allein zur Verfügung. Sie habe sich seitdem immer als die Vernünftigere verhalten müssen und alles getan, um die Zuneigung der Mutter wiederzuerlangen, teilte sie mit. Auch heute noch sei das Verhältnis zur Mutter ohne Herzlichkeit.

Interpretation der Spielaussage: Nach der Geburt der Schwester war Vera lange Jahre auf der irrationalen Suche nach einem verlorengegangenen Paradies. Die Liebe der Mutter gehörte nicht mehr ihr allein, ihre Schwester wurde als Nesthäkchen bevorzugt. Das alte Verhalten schien Vera so nicht mehr zweckmäßig. Zu lange hatte sie den Schmerz mit sich herumgeschleppt, der Abschied davon sollte jetzt schnell und mit Gewalt von sich gehen. Sie ließ ihre Erwartungen in Flammen und Rauch aufgehen − Flammen, die auch Kraft besitzen, zu reinigen und zu heilen.

Beispiel: Erhard

Erhard belädt beim *Erlebnisspiel* „Fahr wohl" sein Schiff mit der unerfüllt gebliebenen Erwartung, Kinder zu bekommen. Er nehme Abschied davon, nicht Vater geworden zu sein. Er glaube aber trotzdem, er wäre ein guter Vater gewesen. Sein Schiff möchte er langsam davongleiten lassen.

Im Auswertungsgespräch erklärt Erhard, dies sei die einzige Erwartung in seinem Leben, die er als unerfüllt ansehe. Sonst habe er an niemanden Erwartungen. Er könne die Menschen so nehmen, wie sie sind.

Zur Lebensgeschichte: Erhard, 65 Jahre alt, Jurist in Pension, hatte während des Zweiten Weltkrieges im Urlaub geheiratet. Seine Frau hatte, als er in Gefangenschaft war, einen anderen Mann kennengelernt. Erhard liebte sie immer noch, reichte aber von sich aus die Scheidung ein, und beide Eheleute trennten sich gütlich. Erhard zog zu einem befreundeten Ehepaar, bei dem er heute noch wohnt.

Interpretation der Spielaussage: Erhard blieb eine erfüllte Liebe und Ehe versagt. Als seine Frau einen anderen gefunden hatte, zwang er sie nicht zu sich zurück. Er konnte verstehen, teilte er einmal mit, daß die lange Trennung auch eine Entfremdung bewirkt habe. Da er seine Frau immer noch liebe, habe er keine andere geheiratet. Langsam nimmt Erhard Abschied von seinem Wunsch nach Kindern, als ließe er sein Leben langsam vorbeiziehen.

Wichtig ist der Aspekt „Trennung" in den Behandlungsgruppen deshalb, weil es selten möglich ist, eine Gruppe solange mit denselben Klienten konstant zu halten, wie dies in der teilstationären Maßnahme der Fall ist. Die Regel sind wechselnde Zusammensetzungen der Gruppen infolge Antritt einer stationären Behandlung, Abbruch der Behandlung, Aufnahme eines neuen Patienten oder wegen Urlaub mit der Familie. Aus denselben Gründen hatten die Mitglieder der Behandlungsgruppe auch einen unterschiedlichen „Stand", doch konnten gerade die Erfahrungen Stütze und Halt sein für neue Klienten, die sie begleiteten und denen sie Modell waren. Dadurch übernahmen sie Aufgaben des Spielleiters und konnten diese erproben. Für den Spielleiter ist es wichtig, Abschied und Trennung rechtzeitig zu thematisieren, dabei Regression zu ermöglichen und sie somit bearbeitbar zu machen. Erfahrene Patienten sahen oft in neuen Situationen Herausforderungen und Chancen, Fortschritte in ihrer Behandlung zu überprüfen und sich Gedanken über zusätzliche Tätigkeiten in der Suchtkrankenhilfe zu machen.

5. Über Trauerarbeit zur Sinnfindung

Die Trennungsproblematik halte ich für eine zentrale Thematik in der Arbeit mit Abhängigen. Durch die geleistete Trauerarbeit erst wird es den Klienten möglich, Neues zu entdecken und zu erfahren und damit einen neuen Sinn im Leben zu finden. Sinn kann nach Frankl (1972, 27) nicht gegeben werden, Sinn gilt es zu erfahren:

Beispiel: Vera

Vera findet ein Bild von einem Spaziergang, den sie die Woche zuvor gemacht hatte. Sie berichtet zögernd, sie habe die Spaziergänge deswegen

unternommen, um sich abzulenken. Dabei sei sie auf eine kleine Blume gestoßen, die an der Isar wuchs. Sie habe sie vorher nie gesehen und diesmal „nein, nicht Glück, sondern ein bißchen so etwas wie Freude empfunden". Sie sei sehr aufgeregt, überhaupt wieder auf ein Gefühl gestoßen zu sein.
Interpretation der Spielaussage: Zu Beginn ihrer Behandlung hatte sich Vera „Gefühle" als Ziel gesetzt und war oft deprimiert in die Behandlungsgruppe gekommen, weil sie nicht fühlte. Als dann „Ablenkung vom Nachdenken" ihr Ziel war, erlebte sie an einer kleinen Blume das erste zaghafte Gefühl von Freude. Die Natur wurde für sie langsam Teil ihrer Beobachtung, sie konnte allmählich an ihrer Umwelt teilnehmen, weil sie Schönheit wahrnehmen und erleben konnte.

Beispiel: Leo

Leo findet im *Erlebnisspiel* zur Sinnfindung „Irgendwo auf der Welt singt ein Vogel für mich" einen kleinen grünen Vogel. Während seiner „nassen" Zeit habe er einen Unfall mit dem Auto gebaut und mit einer Freiheitsstrafe rechnen müssen, erzählt er. Er sei sehr verzweifelt gewesen und habe auf irgendein Zeichen gehofft. Da habe dieser Vogel gesungen. Mit Tränen in den Augen berichtet Leo, daß er damals mit einer Geldstrafe davongekommen sei.
Im Auswertungsgespräch äußert sich Leo verwundert darüber, daß ihn das Spiel so betroffen gemacht habe.
Zur Lebensgeschichte: Leo, ein 50jähriger Ingenieur, hatte durch langjährigen Alkoholmißbrauch seinen Beruf und seine Familie verloren. Nach einer stationären Behandlung wohnte er wegen Mittellosigkeit in einem von der Fachambulanz betreuten Haus. Er begann wieder zu arbeiten und zahlte allmählich seine Schulden ab. Seine Naturverbundenheit und sein Glaube trugen ihn während und nach der Behandlung über erlittene Schicksalsschläge hinweg.
Interpretation der Spielaussage: Leo befand sich in einer verzweifelten Lage, die er aus eigener Kraft nicht mehr gestalten konnte. Zu dieser Zeit hatte sich bereits seine Familie von ihm losgesagt. Er erwartete Hilfe, die er sich nicht mehr geben konnte, von außen. Das Singen des Vogels bewegte ihn – nach eigener Aussage –, endlich eine Behandlung ins Auge zu fassen und die Ausweglosigkeit des Trinkens zu erkennen.

6. Sinnfindung durch Bilder und Symbole

In alten Zeiten vermochten sich die Menschen zu helfen, wenn sie in Notsituationen Zuflucht und Rat in alten Mythen, Geschichten oder in den Bildern ihrer Träume suchten. Sie konnten diese Bilder und Symbole deuten. Sie verliehen ihnen Kraft und bargen Sinn. In unserer Zeit ist jedoch den meisten Menschen dieses Verständnis verloren gegangen, nur bei wenigen Volksstämmen wie beispielsweise bei den Indianern haben Mythen, Symbole und das Verständnis dafür überlebt, und ist die Deutung derselben mit den Geschichten weitergegeben worden (Akwesasne Notes 1974, 110).

Die zitierten Beispiele aus den *Erlebnisspielen* zeigen, daß es möglich ist, Zugang zu Bildern zu bekommen, die sich entweder aus realen Situationen oder aus der Vorstellung ergeben. „Diese Bilder verkörpern weitgehend unbewußt das eigene Verhältnis zu Dasein und Welt" (Stein 1983, 121). Wichtig ist, daß Bilder überhaupt gefunden werden können. Das Verstehen derselben wird dann allmählich im Verlauf der Auseinandersetzung mit ihnen und mit der eigenen Person entstehen. Durch die Versprachlichung und durch das Mitteilen werden diese Bilder ans Tageslicht gehoben, können betrachtet, gestaltet und bearbeitet werden.

Ich habe bereits darauf hingewiesen, daß der Spielleiter Bilder nicht interpretiert, auch wenn sie oft die Lösung für langjährige Problematik zu enthalten scheinen. Der Klient muß sie verstehen. Der Spielleiter benutzt sie nur für die Diagnose. Denn Sinn ist nur erfahrbar und kann nicht gegeben werden mittels einer Deutung von außen. In der Auswertung aller vorhandenen Protokolle habe ich keinen Fall entdecken können, wo es einem Klienten generell unmöglich gewesen wäre, mit in das Spiel einzusteigen.

Unabhängig vom Bildungsniveau, vom Grad der Abhängigkeit und unabhängig von den sprachlichen Möglichkeiten war die Behandlungsgruppe bei einem *Erlebnisspiel* schnell handlungsfähig. Gerade intellektuelle Klienten, die in gesprächsorientierten Gruppen sich hinter abstrakten Beiträgen und Betrachtungen zum Thema versteckt hatten, gelang es, im Sozialtherapeutischen Rollenspiel Zugang zu den Bildern zu finden, ihre Problematik allmählich zu entschlüsseln und zu erkennen:

Anna beispielsweise hatte immer wieder versucht, ihre Probleme verstandesmäßig zu lösen und war daran gescheitert. Nach drei Monaten ambulanter Behandlung und gesprächsorientierter Gruppe nahm sie an einem teilstationären Aufenthalt teil, lernte die *Erlebnisspiele* kennen und entschied sich anschließend, an einer Behandlungsgruppe teilzunehmen, die vorwiegend mit dieser Methode arbeitete. Es gelang ihr dort, sich der Gruppe zu öffnen, selbst Zugang zu ihrer Problematik im Sozialtherapeutischen Rollenspiel zu finden und andere an ihrer Geschichte teilhaben zu lassen. In ihrer Persönlichkeit hatte sie eine ganze Menge Probleme eingeschlossen, die ihr mit ihrem Verstand nicht mehr zugänglich waren.

Auch Leo, dem 50jährigen Ingenieur, war es in den Gesprächsgruppen weitgehend gelungen, seine Problematik zu verbergen. Bei den Erlebnisspielen wurden immer wieder Teile seiner Vergangenheit hochgehoben, vor allem seine Kindheit und seine Beziehung zum Vater. Durch den Krieg, die folgende Gefangenschaft und schließlich durch dessen Tod hatte Leo seinen Vater als „Versager" erlebt. Im Gefühls-Feedback reagierte Leo jedesmal aufgebracht und erschüttert, wenn diese Problematik aufgetaucht war. Er war voller Wut und Aggressivität. Erst langsam konnte er seine Vergangenheit und sein Verhältnis zu ihr bearbeiten und einsehen, daß sein Vater nicht aus freier Entscheidung den Sohn alleine gelassen hatte, sondern daß es dafür zwingende und unveränderbare Gründe gab. Leo wollte eigentlich die Vergangenheit ruhen lassen. Er hatte „nur" eine alkoholfreie Zukunft phantasiert. Es war nicht der Spielleiter, der ihm die Thematik aufgezwungen hatte, sie kam ungewollt immer wieder bei Erlebnisspielen hoch, bis sich Leo nicht mehr dagegen wehrte, über Zorn und Wut den Weg zu echter Trauer fand und sich von der als Belastung empfundenen Vergangenheit zu lösen vermochte.

IV. Zusammenfassung

Ich habe in dieser Arbeit versucht, den Einsatz des Sozialtherapeutischen Rollenspiels in der ambulanten Behandlung von Alkoholkranken zu beschreiben und speziell am Beispiel der *Erlebnisspiele* aufzuzeigen. Bei der Auswertung der mir vorliegenden Protokolle von teilstationären Maßnahmen und von Behandlungsgruppen lassen sich folgende Feststellungen machen:

a. *Erlebnisspiele* konfrontieren mit der eigenen Geschichte. Die Klienten kommen dadurch zunehmend in die Lage, einen Zusammenhang zwischen ihrer Sozialisation und ihrer jetzigen Situation herzustellen. In der Anfangssituation geschieht dies meist verschlüsselt.

b. In den Beiträgen zeigt sich deutlich die geringe Fähigkeit von Alkoholkranken zur Abgrenzung von anderen und somit ihre eingeschränkte Möglichkeit, Identität zu erleben und darzustellen. Eigene Ängste, sogar die Angst vor dem Rückfall, werden deswegen auf andere projiziert. Der Selbstwert wird größtenteils − wie bei Kindern − aus den Urteilen der Umwelt bezogen.

c. Vor allem in ungewohnten und Angst machenden Situationen reagieren Gruppenmitglieder mit Überabgrenzung, zum Beispiel mit Verweigerung („ich sehe kein Bild").

d. Erfahrene Gruppenmitglieder machen in den Gruppen eine zunehmende eigene Sicherheit deutlich, indem sie Projektionen zurückweisen und sich gegen unangemessene Anschuldigungen wehren.

e. Die Gruppe stellt zunächst ein Angebot zur Verschmelzung für den Alkoholabhängigen dar. Sie ist der Schutzraum, in dem Beziehungen gewagt und überprüft werden können mit Menschen, die die gleichen Probleme haben. Dadurch besteht die Möglichkeit zur Identifikation mit dem Schicksal anderer, deren Verhaltensmodelle überprüft und erprobt werden können. Konkurrenz, Rivalität und Autoritätskonflikte können nachempfunden, erlebt und bearbeitet werden.

f. Der Gruppenleiter muß den Gruppenprozeß genau beobachten. Es ist unerläßlich, daß er eine Ausbildung im Sozialtherapeutischen Rollenspiel hat, um kritische Momente in der Behandlung, wie zum Beispiel Abhängigkeitswünsche an ihn sowie Übertragungen, erkennen und um sie mit den Klienten bearbeiten zu können. Da ihm zu Beginn der Behandlung von den Abhängigen fast „magische Kräfte" zuerkannt werden, muß er sein Vorgehen und den Spielablauf wie auch den Behandlungsprozeß transparent machen. Dabei sollte er bei der Entschlüsselung von Beiträgen zwar stützen, das Tempo aber dem Klienten überlassen. Da der Spielleiter eigene Beiträge einbringt, zeigt er sich auch mit seiner Geschichte, mit seinen Fehlern und Schwächen. Die Verschmelzungswünsche und Übertragungen von Alkoholkranken, ihre Trennungsängste stellen hohe Anforderungen an den Spielleiter, eine Supervision erscheint deshalb sowohl notwendig wie auch hilfreich.

g. Die Gruppenmitglieder nehmen Anteil an der Geschichte und den Beiträgen anderer. Sie regen zur weiteren Beschäftigung mit der Problematik an und geben den anderen Gruppenmitgliedern das Gefühl, nicht alleine zu sein. In einfachster Form kann so Sinnhaftigkeit erlebt werden: Andere finden es wert, sich mit „meiner" Problematik auseinanderzusetzen, es ist sinnvoll „mich" mitzuteilen; der Leiter und die anderen hören „mir" zu, „ich" bin ihnen wichtig; alte Erlebnisse bekommen einen positiven oder negativen Bezug zum Heute, es gibt keine sinnlose Vergangenheit; Spielleiter und Gruppe glauben stellvertretend an eine Veränderung, sie glauben an den Sinn, Veränderung zu suchen.

In der ambulanten Behandlung Alkoholkranker in der Fachambulanz für Suchtkranke hat es sich für mich als sinnvoll erwiesen, Sozialtherapeutisches Rollenspiel verstärkt in Gruppen einzusetzen.

Literatur:

Akwesasne Notes (Hrsg.): Voices from Wounded Knee. Akwesasne, New York 1974;

Aguilera, D. C./Messick, J. M.: Grundlagen der Krisenintervention. Freiburg 1980;

Frankl, V. E.: Der Wille zum Sinn. Stuttgart 1972;

Frankl, V. E.: Ärztliche Seelsorge. München 1975;

Lersch, P.: Aufbau der Person. München 1956;

Remplein, H.: Die seelische Entwicklung des Menschen im Kindes- und Jugendalter. München 1967;

Roidl, U.–P.: Das Sozialtherapeutische Rollenspiel in der Behandlung Suchtkranker. (unveröffentlichte Diplomarbeit der Kath. Stiftungsfachhochschule München) München 1986;

Stein, A.: Sozialtherapeutisches Rollenspiel. Frankfurt 1983;

Stein, A. (Hrsg): Problemfelder der Therapie Suchtkranker. Freiburg 1985;

Winkelmann, F.: Die Bedeutung von Angst und Aggression in der Trennungs-Individuationsphase und deren Mißlingen als Ursache der Sucht – therapeutische Konsequenzen. In: Stein, A. (Hrsg.): Problemfelder der Therapie Suchtkranker. Freiburg 1985, S. 65 ff.

Die in diesem Beitrag ausgewerteten Erfahrungen konnte ich als Mitarbeiter einer Fachambulanz für Suchtkranke aus der Arbeit mit Gruppen gewinnen, die ich zusammen mit Herrn Huber, dem Leiter der Fachambulanz, angeboten und durchgeführt habe.

MÖGLICHKEITEN DES SOZIALTHERAPEUTISCHEN ROLLENSPIELS BEI FRAUEN MIT PATHOGENEN ESSTÖRUNGEN

Helga Ferner, Barbara Roidl

I. Vorbemerkungen

Menschen, insbesondere Frauen, mit pathogenen Eßstörungen stellen in zunehmendem Maße ein Klientel im sozialarbeiterischen Arbeitsfeld der Suchtkrankenhilfe dar. Die psychosoziale Beratungs- und Behandlungsstelle des Caritasverbandes für die Stadt M. unterhält seit Juli 1985 zwei ambulante Behandlungsgruppen für solche Eßstörungen, von denen sich die eine an Klienten wendet, die an Adipositas, das heißt an Fettsucht, leiden, beziehungsweise deren gestörtes Eßverhalten unter dem Begriff der Bulimarexie oder Bulimie, das heißt Eß- und Brechsucht, gefaßt ist.

Dieser Bericht konzentriert sich auf den zeitlichen Ausschnitt von rund einem Jahr. In dieser Spanne fand pro Gruppe einmal pro Woche eine Gruppensitzung von je 1 1/2 Stunden Dauer statt. Beide Gruppen hatten während ihrer gesamten Laufzeit ausschließlich Frauen als Teilnehmerinnen. Das Durchschnittsalter der Gruppenmitglieder lag bei den Adipösen bei etwas über 40 Jahren, bei den Bulimarektikerinnen bei etwa 25 Jahren. Die durchschnittliche Teilnehmerzahl lag bei 5 Klientinnen. Dieser Bericht konzentriert sich auf die Gruppe der adipösen Frauen, die der Bulimarektikerinnen wird als Kontrast dagegen gehalten, um so wesentliche Unterschiede sichtbar zu machen.

Bulimarexie wird erst seit kurzer Zeit von Wissenschaftlern als eine Erscheinungsform süchtigen Eßverhaltens anerkannt, die nicht auf andere bekannte somatische Krankheiten zurückgeführt werden kann. Auch die Adipositas hat in den letzten Jahren zunehmend an Beachtung gewonnen, wobei der Augenmerk neben anderen Faktoren, die ihre Entstehung begründen, inzwischen deutlicher auf den psychischen Aspekten des Zu-viel-Essens liegt. In der einschlägigen Literatur wird gestörtes Eßverhalten, um die Entstehungszusammenhänge der Krankheit kurz zu skizzieren, auf frühe Störungen in der Mutter-Kind-Beziehung zurückgeführt. Adipöse Menschen haben als Kind durch eine überfürsorgliche Bezugsperson gelernt, daß exzessives Füttern Zuneigung kennzeichnet. Andererseits sollen aber damit auch die negativen Gefühle, zum Beispiel der Mutter zum Kind, kompensiert werden. Dadurch, daß Bedürfnisäußerungen mißverstan-

95

den, übergangen, mindestens aber einseitig interpretiert wurden, indem die Mutter „nur" Nahrung zu geben imstande war, weisen nun erwachsene Kinder Defizite in dem Bereich der realistischen Selbstwahrnehmung auf und können nicht zu einer gesunden Ich-Entwicklung gelangen. Menschen, die an Bulimarexie leiden, waren in ihrer Kindheit oft mit einer aggressiv-überprotektiven Mutter konfrontiert, die ihr Kind nicht als eigenständige Person anzunehmen in der Lage war. Auch hier konnten Bedürfnisse des Kindes nur unzureichend akzeptiert werden, vielfach wurden sie auch von der Mutter umdefiniert. Für den erwachsenen Menschen resultiert aus der kindlichen Verwirrung und Orientierungslosigkeit eine Störung in der Beziehung zu seinem Körper und Körperbewußtsein ebenso wie im zwischenmenschlichen Beziehungsbereich. Eine bewußte oder unbewußte Ablehnung des gesellschaftlichen Frauenbildes und der damit verbundenen Rollenerwartungen wird für Frauen mit pathogenen Eßstörungen ebenfalls als wichtiger Grund der Problematik angesehen.

II. Das Sozialtherapeutische Rollenspiel in der praktischen Anwendung

1. Die Spielformen

In beiden Gruppen wurde seit ihrem Beginn das Sozialtherapeutische Rollenspiel als Methode zur Bearbeitung der spezifischen Problematiken zur Anwendung gebracht. Das Sozialtherapeutische Rollenspiel ermöglicht rasche Problemformulierungen, diese können an Beispielen aus dem Erleben der Klientinnen konkret festgemacht und müssen nicht erst aus theoretischem Wissen hergeleitet werden. Themen, die sich mit der oben dargestellten Symptomatik in Verbindung bringen lassen, kristallisierten sich bereits in den ersten Spielen heraus: die Klientinnen hatten Probleme damit, sich selbst und ihre Gefühle realistisch wahrzunehmen und entsprechend einzuschätzen. Sie hatten in diesem Zusammenhang auch Schwierigkeiten, mit Kritik umzugehen, und orientierten sich stark am anderen. Demzufolge stellte sich als weiteres zentrales Problem das der Abgrenzung und der Durchsetzung, der Nähe und Distanz zu anderen Personen. Verschmelzungswünsche wurden deutlich und − damit verbunden − die Erwartung, daß Veränderung von den anderen geleistet werden würde. Damit eng verknüpft ist das Thema „Abhängigkeit". Aus diesen Gründen wurde zunächst in der Hauptsache mit *wahrnehmungszentrierten Spielen* gearbeitet, zum Beispiel mit dem *Erlebnisspiel* „Spielzeugkiste"; damit kann vor allem die Selbstwahrnehmung geübt werden, indem etwa die Klientinnen in die Erlebnisse der Vergangenheit zurückgeführt werden, indem sie mit Gefühlen konfrontiert werden oder indem vergessene Bilder wieder erinnert werden. Die Arbeit mit den Erlebnisspielen wurde fortgeführt mit *Einfühlungsspielen* wie etwa dem „Blumenstrauß", womit sich für den einzelnen die anderen Gruppenmitglieder in den Vordergrund rücken lassen, etwa wenn für eine Frau in der Gruppe eine passende Blume gefunden werden soll und sich die jeweilige Klientin in der Blume, die ihr von einer anderen zugeordnet wurde, mit dem Bild konfrontiert sieht, das eine andere von ihr hat. Der „Blumenstrauß" läßt sich auch als *Beziehungsspiel* einsetzen, bei dem die Zuordnung untereinander oder einzelne Machtansprüche sichtbar werden. Hier treten die Frauen „im Bild" dem aktuellen zwischenmenschlichen Geschehen in der Gruppe gegenüber, das das einzelne Gruppenmitglied aber nicht immer wahrhaben will. Und: Es bietet sich die Möglichkeit an, im Spiel dieses Geschehen darzustellen und anzusprechen.

2. Erfahrungen

Im Vergleich der beiden Gruppen fallen immer wieder große Unterschiede im Verhalten der Klientinnen auf, die deutlich auf die jeweilige Symptomatik verweisen:

a. Im Gegensatz zu den adipösen Frauen, denen zumeist an einer harmonischen Atmosphäre gelegen war, leisteten die Bulimarektikerinnen – eher intellektuell orientiert – nicht selten Widerstand gegen das Spielen überhaupt. Im Gruppenprozeß wurde sehr viel mehr Energie dazu gebraucht, das Sozialtherapeutische Rollenspiel überhaupt zum Einsatz zu bringen. Es kam zu unterschiedlichen Boykottaktionen. Erst nach etwa einem halben Jahr ließ sich eine gewisse Vertrautheit mit dem Spiel feststellen. Ab diesem Zeitpunkt wurde sogar gern gespielt.

Der Grund für diese Schwierigkeiten liegt darin, daß das Spiel einerseits ein ganzheitliches Erlebnis fordert, das die Bulimarektikerinnen aber abspalten. Sie trennen zum Beispiel in „essen – brechen" oder „schlank – dick" auf. Von ihnen werden endgültige „Lösungen" angestrebt, wird versucht, sich rigoros durchzusetzen, ein „sowohl-als-auch" scheint ihnen nicht möglich.

In dieser Gruppe wurden weiterhin hauptsächlich dunkle, defizitäre Erlebnisse in den *wahrnehmungszentrierten Spielen* erinnert, die auf die Symptomatik zurückverweisen. Diese dunklen Erlebnisse wurden offenbar verdrängt, und die Klientinnen mußten sich nun im Spiel mit ihnen konfrontieren, – sicherlich einer der Gründe für den Widerstand gegen das Spiel überhaupt. Die Einseitigkeit ihres Erlebens wurde den Gruppenmitgliedern aber bewußt („O Gott, nur das Dunkle kommt!"), und konnte dann auch verarbeitet werden. Es wurde sogar möglich, Veränderungen zu phantasieren oder – zumindest vorübergehend – auf eine andere Thematik überzugehen. Für die Leiter wurde deutlich, daß hier eine langfristige Behandlung notwendig ist.

b. Die adipösen Frauen dagegen waren gerne bereit zu spielen; sie leisteten in der Regel keinen offenen Widerstand, brachten aber ebenfalls ihre Persönlichkeitsstruktur ins Spiel ein. Sie kamen ausdrücklich in die Gruppe, um „sich helfen zu lassen", und stellten stark ihre Symptomatik in den Vordergrund. Es erfolgte eine starke Orientierung an der Leitung, die lange nicht aufgegeben werden konnte und sicher im Zusammenhang mit der gestörten Mutter-Kind-Beziehung zu sehen ist. Fragen wie „Was soll denn jetzt passieren?", „Was soll man denn da finden?" und Appelle wie „Das kann ich nicht" und „Ich finde nichts" wurden häufig gestellt. Wir versuchten, auf diese Orientierungslosigkeit einzugehen, ohne ihnen aber fertige Lösungen zu präsentieren, daß heißt sie „zu füttern", wie es ihre Mütter wohl immer getan hatten. Die Beispiele, die durch das Spielen in der Gruppe gegeben werden konnten, gaben ihnen jedenfalls wichtige Orientierungshilfen; so konnte zum Beispiel eine Klientin nach einiger Zeit ihre hilfesuchende Haltung ein Stück weit aufgeben, fand nach drei Monaten öfter ein eigenes Bild in der „Fotokiste", nach circa einem halben Jahr schaffte sie es sogar, sich mehrere „Gegenstände" aus dem „Glückshafen" zu holen.

Auffällig und wichtig und durchgängig beobachtbar ist das Bedürfnis dieser Frauen zu „klüngeln" und Gemeinsamkeit herzustellen. Die Mitglieder der Gruppe sind alle verheiratet und zu einem Großteil berufstätig, haben alle häufig keine Gruppenerfahrung und ebenso häufig keine oder nur wenige Freundinnen (wobei der Kontakt mit Frauen in der Vergangenheit von vielen als besonders schwierig erlebt wurde). Es waren also Voraussetzungen für die Notwendigkeit und Möglichkeit gegeben, in der Gruppe die Isolation zu überwinden, nach und nach vermehrte Kontaktfähigkeit und neue Umgangsformen sowie eine andere Einschätzung der Kontakte zu erlernen.

Erlebnis- und *Einfühlungsspiele,* also *wahrnehmungszentrierte Spiele* wie beispielsweise der „Gerüchekrug", die „Spielzeugkiste", der „Nikolaussack" und ähnliche, kommen bei adipösen Frauen zumeist gut an, werden mit viel Spaß und „genüßlich" gespielt, ist erst einmal die Hemmschwelle überwunden. Die Klientinnen können „es sich gut gehen lassen", sich etwas nehmen und es auch genießen, sich gewissermaßen an der positiven Seite ihrer Symptomatik zu freuen. Die Beiträge sind überwiegend sehr phantasievoll und bunt und zeigen auch die Beeindruckbarkeit dieser Frauen, ihre Empfindsamkeit und Begeisterungsfähigkeit. Die adipösen Frauen erinnern sich nach einer mehr oder weniger großen individuellen Anlaufzeit gerne an ihre Kindheit und Vergangenheit und sind auch in der Lage, Versöhnungsarbeit und Trauerarbeit zu leisten. Auffällig – wiederum im Vergleich zu den Bulimarektikerinnen – ist, daß diese Frauen häufig viele Bilder finden, ausführlich erzählen und viel assoziieren. Sie kommen dabei auch häufig ins „Plaudern" und erholen sich auch gerne bei „seichteren" Gesprächen von den Spielanstrengungen. Dabei ist es für die Gruppenleitung oft schwierig, die Struktur der Spiele aufrechtzuerhalten, andererseits aber nicht einen zu großen Leistungsdruck auf die Gruppe auszuüben, zu sehr zu korrigieren oder gar ungeduldig zu werden, wenn es zu sehr nach Kaffeeklatsch aussieht.

Die *problemzentrierten Spiele* dagegen bergen größere Schwierigkeiten. Die Ausweichmöglichkeiten für die Klientinnen sind nicht mehr so groß, es geht quasi an die „Fettpolster", und mit zunehmend konkreter werdender Arbeit wird auch die Abwehr der Frauen spürbar stärker, insbesondere wenn es um Partner- und Eheproblematiken geht. Deutlich wird hier auch, daß mit dem Grad und der Dauer des Bestehens des Symptoms, der Fettleibigkeit, auch das Abwehrverhalten stärker wird. Es scheint, zumindest in dieser Gruppe, die Regel zu gelten: je dicker, desto bedrohter.

Die *Beziehungsspiele* aus der Spielform der *gruppenzentrierten Spiele* werden dagegen wieder sehr erfolgreich gespielt. Es kommen treffende Zuordnungen, die viel Einfühlungsvermögen verraten. Die Gruppe erweist sich in beeindruckendem Maß als konfliktfähig: Es können unterschiedliche Standpunkte vertreten werden, und trotz stark divergierender Vorstellungen findet sich zumeist eine gemeinsame Lösung, auf die sich alle einigen können. Jeder kann sich einen Platz nehmen, sich aber auch zuordnen und in Beziehung setzen; so wurde zum Beispiel bei dem bereits erwähnten Beziehungsspiel „Blumenstrauß" lange über Größe, Form und Material der Vase diskutiert, die den Strauß enthalten sollte. Und trotz anfangs stark divergierender Vorstellungen – die Vorschläge reichten von rechteckigen schlichten Glasvasen über bauchige Zinnkrüge zu Keramikvasen mit bäuerlichem Blumenmuster – konnten alle Vorschläge in Ruhe vorgetragen werden, und schließlich einigte man sich auf einen Kupferkrug, der allen gefiel und der alle Gruppenmitglieder als Blumen gut aufnehmen konnte.

Der Übertrag vom Spiel auf die Realität kann von den adipösen Frauen unterschiedlich gut geleistet werden: Es scheint, als würde diese Fähigkeit einerseits stark von der Bildung der Klientin abhängen und damit von ihrer jeweiligen sprachlichen Formulierungsgabe, andererseits spielt aber auch die Motivation und damit die Veränderungsbereitschaft der einzelnen Frau eine ausschlaggebende Rolle. Insgesamt war mit Fortschreiten der Gruppenarbeit ein zunehmendes Interesse am anderen Gruppenmitglied zu beobachten sowie eine zunehmende Bereitschaft, etwas von sich herzuzeigen und sich zu öffnen. Im Schutz und in der Vertrautheit der Gruppe übten die Frauen auch neue Verhaltensweisen; während zum Beispiel einige von sich sagten, sie würden lieber schenken und hätten es gar nicht gern, selbst etwas geschenkt zu bekommen, wurde das Annehmenkönnen etwa im Rollenspiel mit der Zuordnung von Blumen möglich und konnte im privaten Bereich unter den Frauen auch fortgesetzt werden, wenn zum Beispiel kleine Geschenke zu Weihnachten ausgetauscht wurden.

Insbesondere in dieser Gruppe wurde deutlich, wie hilfreich das Assoziations-Feedback gerade für schwierige, scheue Gruppenmitglieder ist, wie nützlich es bei Themen ist, die dem einzelnen Angst machen und ihn zunächst zum Rückzug oder gar zur Verweigerung drängen. Mit dem Assoziations-Feedback wird eine Einbindung dieses Gruppenmitgliedes in die Gruppe gefördert und aufrechterhalten, so daß es durch die Beiträge der anderen und mit Hilfe behutsamer Beispiele doch zu einer Öffnung und einer Beteiligung hingeführt werden kann. Klientinnen, denen zu einem Thema „nichts einfällt" oder die kein Bild oder keinen Gegenstand finden können, bleibt viel an Frustration erspart durch die Teilnahme an den Bildern und Eindrücken der anderen. Ihre eigenen Angst- oder Abwehrgefühle relativieren sich durch das Verhalten der anderen Frauen. Solche Erlebnisse wirkten sich bei den adipösen Frauen als Stärkung des Bewußtseins und der Fähigkeiten aus und trugen damit zu einem größeren Selbstwertgefühl bei. Immer wieder ist es den Frauen wichtig gewesen, sich in der Gruppe Hilfen zu suchen und „Trittbrett zu fahren", also indirekt an der Konfliktbearbeitung eines anderen Gruppenmitgliedes teilzunehmen. Dabei konnte der eigene Selbstschutz aufrechterhalten werden, und es konnten Probleme, die noch nicht „spruchreif" waren und von der einzelnen selbst noch nicht verbalisiert werden konnte, schon ansatzweise bearbeitet werden.

Andererseits machte das Sozialtherapeutische Rollenspiel auch die Grenzen der einzelnen Frauen bezüglich ihrer Veränderungsbereitschaft und Konfrontationsfähigkeit deutlich.

So verließ beispielsweise eine Frau die Gruppe nach einem guten halben Jahr: Sie zeigte sich über ihre bisherigen Erfolge zufrieden, hatte einige Annahmen über die eigene Person bestätigen und neue dazugewinnen können, hatte

„erste Konturen" gewonnen und am deutlichsten von allen Frauen erfahren, daß sie eß-„süchtig" ist. Jetzt aber entschied sie sich, ausschließlich an ihrem Gewichtsproblem weiterzuarbeiten und nicht in der Bearbeitung spezieller Konflikte, etwa in ihrer Ehe, weiterzugehen. Sie hatte die Konfrontation mit sich selbst zu einem Teil gut aushalten, die Konfrontation mit konkreten Konflikten, wie dies in den problemzentrierten Spielen geschieht, aber nur eingeschränkt leisten können.

Für alle adipösen Frauen läßt sich sagen, daß durch die Anwendung des Sozialtherapeutischen Rollenspiels eine mehr oder weniger große Aufhellung ihrer depressiven Grundstruktur möglich war. Auch haben alle Frauen während ihrer Teilnahme an der Gruppe abgenommen beziehungsweise ihre Eßgewohnheiten zu ändern begonnen. Auch hier zeigte sich wieder, daß schnelle, große Erfolge beim Gewichtsverlust von geringer Dauer waren, während ein langsames Abnehmen länger durchgehalten werden konnte. (Bei dem oft erheblichen Übergewicht der einzelnen Frauen schien es andererseits nicht nur verlockend, sondern auch nötig, die vielen Pfunde relativ schnell loszuwerden, damit auch Erfolg verspürt werden konnte).

Zu Beginn der einzelnen Gruppensitzungen hatten wir es in der Gruppe der adipösen Frauen durchgängig mit zähen Eingangsrunden und wenigen Beiträgen zu tun. Die Frauen zeigten zunächst immer eine eher abwartende, rezeptive Haltung. Einmal wurde von einem Gruppenmitglied geäußert, es empfände sogar so etwas wie einen Druck, etwas sagen zu müssen, und es versuche, sich am Abend vorher schon auf die Gruppe vorzubereiten. Es scheint so, als würden sich die Frauen gerade am Anfang jeder Sitzung zurückhalten und verstecken. Im Verlauf des Spieles löste sich diese Zurückhaltung zumeist vollständig auf. Andererseits konnten wir beobachten, wie wichtig es ist, daß für das jeweilige Auswertungsgespräch genügend Zeit und Ruhe zur Verfügung steht. Da unsere Gruppensitzungen auf 1 1/2 Stunden begrenzt waren, gerieten wir häufig in Zeitdruck; eine Ausweitung auf 2 Stunden könnte da Abhilfe schaffen. Überhaupt scheint es uns gerade aus der Erfahrung mit dieser Gruppe wichtig, immer wieder Raum zwischen den Spielen zu geben, sei es für ein ansonsten oft als sehr belastend empfundenes Schweigen oder für mehr oder weniger allgemeine Gespräche über das mit dem Spiel zusammenhängende jeweilige Thema. Die Bereitschaft, einfach jedes Mal „zu spielen", sich sozusagen ein neues Spiel „servieren zu lassen", ist bei den Frauen sehr groß gewesen. Das Thema, sich in der Gruppe „füttern" zu lassen, wurde deshalb auch öfters angesprochen. Für uns Leiter wurde daraus klar, Aktionen können auch verschütten und Ausweichverhalten begünstigen, ja selbst zum Fluchtmechanismus werden. Doch den Frauen wurde die Eigenverantwortlichkeit jedes einzelnen für die Sitzungen mehr und mehr deutlich und bewirkte, daß sie zunehmend eher fragend oder auch fordernd in das Gruppengeschehen eingriffen.

Die Übertragung der Spielergebnisse auf die eigenen Eßgewohnheiten wurden von den Klientinnen selbständig geleistet. Angeregt durch ein Gruppenmitglied, waren die Frauen zunehmend bereit, ihre Verantwortung für ihr Eßverhalten anzuerkennen und sich auch hier in der Selbstbestimmung zu üben. Uns erscheint dieser Punkt im Hinblick auf die Symptomatik ausschlaggebend wichtig.

Andererseits sind Spiele wichtig und für die Leitung hilfreich, eine Sitzung zu strukturieren und zu verhindern, daß ein interessantes Gespräch oder auch ein starkes Gefühl zerredet wird und auseinanderbricht. Fluchttendenzen oder der Wunsch sich zu entziehen, werden so quasi kanalisiert, und es kann gelernt werden, Stellung zu beziehen und für sich einzutreten − gerade dann, wenn man etwa einen Beitrag verweigert.

Immer wieder, wenn ein neues Mitglied zu der Gruppe stieß, war ersichtlich, daß das Sozialtherapeutische Rollenspiel die Anlaufphase stark verkürzt; zum einen verkürzt es den Gruppenprozeß und ermöglicht viel schneller ein Gefühl der Zugehörigkeit und der Vertrautheit, sei es bei einem „Schnappschuß", der Gemeinsamkeiten einer alltäglichen Morgensituation zeigt, oder sei es beim „Fadenkreuz", das die Verbindungen unter den Gruppenmitgliedern sichtbar macht. Auf der Basis dieser Vertrautheit werden aktuelle Probleme auch schneller angesprochen und bleiben in der Unmittelbarkeit eines Spieles auch virulent. Gerade am Beginn einer Gruppe, die mit dem Sozialtherapeutischen Rollenspiel arbeitet, ist es sehr wichtig, ihren Mitgliedern, die ja die Methode nicht kennen und zusätzlich oft keine Gruppenerfahrung haben, also nicht wissen, was „da jetzt passieren wird", Orientierungen zu geben, die ihnen in ihrer Unsicherheit helfen, gleichzeitig aber daran zu arbeiten, die Klienten behutsam auf sich selbst zurückzuverweisen.

Für die Leiter der Gruppe waren die diagnostischen Möglichkeiten und Hilfen des Sozialtherapeutischen Rollenspiels gerade in der Gruppe adipöser Frauen, deren Symptomatik noch nicht ausführlich beschrieben und analysiert ist, sehr hilfreich. Wir konnten jeweils aus den einzelnen Spielen Hinweise für den Umgang, für unser Verständnis und für die Zielsetzung der Behandlung jeder einzelnen Frau ziehen.

Im Vergleich der beiden Gruppen, der Bulimarektikerinnen und der Adipösen, ergab sich für uns − insgesamt gesehen − , daß der Weg zu verstärkter Erlebnisfähigkeit und größerem Gefühlsreichtum, das heißt zu vermehrter Ich-Stärke und zu größerem Selbstbewußtsein, bei Frauen mit Eß-Brech-Störungen länger zu sein scheint als bei den eßsüchtigen Frauen. Die Frage, wie mit Personen umzugehen ist, die stark „kopflastig" sind und Spiele eher verweigern, konnten wir nur dahingehend klären, daß wir ihnen im Sozialtherapeutischen Rollenspiel eine längere Anlaufzeit einräumen und die Zeit zugestehen, die sie offenbar brauchen.

PRAXISERFAHRUNGEN MIT DEM SOZIAL-
THERAPEUTISCHEN ROLLENSPIEL IN DER AMBULANZ
EINER PSYCHIATRISCHEN KLINIK

Klothilde Aschenbrenner-Egger

Dieser Beitrag berichtet vom Behandlungsverlauf des Herrn A., der während 90 Sitzungen (135 Stunden) an der Ambulanz einer Psychiatrischen Klinik an der sozialtherapeutischen Rollenspiel-Gruppe teilnahm.

I. Kurzanamnese von Herrn A.

Durch Kriegsereignisse bedingt, ist die Phase erster Objektbeziehung und Orientierung im Leben des Herrn A. bestimmt vom Wechsel von Personen und Orten. Urmißtrauen statt Urvertrauen wird seine Grunderfahrung (Erikson 1979, 62). Nach Kriegsende stößt der Vater von A. wieder zur Familie. Da in einer Familie, in der die Mutter die Zentralfigur darstellt, sich die Kinder an ihr orientieren, muß der Vater bei seiner Rückkehr in die Familie vom inzwischen Sechsjährigen eher als Eindringling, denn als Identifikationsfigur erlebt werden.

Mit Beginn der Pubertät erfolgt der Eintritt von A. in ein weltanschaulich orientiertes Gymnasium. Der Jugendliche empfindet die Zugehörigkeit zu dieser Institution als ungeheure Aufwertung seiner Person. Da die gewünschte Leistung nicht erbracht werden kann, bilden sich bei ihm statt situationsgerechter Einschätzung und dementsprechendem Handeln große Schuldgefühle aus. Eine altersgerechte Ablösung von den Eltern, speziell von der Mutter, wird vermieden beziehungsweise kann von A. nicht vorgenommen werden.

Zum Studium verläßt A. seine Familie. Er wählt sein Studienfach ohne Überzeugung, aber möglicherweise als Fortführung moralethischer Forderungen, die von ihm immer als von äußeren Instanzen präsentiert und nicht als zur eigenen Persönlichkeit gehörend erlebt werden. Auch hier wiederholt sich Fremdbestimmtheit beziehungsweise Abhängigkeit statt Selbstbestimmung. Diese Abhängigkeit findet im weiteren Verlauf des Lebens von A. ihren Ausdruck in seiner Alkoholabhängigkeit.

A. besteht das 1. Staatsexamen nach 8 Jahren Studium. Wiederholt scheitert er an der 2. Staatsprüfung. In der zu dieser Zeit ausbrechenden Psychose werden die uralten inneren Ängste nach außen verlagert. A. fühlt sich in seinem Krankheitsgeschehen durchschaut und als Versager entlarvt. In der nervenärztlichen und sozialtherapeutischen Behandlung ergreift er die Chance, seinen Lebensweg, der ins Chaos zu führen droht, zu verstehen, was in ihm letztlich eine „Nachreifung" und die Entwicklung eines neuen Lebensplanes ermöglichen.

II. Darstellung des Therapieverlaufes
Der Therapieverlauf zeigt 3 Phasen auf:
Die Phase der unbewußten Problemformulierung (1. bis 30. Sitzung). Das sozialtherapeutische Rollenspiel ermöglicht es, daß Probleme über längere Zeit verschlüsselt, das heißt in Bildern, formuliert werden. Der Klient entnimmt seinen Bildern die Botschaften, die aufzunehmen er in der Lage ist. Der Therapeut, der nicht deutet, versteht sie als wichtige diagnostische Hinweise (1.).
In der hier dargestellten 2. Phase des Therapieverlaufes (15. bis 59. Sitzung) kann der Patient seine Probleme sehen, benennen und sich mit ihnen auseinandersetzen. (2.).
Die 3. Phase eröffnet den Blick in die reale Lebenssituation, in die Verselbständigung. Im Abschiednehmen kann das Thema Trennung als zentrales Lebensthema anklingen und bearbeitet werden (60. bis 90. Sitzung) (3.).

1. Die Phase der Problemformulierung
Herr A. stellt sich und seine Situation in der 1. Sitzung so dar: „Vor dem letzten, 6 Monate dauernden Klinikaufenthalt arbeitete ich 4 Jahre halbtags in einem Büro. Eigentlich habe ich studiert und versagt." Er stellt sich hiermit in der Phase der Lebensbilanzierung dar. Herr A. zeigt seiner Geschichte gegenüber eine deutliche Ambivalenz. Vorherrschend ist ein negatives Selbstbild. Nichterbrachte Leistung wird als schuldhaft erlebt. Er ist ohne Orientierung.
In der 2. Sitzung spielen wir ein *gruppenzentriertes Phantasiespiel* mit dem Thema „Frühlingswiese", in dem jedes Gruppenmitglied eine beliebige Rolle spielt, also beispielsweise Tier oder Mensch sein kann. Herr A. spielt einen Regenwurm, der verdorrte Erde fruchtbar macht. Bei der Auswertungsfrage nach Alltagsparallelen meint er, daß er erstmals im Leben mit Erde zu tun hätte, er töpfere nämlich, und das gefalle ihm sehr.
Bei den Nachüberlegungen und Supervisionsgesprächen fragen wir uns, was Herr A. im Bild des Regenwurmes und der verdorrte Erde verdaut, uns von sich verschlüsselt mitteilt. Wir verstanden es so: Herr A. ist gerade dabei, seine eigene Geschichte wieder zu entdecken, sie durchzuarbeiten, sie sich verfügbar zu machen und umzuwandeln, so daß der unfruchtbare Boden wieder fruchtbar wird.

Zunehmend erfahren wir nun, daß Herr A. tatsächlich seine Vergangenheit bearbeitet und ihr neue Bedeutung verleiht: In der 5. Sitzung findet er in einer „imaginären Dokumentenmappe" das verlorengegangene Abiturzeugnis. Er konfrontiert sich mit den inzwischen vergangenen 22 Jahren und stellt die Frage nach Sinn und Inhalt dieser Zeit.

Bei der nächsten Sitzung gibt Herr A. im *Erlebnisspiel* „Gruppenalbum" von sich folgendes Bild: Er sitzt inmitten einer Gruppe und hat vor sich eine fast fertige Tonvase. Er ist froh, daß er sich den anderen Gruppenmitgliedern in diesem positiven Bild zeigen kann. Herr A. hat hier in seiner Selbsteinschätzung aus eigener Kraft etwas geleistet, er war schöpferisch. Für seine Identitätsentwicklung könnte dies heißen: „Ich bin, was ich lerne" (Erikson 1979).

Im nächsten *gruppenzentrierten Phantasiespiel* mit dem Thema „verwilderter Garten" wählt Herr A. die Rolle des Gärtners, daß heißt des „Fachmanns für Wachstum und Pflege". Die Verwalterin aber, ein anderes weibliches Gruppenmitglied, erteilt ihm Aufträge, die er auch prompt ausführt. Bei der Auswertung meint er, daß er sich als Gärtner doch überfordert gefühlt hätte, zumal die Verwalterin so verantwortliche Tätigkeiten wie Neuanpflanzungen gefordert hätte. Er hätte lieber Unkraut gejätet. Herr A. nimmt wahr und drückt damit aus, daß die Preisgabe von Selbstbestimmung zugunsten sozialer Identität bei ihm Unbehagen auslöst.

Nachdem Herr A. sich getraut hat, Phantasien von der Art zu entwikkeln, daß er etwas leistet und, wenn er nicht von anderen überfordert wird, durchaus in der Lage ist, Verantwortung zu übernehmen, fängt er in der 10. Sitzung an, diese Vorstellungen mit der Realität zu vergleichen. Im *gruppenzentrierten Phantasiespiel* mit dem Thema „Müllplatz" präsentiert sich Herr A. der Gruppe als ein „unbrauchbar gewordener Fensterstock aus vornehmem Hause." Herr A. stellt im Bild des verfaulten Rahmens erstmals einen Bezug zur Herkunftsfamilie her, von der er sich abgelehnt fühlt, weil er ihre Erwartungen nicht erfüllte. Der Fensterstock kann als etwas gesehen werden, dessen Aufgabe es ist, Mauer und Glas zu verbinden, um dadurch Aus- und Einblick zu ermöglichen, um Schutz zu gewähren vor Wetterunbilden. Der Rahmen ist verfault. Das könnte bedeuten, daß er sich der unerfüllten und unerfüllbaren Aufgabe der Familie gegenüber entledigt. Bald darauf findet Herr A. im *Erlebnisspiel* „Die Spielzeugkiste" den Bären, den er bei der Flucht mit sich getragen hatte. Er sei neben der schwangeren Mutter gegangen, die den Kinderwagen der Schwester geschoben habe. Jetzt hätte er nicht einmal mehr einen Bären. Er erinnert sich an ein „Übergangsobjekt", einen Bären, der ihm Sicherheit geboten habe, wenn die Mutter von den anderen gebraucht worden sei. Damit zeigt er an, daß er sich selbst als Objekt erkennt, nicht mehr verschmilzt. Dieses Bild leitet offenbar die Auseinandersetzung mit Nähe und Distanz, Intimität und Isolation ein. In der 14. Sitzung erzählt Herr A. von einem Mädchen aus der Wohngemeinschaft, das ihn bedränge. In der Verhaltensmodifikation werden Möglichkeiten des Umganges gespielt, wobei es vordergründig um Fragen von Distanz und Nähe geht. Was den inneren Prozeß betrifft, stellt sich die Frage nach geschlechtlicher Identität. Wünsche nach Nähe, Zärtlichkeit, Liebe werden wach und ängstigen ihn.

Im Nachhinein fällt auf, daß Herr A. über 5 Sitzungen diese Problematik von Nähe und Distanz aufzeigte, was deutlich macht, daß er selbst nicht imstande ist, sich zu schützen („fehlendes Fenster"), daß er sich gegenüber Forderungen nicht ausreichend wehren kann („Gärtner") und daß ihm zunehmend erwachsene Formen der Nähe deutlich werden und ihn ängstigen („forderndes Mädchen"). Es zeigt, daß die Phase der unbewußten Problemformulierung beendet ist. Hier hätte die Leiterin hellhörig sein und darauf achten müssen, daß eine Ruhepause eintritt und der Veränderungsprozeß nur noch in kleinen Schritten vonstatten geht. Wir hätten ihn fragen können, ob er auch die Gruppe als zu fordernd erlebt. Da dies nicht erfolgt, hilft sich Herr A. dadurch, daß er der Gruppe 4 Wochen fernbleibt und sich mit dem Gedanken „auszusteigen" herumschlägt. Er bleibt an der Stelle, an der alle Probleme formuliert waren, der Gruppe fern.

Als ihn die Gruppenleiterin nach einigen Wochen anruft und sich über den Grund des Fernbleibens erkundigt, kommt Herr A. wieder und sagt: „Ich wollte euch verlassen, weil ihr so fordernd seid."

Das Fernbleiben des Gruppenmitgliedes hat durchaus günstige Auswirkungen. Es ist zum einen eine Herausforderung an die Gruppenleiter und an die Gruppe und zum anderen eine verschlüsselte Problemformulierung („es ist mir zuviel"). Der Patient verschafft sich selbst die für ihn notwendige Pause. Sehr wichtig aber ist es für ihn, daß er wiederkommen kann, sich also nur eine Flucht auf Zeit geleistet hat.

2. Die Phase der Problembearbeitung

Die Erfahrung des Zurückkehren-Könnens macht Herr A. dann insofern gleich nochmals, als er die Bibliothek besucht, aus der er sich während seines Studiums Bücher lieh. Das war vor 10 Jahren. Er knüpft den Faden zur Vergangenheit und überschreitet Angstschwellen. Schrittweise konfrontiert er sich immer wieder mit Aspekten seiner traumatischen Vergangenheit, und gleichzeitig versucht er, neue Einstellungen zu alten Verletzungen zu gewinnen. In den nächsten Sitzungen äußert er mehrmals den Wunsch, Kontakt mit dem Bruder aufzunehmen, der ein abgeschlossenes Studium hat, also etwas, was er selbst einst angestrebt hat. Er will sich mit seinen Ich-Idealen konfrontieren. Das bedeutet, daß er eigenes Versagen aushalten, Einsamkeit ertragen lernen muß. Er weicht der Begegnung nicht mehr aus, er läßt Gefühle zu und konfrontiert sich mit der Realität. Und wiederum wird hier deutlich, daß es sich möglicherweise um eine Überforderung handelt. Diesmal jedoch weicht er nicht aus.

In den nächsten Stunden fällt Herr A. wieder in Selbstmitleid, Scham und Zweifel. Der Schutz des Leiters wird aufgesucht. Im kreativen Prozeß der Identitätsentwicklung ist das Regredieren solange nötig und sinnvoll, bis das Neue trägt. Das Wesentliche im seelischen Heilungsprozeß ist die allmähliche Sicherheit, daß man seinen Kräften vertrauen kann. Im „Wünscheladen", einem *problemzentrierten Spiel,* äußert Herr A. nochmals den Wunsch nach Kontakt mit dem Bruder. Er will Risikobereitschaft zeigen.

Im Feedback der 32. Sitzung berichtet Herr A., daß er nun erstmals im Leben 40 Stunden die Woche arbeite. Die Arbeit sei zwar unter seinem Niveau, er sei aber trotzdem stolz auf sich. Daß die neue Arbeitssituation wieder eine Überforderung darstellt, zeigt sich im *gruppenzentrierten Phantasiespiel* „Bahnhof". Herr A. ist der Kofferkuli, der von allen gebraucht und „rumgeschupst" wird. Er fühlt sich im Gebraucht-Werden unsanft geschoben und kleingemacht. Zunehmend kommt er jedoch in die Lage, sein Unbehagen mitzuteilen und sich Hilfe bei Gruppenleiter und Gruppe zu holen.

Wie bringen psychisch Kranke das psychotische Erleben in die Gruppe und somit zur Bearbeitung ein? Meine Erfahrung ist, daß jeder, der am Rollenspiel teilnimmt, sei es als Patient, Leiter oder als Student, seine momentane Situation einbringt, das heißt, die Bilder, die sich aufdrängen, und die Erlebnisse, die einfallen, zeigen das, was am meisten drängt und bedrängt.

In der 42. Sitzung, beim *Erlebnisspiel* „Strandgut", findet Herr A. einen Bernstein, in dem eine Mücke eingeschlossen ist: „Man kann sogar die Äderchen der Mücke sehen. So sieht man aus, wenn man erstarrt ist. Die Mücke hatte nicht damit gerechnet. Ich will den Bernstein mitnehmen und ihn als Abschreckung auf meine Kommode legen." Herr A. bietet in diesem Bild seine Psychose an. Er kann im vertrauten Rahmen der Gruppe zurückschauen auf elementare Umbrüche, auf Gefahren, durch die er gegangen ist. Dies ist Ausdruck von Ich-Stärke und Identität.

In der 48. Sitzung, zum Thema „der Bach mit den verlorenen Wünschen", erinnert sich Herr A. daran, daß er sich auch einmal Frau und Kinder gewünscht hätte. Das Bedürfnis nach voller Selbstverwirklichung ist in Gang gekommen, die Fähigkeit, sich weiterzugeben, wird gewünscht, die Erstarrung befürchtet. Als letztes Tabu seines Lebens eröffnet Herr A. der Gruppe, daß er 16 Jahre lang heimlicher Alkoholiker gewesen sei und seit dem letzten Klinikaufenthalt abstinent lebe. Er konnte dies der Gruppe aber erst erzählen, nachdem eine junge Frau über Alkoholprobleme ihres Ehemannes berichtet hatte. In diesem schmerzlichen Bewußtwerdungsprozeß geschieht, und zwar in dem Maße, wie Schmerz und Trauer zugelassen werden und eine stabile Spiegelung der Wertigkeit von den Bezugspersonen geleistet wird, die Entwicklung eines stabilen Selbst.

3. Die Phase der Verselbständigung

In den nächsten Sitzungen geht es um die Zunahme sozialer Kompetenz. Im äußeren Lebensrahmen von Herrn A. entwickelt sich die Möglichkeit, mit anderen Männern und Frauen in eine Wohngemeinschaft zu ziehen. Zu diesem Zeitpunkt beginnt die 3. Phase der Therapie, die der Ablösung. Bis zur endgültigen Trennung von der Gruppe finden noch 30 Sitzungen statt, in denen der Patient auch an Problemen anderer vermehrt anteilnimmt. In den weiteren Sitzungen setzt sich Herr A. zunehmend mit seinen Alltagsproblemen auseinander, sei es der Feierabend, der Umgang mit der Freizeit, die Wahrnehmung verlorengegangener und wiederaufkeimender Interessen, die Auseinandersetzung mit seiner „Verlangsamung" am Arbeitsplatz im Unterschied zum Arbeitstempo der Gesunden, oder seien es die Kontakte dort, die Kritik und das Lob. Seine Lohnerhöhung wird als freudiges Ereignis mitgeteilt und die Gruppe nimmt teil an diesem Erfolg. Eine Zunahme der sozialen Kompetenz ist im Gange. Alle Probleme, die zu Beginn der Therapie als solche benannt worden sind, sind als Probleme geblieben. Aber die soziale Wahrnehmung — im ursprünglichen Sinne des Wortes: die Wahrheit nehmen können — hat sich verändert.

In der 68. Sitzung, im *gruppenzentrierten Phantasiespiel* mit dem Thema „Herbstlandschaft", wählt Herr A. für sich die Rolle des Rehes: Diesem sei ein Winterfell gewachsen, habe die Herde verloren und sei — was das Überleben anginge — auf den Förster angewiesen. Die Ablösung weckt Ängste: Damals, als er sich von seinen Eltern gelöst habe und zum Studium in die Stadt gezogen sei, wäre das Fell zu dünn gewesen, um bestehen zu können. Jetzt sagt er, verschlüsselt, habe er zwar ein dickeres Fell, brauche aber noch Hilfe, und zwar einen, der nach ihm schaue. Das Vertrauen, daß er selbst Kontakt suchen und für sich sorgen kann, muß noch zunehmen.

Im verschlüsselten Problem der 80. Sitzung mit dem Thema „Vogelnest" ist Herr A. der Vogel, der das Nest nicht verläßt, sondern bei der Vogelmutter bleiben will. Die Geschwistervögel wollen ihn aus dem Nest locken, er aber sagt „Ich brauche noch Nähe und möchte von der Vogelmutter noch ein wenig gestreichelt werden". Die Vogelmutter erfüllt ihm seine Wünsche nach Nähe; denn gehen kann (nur) der, der bleiben darf. Der Plan mit der Wohngemeinschaft wird Realität. Deswegen wählt der Gruppenleiter zur Bearbeitung dieser speziellen Problematik für Herrn A. die Nestsituation aus. Herr A. sagt bei der Auswertung: „Ich werde ein Nest, falls ich je wieder eines finde, nie mehr verlassen". Dabei erinnert er sich an das Weggehen von zuhause, im Alter von 18 Jahren.

In der 90. Sitzung nimmt Herr A. Abschied von der Gruppe. Das *Beziehungsspiel* „Dorf" bietet den Rahmen, in dem in Bildern ausgedrückt wird, was der einzelne in der Gruppe für den anderen war und ist und was der augenblicklich vollzogene Abschied bedeutet – für den, der geht, und für die, die bleiben – und in welcher Reife er genommen werden kann. Herr A. ist das Schusterhaus am Ende des Dorfes, am Bach gebaut: „Kinder und Erwachsene gehen gerne in das Schusterhaus, weil es dort gemütlich ist. Jetzt schließt der Schuster die Läden. Er will in die Welt ziehen, um sein Glück zu machen." Herr A. wird mit Glückwünschen entlassen. Er hat die Lösung von der Gruppe geschafft und geht mit der Hoffnung, daß das Leben trägt. Nach zwei Monaten lädt Herr A. die Gruppenmitglieder in seine neue Behausung zu einem Sommerfest ein.

Die Leiter müssen diesen Prozeß des Abschiednehmens und Gehenlassens ebenfalls nachvollziehen und erleiden. Jedes Gruppenmitglied ist in seiner ihm gemäßen Weise am Abschied des Herrn A. beteiligt. Eigene Abschiedserfahrungen werden aktualisiert. Die Gruppe trauert um Herrn A. Inzwischen sind etliche Jahre vergangen. Neulich traf ich Herrn A. auf einem Fest. Er kam jung und strahlend auf mich zu und erzählte, daß er jetzt in einer eigenen Wohnung lebe und daß es ihm gut gehe.

4. Anmerkungen und Deutungen

Einige Anmerkungen möchte ich abschließend machen zu den Grundstörungen, die im Verlaufe des therapeutischen Prozesses bei Herrn A. eine Veränderung oder Entschärfung der negativen Dynamik erfahren konnten: Herr A. entwickelte – anstelle des Mißtrauens – im Laufe des therapeutischen Prozesses Vertrauen in sich und andere. Das entwickelte Vertrauen ermöglichte die Ausbildung von Autonomie in der Gruppe, in der Arbeit und in anderen Lebensbereichen. Die Entwicklung von Autonomie konfrontierte mit den abgespaltenen Ich-Anteilen, was die Integration der Lebensgeschichte in Gang brachte. Dies wiederum setzte lebensgestaltende Kräfte frei. Die freiwerdende Schöpferkraft förderte die Leistungsfähigkeit und trug damit zum Abbau von Minderwertigkeitsgefühlen bei. Er selbst nahm nun das, was er bewirkt hatte, wahr und staunte darüber und konnte zunehmend der Freude über die gemeinsam zustandegebrachten Werke und über Einzelleistungen Raum geben. Nachdem als Folge der Minderwertigkeitsgefühle die Orientierung an einer negativen Identität erfolgt war („Versager"), wurde die Frage „Wer bin ich denn?" zunächst in Einzelsituationen gewagt. Zunehmend gelang eine realitätsgerechtere Einschätzung der eigenen Möglichkeiten, und die Fähigkeit wuchs, Ängste vor Überforderungen darzustellen und zu verarbeiten. Es gelang Herrn A., sich aus der Isolation zu lösen, so daß allmählich der Wunsch nach Intimität entstand, wobei die dafür notwendige Fähigkeit, Distanz zu wahren, um sich nicht zu verlieren, von ihm ausgebaut wurde. Die Gruppe bot ihm einen Schutzraum, indem er mit Frauen und Männern zusammen sein konnte. Er lernte Verantwortung für das Zustandekommen einer Gemeinschaft zu übernehmen und war in der Lage, seine Situation zu reflektieren. In der 80. Gruppensitzung sagte er: „Die Rollenspielgruppe war das Übungsfeld für den Ernstfall. Ich entscheide mich für das Verlassen der Gruppe, um in der Realität meinen Teil zu leisten". Zum ersten Mal hat er damit eine Gruppe von sich aus verlassen, während er im Verlaufe seines Lebens überwiegend aus Gemeinschaften ausgeschlossen worden ist. Er plante nun selbst und machte sich nicht mehr von der Gunst anderer und von Zufällen abhängig. Die Realität konnte er fortan beachten und gestalten. Herr A. verließ die Gruppe mit einem Gefühl der Aufgabe und der Hoffnung, daß das Leben lohnt.

III. Fazit

Ich meine, daß deutlich geworden sein müßte, wie es mit Hilfe des Sozialtherapeutischen Rollenspieles Patienten gelingen kann, mit sich selbst „ins Reine" zu kommen, Brüche in der eigenen Entwicklung anzunehmen und allmählich selbstgestaltete Kontakte zur Umwelt aufzunehmen. Die Entwicklung von Herrn A. ist kein Einzelfall. Ähnliche Reifungsprozesse konnten wir in unserer Arbeit in Ambulanz und Tagesklinik der Psychiatrischen Klinik mit dem Sozialtherapeutischen Rollenspiel immer wieder voranbringen. Dabei wird im dargestellten Beispiel deutlich, daß solche Entwicklungen nicht gradlinig voranschreiten. Rückschläge, Umwege, Stillstand und dann wieder überraschende neue Möglichkeiten lassen diese Lernprozesse lebendig – wie sonst im Leben – ablaufen. Welche Zeiträume für derartige integrative Reifungsprozesse angesetzt werden müssen, wurde am Beispiel von Herrn A. sichtbar.

Daraus ergeben sich nun Einschränkungen für den Einsatz des Sozialtherapeutischen Rollenspiels: Über Gründe, die den Patienten dauernd oder zeitweise hindern können, am Sozialtherapeutischen Rollenspiel teilzunehmen, wurde schon gesprochen. Ich habe auch aufgezeigt, daß es im Verlauf der Therapie zu Teilnahme-, vielleicht auch zu Reifungskrisen kommen kann, durch die ein Entwicklungsprozeß abgebrochen wird. Eine dritte Einschränkung ergibt sich aus der für derartige geschützte Veränderungsschritte notwendigen Zeit, in der viele äußere Umstände die weitere Teilnahme an den regelmäßigen Gruppensitzungen verhindern können.

Im Rahmen dieser Einschränkungen möchte ich festhalten, daß das Sozialtherapeutische Rollenspiel im Bereich der psychiatrischen Arbeit eine wichtige Methode der Sozialarbeiter und Sozialpädagogen für die Entwicklung und integrative Reifung von Patienten ist. Die besondere Qualität liegt für den einzelnen Patienten darin, daß er „Herr im eigenen Hause" bleibt, daß er „es" weiterhin selbst gestalten oder aber auch „vergessene Räume" neu entdecken und ordnen kann. Deutungen müssen nicht, wie fremde Möbelstücke, hereingenommen werden. Fensterläden, hinter denen noch „un-heimliche Räume" liegen, können geschlossen bleiben, bis es möglich wird, auch diese „Zimmer" allmählich zu beleuchten beziehungsweise zu akzeptieren, daß es im eigenen „Haus" einige „dunkle Zimmer" gibt, die man derzeit besser wohl nicht betritt. Es wird angeboten, sich für die Welt draußen zu interessieren und dort neue Gehversuche zu anderen hin zu riskieren.

Dies alles ist möglich auf dem Hintergrund einer Gruppe, in der das Sozialtherapeutische Rollenspiel durch sein Regelsystem und die Funktion des Spielleiters eine Kontinuität vergleichbarer Abläufe schafft und damit etwas hervorbringt, das für den Patienten zum Ausgang aller positiven Veränderungen wird: Sicherheit.

Im Verlaufe von 8 Jahren nahmen rund 50 Patienten an der ambulanten sozialtherapeutischen Rollenspielgruppe teil. Abbrüche der Gruppentherapie erfolgten entweder im 1. Monat, weil die Methode befremdete und unpassend erschien, im 3. Monat, weil der Therapieverlauf als zu langsam oder als zu wenig problembezogen erlebt wurde, oder nach einem Jahr, weil das angestrebte Ziel erreicht schien.

Die meisten Patienten, vor allem jene mit einer schweren schizophrenen Erkrankung beziehungsweise Chronifizierung, beendeten die Gruppe nach 3 Jahren. Da viele dieser Patienten im Arbeitsprozeß standen oder eine Arbeitsannahme anstrebten, kam der Gruppe als Ort des Kontaktes und Austausches, der Konfliktbearbeitung und der Stabilisierung immer wieder große Bedeutung zu.

Das Sozialtherapeutische Rollenspiel hat sich in der Ambulanz und Tagesklinik der Psychiatrischen Klinik als wertvolles Instrument bei der Behandlung von psychisch Kranken bewährt. Ob diese Methode verstärkt angewendet werden kann, hängt davon ab, ob der jeweilige Sozialarbeiter oder Sozialpädagoge dieses Mittel als qualifiziertes Handwerkszeug zur Verfügung hat.

Literatur:
Erikson, E. H.: Identität und Lebenszyklus. Frankfurt [5]1979

DER EINSATZ DES SOZIALTHERAPEUTISCHEN ROLLEN-SPIELS IN EINER BERATUNGSSTELLE FÜR PSYCHISCHE GESUNDHEIT

Traudl Scheuberth, Walter Schild

I. Vorbemerkungen

Das Sozialtherapeutische Rollenspiel ist in vielen Feldern der sozialen Arbeit einsetzbar. Für die Arbeit mit physisch Kranken wird diese These zunächst an einem ganz konkreten Einzelfall verdeutlicht (II.). Geprüft werden soll außerdem die Effektivität dieses Ansatzes in der ambulanten Arbeit mit psychisch Kranken (III.). Informationen zur Beratungsstelle für psychische Gesundheit, zu ihrer Klientel und zu dem dort praktizierten Gruppenkonzept werden dort gegeben, wo diese zum Verständnis des Textes erforderlich sind.

Die Autoren haben die hier dargestellte Gruppe im Rahmen ihrer Ausbildung im Sozialtherapeutischen Rollenspiel gemeinsam geleitet. Die Mitautorin leitete im Berichtzeitraum die Beratungsstelle, der Autor ist bis heute Dozent an einer Fachhochschule für Sozialwesen.

II. Der Einsatz des Sozialtherapeutischen Rollenspiels in der Praxis

1. Bericht über eine Gruppensitzung

Die Rollenspielgruppe trifft sich wöchentlich am Dienstag von 17.00 bis 19.30 Uhr in einem größeren Raum des Kellergeschosses der Beratungsstelle. Dieser ist mit einem Teppichboden und mit bequemen Stühlen ausgestattet. Nach bisher vier Treffen hat sich die Gruppe auf 7 Teilnehmer eingependelt; 5 davon sind heute anwesend. Dazu kommen die beiden Sozialpädagogen als Gruppenleiter; die Spiel- und Gesprächsleitung teilen sie nach Absprache untereinander auf (im folgenden Text abgekürzt mit A. und B.). Das Thema, das heute zur Bearbeitung ansteht, ließe sich etwa so überschreiben: „Angst, in wichtigen Situationen zu versagen und wiederum in eine Krise zu geraten. Angst vor der Zukunft. Wie helfe ich mir?":

Da Frau M., 22 Jahre alt, am letzten Dienstag nicht dabei sein konnte, beginnt die Gruppe auf Anregung von B. mit dem Versuch einer gemeinsamen Rekonstruktion der letzten Gruppenstunde. Erst dann fragt B. – wie üblich, – was die Teilnehmer im Anschluß daran noch beschäftigt habe. Die verschiedenen Beiträge lassen das gemeinsam Erlebte wieder lebendig werden. Die anfangs ein wenig klamme Atmosphäre in der Gruppe lockert sich merklich auf. Da das Thema „Ängste" auf Äußerungen und Wünsche unter anderem von Frau M. zurückgeht, bittet B. diese Gruppenmitglieder, noch einmal etwas zu den Beweggründen oder persönlichen Anlässen zu sagen, die für sie in diesem Zusammenhang bedeutsam seien; das könne der Gruppe helfen, ins Thema hineinzufinden. Frau M. kommen daraufhin die Tränen. Sie sagt, sie könne das nicht und habe Angst, die ganze Zeit weinen zu müssen. Aus der Gruppe wird ihr signalisiert, daß es nicht störe, wenn sie zwischendrin weinen müsse. Frau M. scheint dies aber gar nicht zu hören. Sie weint weiterhin vor sich hin. Das nächstsitzende Gruppenmitglied, eine Frau in mittleren Jahren, rückt spontan ihren Stuhl in die Nähe und streichelt den Arm der Weinenden. Aus den Gesichtern der anderen ist Betroffenheit abzulesen, auch Unmut, Mitleid und Ratlosigkeit. In die sich ausbreitende Stille hinein formuliert B., daß es Situationen gebe, denen der einzelne sich im Moment nicht gewachsen fühle. Jeder in der Gruppe kenne solche Augenblicke der Überforderung, des Versagens der Kräfte. Zum Glück gebe es auch die Erinnerung an andere, ebenfalls schwierige Begebenheiten, die wir meistern konnten. Solche Erinnerungen seien sehr wertvoll und zeigten uns oft auch den Weg, unseren Weg aus einer beklemmenden Lage.

B. holt nun ein imaginäres Fotoalbum, legt es in die Mitte des Kreises, schlägt es auf und fragt, ob jeder wisse, was ein Fotoalbum sei. Frau M. und Herr L., 19 Jahre alt, wissen es nicht. Die Gruppe versucht gemeinsam eine Beschreibung. B. erläutert anschließend: Jeder im Kreis könne in dem Album Fotos finden, die ihn zeigten. Allen diesen Bildern sei gemeinsam, daß sie „uns in Situationen zeigen, die schwierig für uns waren, die wir aber doch bewältigen konnten, die also einen guten Ausgang hatten. Schauen Sie sich die Bilder in Ruhe an und nehmen Sie sich eines dieser Bilder heraus."

Es werden nun die Bilder beschrieben und die damit verbundenen Erlebnisse erzählt. Frau M. erinnert sich an ein Gespräch mit einem Herrn von der Unfallversicherungsgesellschaft: Sie selbst liege im Bett, fühle sich häßlich und entstellt und habe Angst vor dem Gespräch. Diese Unterredung sei etliche Zeit nach dem schweren Unfall gewesen, den sie mit 15 Jahren gehabt habe. Erst lange Zeit später sei ihr aufgegangen, daß eigentlich der Unfall ihrem Leben eine positive Wendung gegeben habe. Die Versicherungsgesellschaft habe auch dafür gesorgt, daß sie eine Ausbildung zur Bürogehilfin erhalten habe. Sie denke gern an den freundlichen Mann von der Unfallversicherungsgesellschaft zurück.

Nachdem alle im Kreis etwas gesagt haben, bittet B., noch ein anderes Foto herauszusuchen. Herr L. schlägt daraufhin eifrig eine andere Seite des Albums auf: Es solle diesmal das Foto von einer Situation sein, in der der einzelne Angst verspürt habe, sich klein und ohnmächtig gefühlt oder keinen Ausweg gesehen habe. Frau M. beschreibt, nachdem einige andere sich bereits geäußert haben, ein Bild, das sie als Schülerin der dritten Klasse in der Wohnküche zeigt: Ihr gegenüber stehe ihre Stiefmutter, die ihr nicht glauben wolle, daß sie am kommenden Freitag mit ihrer Klasse schon wieder einen Ausflug mache. Sie spüre noch das Zittern in ihren Knien und die Mißgunst von Stiefmutter und Geschwistern. Sie habe doch nichts daran ändern können, daß ihr damaliger Klassenlehrer öfter als üblich Ausflüge ansetzte.

In der folgenden Runde haben die Gruppenmitglieder Gelegenheit, sich zu den Bildern der anderen zu äußern und eigene Erlebnisse dazu zu assoziieren. Obwohl dies von den Leitern modellhaft verwirklicht wird, gibt es wenig Bezugnahmen seitens der Gruppenmitglieder. Nach einer Weile wird deshalb das Fotoalbum hinausgetragen, nachdem alle Gelegenheit hatten, ihre Fotos zurückzulegen oder zu behalten.

A., die das anschließende Gruppengespräch leitet, bittet die Gruppenmitglieder, in ihrer aktuellen Situation nachzusehen, ob es Parallelen oder Veränderungen gebe zu den berichteten Gefühlen und Verhaltensweisen. Frau M. erwidert, sie müsse da an heute Nachmittag denken. Es hänge damit zusammen, wie sie auf andere Menschen wirke. Wir hätten es ja vorhin erlebt: sie müsse weinen, obwohl sie es nicht wolle. Manches Mal glaube sie, sie sei verrückt. Auch in der Arbeit habe sie den Eindruck, daß manche Kollegen und Vorgesetzte sie deshalb nicht „für voll nehmen würden". Öfter sei sie lustig, ohne Grund, und tue ihre Arbeit schwungvoll, tanze fast ein wenig dabei. Die Sachbearbeiter zögen sie dann auf und veranlaßten sie, wenn ihnen nach einem Jux zumute wäre, ihren „Schwanentanz" vorzuführen. Ihr sei das unangenehm, aber manchmal gebe sie nach. Einer der Kollegen, der ihr diesbezüglich besonders auffalle, habe heute zu ihr gesagt, wenn sie so läppisch sei, kriege sie bestimmt keinen Freund. Dabei sei besonders er es, der sie dazu bringe, sich so zu verhalten. Gemein sei das. Wie solle sie sich morgen dem Kollegen gegenüber verhalten? Solle sie ihn ignorieren? Solle sie sich weigern, ihm Gefälligkeiten zu erweisen, zu denen sie nicht verpflichtet sei? Wie sie sich kenne, werde sie morgen so sein, wie immer; denn sie sei überhaupt nicht nachtragend. Dieser Sachverhalt schält sich im Dialog mit A. heraus.

Das folgende Gespräch in der Gruppe geht auf diese Problematik ein und hat die Schwerpunkte „Rückmeldungen, wie Frau M. auf die Gruppenmitglieder wirkt"; „Nachfragen, welche Position und welche Möglichkeiten sie in der Arbeit hat"; „Identitätsbalance, also inwieweit man sich so verhalten soll, wie einem zumute ist, und inwieweit man sich Erwartungen anpassen muß"; „Erarbeitung von Verhaltensmöglichkeiten für Frau M. für den folgenden Tag". Da Frau M. gern wissen möchte, wie sich die anderen Gruppenmitglieder morgen verhalten würden, schlägt A. ihr vor, jeden reihum dazu zu befragen. Dies geschieht auch, und Frau M. ist in der Lage, ein persönliches Fazit aus diesem Gespräch zu ziehen. Sie beabsichtigt, keine plötzlichen Veränderungen in ihrem Verhalten zu zeigen, sondern sich langfristig zu bemühen, über die Punkte, die sie stören, mit den Kollegen zu reden.

Es ist inzwischen 19.30 Uhr. Herr L. springt auf – aus Angst, daheim nicht pünktlich zu sein. Das abschließende Gefühls-Feedback läßt erkennen, daß alle stark mit der Situation von Frau M. beschäftigt waren.

2. Auswertung

Der voranstehende Sitzungsbericht einer Rollenspielgruppe soll – exemplarisch – die Struktur einer Arbeitseinheit, den Einbau eines sozialtherapeutischen Spiels und die Wirkung des Sozialtherapeutischen Rollenspiels auf ein Gruppenmitglied, das an diesem Abend in den Mittelpunkt rückte, aufzeigen.

Der Aufbau eines Gruppentreffens war recht konstant. Die Aufarbeitung der „Reste" vom letzten Treffen, der Austausch wichtiger Erlebnisse und des aktuellen Befindens der Gruppenmitglieder führte die Gruppe zusammen und erlaubte es vor allem, das, was in der Gruppe besprochen oder geübt worden war, hinsichtlich seiner Umsetzung in den Alltag zu verfolgen. Gerade in bezug auf diesen schwersten und heikelsten Teil des sozialtherapeutischen Pozesses, der Erprobung neuer, anderer Verhaltensweisen in der gewohnten Umgebung, war die Bereitschaft der Gruppe sehr wichtig, sowohl Mißerfolge oder Stillstand aus Angst vor Veränderungen mitzutragen, aber auch die Erfolge − oft nur in „Millimetern" zu messen − anzuerkennen. Das jeweilige „Thema" des Abends, aus den formulierten Bedürfnissen oder Problemen der Gruppenmitglieder entwickelt, wurde in der Regel mit einer Übung aus dem Repertoire des Sozialtherapeutischen Rollenspiels bearbeitet. Eine Auswertung im Sinne eines persönlichen Resümees rundete den Abend ab.

Welche Überlegungen hatten uns nun bei der Auswahl der oben skizzierten Bearbeitungsform des Themas geleitet? „Angst vor zukünftigen Anforderungen" war als Thema am Anfang dieser Gruppenarbeitsphase von zwei jungen Frauen geäußert worden. Da bei beiden starke depressive Persönlichkeitsanteile spürbar waren − wie übrigens auch bei zwei weiteren, älteren Frauen in der Gruppe − waren wir uns einig, daß es zu einfach, wenn nicht gar gefährlich wäre, ein Spiel zu wählen, das es gestattete, sich eine glückliche Zukunft auszumalen. Wir entschieden uns deshalb für ein Vorgehen, das sowohl den Gefühlsbereich anspricht, als auch die Verfügbarkeit des eigenen Handelns bewußt macht:

Die Konfrontation von Frau M. mit ihrem Thema führte genau zu einer der Situationen, vor der sie Angst hatte. Eine Anforderung, der sie gerecht werden möchte und die − aus der Perspektive der sozialen Umgebung gesehen − leicht zu erfüllen sein müßte, berührte bei ihr schmerzhafte Erinnerungen, die noch so nah, stark und unversöhnt waren, daß sie nur noch hilflos weinen konnte. B. ließ dies in seiner Intervention anklingen. Die Reaktion der Gruppe − abwehrend bis tröstend − kannte Frau M. aus dem Bekanntenkreis und auch aus dem Betrieb. Die in diesem Verhalten spürbare Distanzierung gegenüber ungewohntem, exzessivem, „ungehörigem" Benehmen wird von sehr komplexen Motiven getragen; sie ist jedoch mit Sicherheit ein sowohl individueller als auch kollektiver Vorgang. Der Betroffene wird als der „ganz andere" gesehen. Es ist von daher ohne weiteres zu verstehen, daß Frau M. in ihren aktuellen Bezügen von der Unsicherheit umgetrieben wurde: Wie sehen mich die anderen? Wer bin ich für sie?

B. nahm in dieser Situation Frau M. aus der Mitte des Geschehens und änderte die Fragerichtung: Hat nicht jeder in der Gruppe schon Überforderung erlebt, versagt, Angst gehabt? Er nutzte damit eine Chance des Sozialtherapeutischen Rollenspiels, die negative Besonderheit des einzelnen aufzuheben durch die Aktualisierung ähnlicher Erlebnisse bei den anderen Gruppenmitgliedern. Jeder in der Gruppe, einschließlich die Leiter, fand bei sich Augenblicke des Versagens. Frau M. war, indem ihr Problem erkennbar mit Erfahrungen vieler in der Gruppe korrespondierte, in den Kreis der anderen zurückgekehrt und wieder äußerungsfähig.

Frau M. fand ein Bild, das sie als kleines Mädchen in einer fast feindlich erlebten familiären Umgebung zeigt. Man kann vermuten, daß es ihr nicht leicht gemacht wurde, Vertrauen in ihre Umwelt aufzubauen. Ein Hinweis darauf liegt auch in der Tatsache, daß für sie die Begegnung mit dem Versicherungsvertreter eine so positive Bedeutung gewonnen hatte. Es fällt freilich auf, daß sie das Meistern einer Situation so verstand, daß jemand freundlich zu ihr war. Das heißt, sie tendierte dazu, Änderungen in ihrem Leben nicht so sehr mit eigenen Aktivitäten, sondern mit effektiver Hilfe durch andere in Verbindung zu bringen.

Im Auswertungsgespräch wurde sichtbar, wie massiv sich ihre psychischen Probleme im Betrieb, einem für sie damals sehr wichtigen Lebensbereich, auswirkten. Die starken Stimmungsschwankungen und ihre Suche nach Freundlichkeit und Anerkennung wurden von Kollegen offenbar als „Macken" registriert und manchmal zum Zeitvertreib genutzt. Tragisch ist, daß sie dieses unwürdige Spiel zwar durchschaute, aufgrund ihrer Abhängigkeit von der Zuwendung anderer diese bestehenden Kontakte aber dennoch nicht schmälern wollte („Ich bin nicht nachtragend"). Hier wird sehr deutlich, wie sehr ihre Lerngeschichte, die geprägt ist durch Erlebnisse sozialer Deprivation und eigener Ohnmacht und durch eine daraus abgeleitete persönliche Praxis einer fast bedingungslosen Anpassung, ja Unterwerfung unter fremde Erwartungen, die gegenwärtige Lebenssituation prägt und das Umsetzen neuer Einsichten erschwert. Ihre Frage „Wie soll ich mich morgen verhalten?" zeigt auf der anderen Seite ihr nicht zuletzt auch mit Hilfe der Gruppe gestärktes Selbstwertgefühl und erwachendes Abgrenzungsbedürfnis. Ob ihr Vorsatz, die Punkte, die sie stören, mit den Kollegen zu besprechen, dem Alltag standhalten würde, mußte offenbleiben. Selbst bei einer optimalen Hilfestellung der sozialtherapeutischen Gruppe ist der Weg bis zu dem Punkt, an dem Frau M. ihr Leben bewußt in die Hand zu nehmen vermag, noch weit.

Die Gruppe repräsentierte im beschriebenen Zeitabschnitt die positiven Funktionen der für den Einzelmenschen so wichtigen sozialen Einbettung sehr deutlich: Frau M. fand unterstützende, teilnehmende Zuwendung. Indem ihr Problem zum Gruppenthema gemacht wurde, durfte sie sich unter im Prinzip Gleichen und persönlich ein Stück entlastet fühlen. Das ist nicht selbstverständlich, da sich die Gruppe mit bis dahin vier Treffen selbst noch in einer Anfangsphase befand. Nach unserer Erfahrung beschleunigt der Einsatz strukturierter Übungen das Gewinnen von Orientierung und das Entstehen von Gruppenzusammenhalt und Offenheit. Ein Kommunikationsmodell, das alle Gruppenmitglieder systematisch einbezieht, und der „spielerische" Charakter der Arbeit, der es erlaubt, im Schutze des „als ob" Offenheit zu erproben, sind daran sicher maßgeblich beteiligt.

Die vorläufige Grenze hilfreicher Bezugnahme in dieser Gruppe offenbarte sich beim sogenannten Assoziations-Feedback, als es den einzelnen nur sehr eingeschränkt möglich war, sich von den Beiträgen der anderen anregen zu lassen. Offenbar war das Maß persönlicher Betroffenheit groß. Es wurden damit aber auch Grenzen der Empathie deutlich. Ein Mitschwingen auf der gefühlsmäßigen Ebene war den Gruppenmitgliedern, wie sich am Anfang des Gruppentreffens zeigte, durchaus möglich. Schwierigkeiten zeigten sich, als es darum ging, sich in fremde Probleminhalte und Sichtweisen hineinzudenken oder auch Parallelen zur eigenen Situation zu entdecken. Bei der etwas späteren Bearbeitung der Situation von Frau M. waren die Gruppenmitglieder nach einer Anlaufzeit und mit Hilfe aktiver Strukturierung der Gruppenleiter in der Lage, sowohl zur Informationssuche als auch zum Auffinden adäquater Lösungen beizutragen. Für einige der Gruppenmitglieder bedeutete dies eine stellvertretende Bearbeitung der sehr ähnlichen eigenen Schwierigkeiten.

Alle, bis auf Herrn L., identifizierten sich stark mit Frau M. „Selbstbewußter auftreten" kam nicht ohne Grund als Vorschlag und Wunschvorstellung in vielen Beiträgen zum Ausdruck.

Noch ein Wort zum Part der Gruppenleiter: Im Verlgeich zu anderen therapeutischen Ansätzen ist ihre Rolle − das geht auch aus dem dargestellten Arbeitsausschnitt hervor − wenig dominant. In der Beginn- und Auswertungsphase ist zum einen die Art der Animation, Gesprächsleitung und Moderation wichtig, die der Sozialpädagoge oder Sozialarbeiter aus der sozialen Gruppenarbeit kennt. Als Spielleiter steuert er das Geschehen mit Hilfe von Spielregeln und beteiligt sich mit persönlichen Beiträgen am Thema. Er interpretiert nicht. Wo ist er in der Arbeit mit psychisch belasteten Personen besonders gefordert? Zwei Anforderungen, die auch in der berichteten Situation deutlich werden, sind hervorzuheben: Sie bestehen zum einen darin, aktive Hilfestellungen zu leisten, damit die Gruppenmitglieder von den sozialtherapeutischen Möglichkeiten der Spiele Gebrauch machen können. Ein einfaches Beispiel war die Nachfrage, ob bekannt sei, was ein Fotoalbum ist. Auf einer anderen Ebene war das Ermuntern zu Beiträgen und das Hilfegeben für das Herausfinden der Erlebnisqualität von Bildern wichtig. Die andere Anforderung besteht darin, Sicherheit zu geben in Gesprächsphasen, in denen sich der einzelne versuchsweise öffnet oder in denen sich Gefühle Bahn brechen. Die Schwelle des Geängstigtwerdens durch unmittelbaren Gefühlsausdruck lag recht niedrig. Ein Beispiel für diese Funktion gab B., als er in der durch das Weinen von Frau M. geprägten Gruppensituation Übersicht und Initiative behielt, das Weinen akzeptierte und in das Gruppengeschehen einband. Die Zielvorstellung von uns Leitern für das beschriebene Gruppentreffen, das sich mit Zukunftsängsten befassen sollte, bestand darin, einen Rahmen zu schaffen, in dem Insuffizienzerlebnisse und Ängste geäußert werden können, und das Bewußtsein des einzelnen zu stärken, damit er nicht einem blinden Geschick unterworfen bleibt, sondern seine Zukunft, beginnend mit dem morgigen Tag, selbst gestalten kann. Wir sind der Auffassung, daß es uns gelungen ist, dies exemplarisch an der Geschichte von Frau M. aufzuzeigen und erlebbar zu machen.

III. Effektivität und Anwendbarkeit des Sozialtherapeutischen Rollenspiels in der Arbeit mit psychisch Kranken
Das herausgegriffene und näher erläuterte Beispiel soll nun im größeren und allgemeineren Zusammenhang der Rollenspielarbeit in der Beratungsstelle betrachtet werden. Nachsorge nach Klinikaufenthalten, Hilfen in Krisensituationen, Hilfen bei Schwierigkeiten im Wohn- und Arbeitsbereich, Kontakt während eines Klinikaufenthalts, so lauten die Aufgaben der Beratungsstelle für psychische Gesundheit. Dazu kamen zum Zeitpunkt der hier beschriebenen Arbeit ein Clubangebot, Kreativ-Kurse und Freizeitgruppen sowie Gruppen, in denen soziales Lernen in den Vordergrund gestellt wurde. Der zuletzt genannten Kategorie kann auch die Rollenspielgruppe zugeordnet werden; sie zählt somit zu den Angeboten, die sich sowohl therapeutisch als auch prophylaktisch verstanden und wo weniger an den Störungen selbst, als vielmehr an den psychosozialen Voraussetzungen psychischer Krankheit und Gesundheit angesetzt wurde.
Die Mitglieder der beschriebenen Gruppe sind nicht untypisch für die Besucher der Beratungsstelle. Bei diesen handelt es sich um chronisch kranke Personen, Menschen in Krisensituationen, oft auch um Patienten, die als nicht therapiefähig gelten. Besondere Probleme bereiten Besucher mit einer sogenannten „Borderline-Symptomatik“. Aufgrund ihrer unspezifischen, veränderlichen, oft auch somatischen Störungen sind sie einer kontinuierlichen Hilfestellung nur sehr schwer zugänglich. Problembereiche dieser Personengruppen, die in unserer Gruppe genannt beziehungsweise deutlich werden, sind unter anderem persönliche Unsicherheit, instabiles Selbstwertgefühl; Inaktivität, depressive Verstimmungen; Beunruhigung durch körperliche Symptome; Eltern-Kind- und Partnerschaftsprobleme; Trennungserfahrung, Isolation; Desorientierung in einzelnen Lebensbereichen; und Schwierigkeiten mit nichtangepaßtem Verhalten.
Zu den psychischen und sozialen Belastungen kommt bei den meisten

Klienten dieser Beratungsstelle hinzu, daß ihnen die notwendigen Informationen zur Meisterung ihrer Lebenssituation fehlen. Wichtige Erfahrungsquellen sind ausgefallen oder vermitteln unbrauchbare, jetzt eher hinderliche Informationen. Längere Aufenthalte in stationären Einrichtungen, gesellschaftliche Isolation, Aufwachsen in Obdachlosenquartieren, geringe Schulbildung und so weiter lassen selbst einfache Situationen einen bedrohlichen und unübersichtlichen Charakter annehmen.

Verbreitet sind auch Vorbehalte gegen therapeutische Angebote wie überhaupt gegen institutionalisierte Hilfen. Vorerfahrungen lassen – dies ist nicht zu bestreiten – diese Vorbehalte oft als begründet erscheinen. Generell ist es bei Angehörigen der Unterschicht weniger üblich, Beratungsstellen aufzusuchen oder längerfristige, über akute Krisenintervention hinausgehende fachliche Hilfe in Anspruch zu nehmen.

Das Konzept der Rollenspielgruppe versucht, diese Besonderheiten der Zielgruppe zu berücksichtigen. Außerdem ist es einzupassen in das Gesamtprogramm der Beratungsstelle. Im folgenden sollen einige Charakteristika unseres Konzeptes vorgestellt werden:

Ausschreibung der Gruppe in der Hauszeitung der Beratungsstelle unter dem Titel: „Ich und die anderen – die anderen und ich. Hilfen, mich und mein Verhalten kennenzulernen und zu erweitern. T. Schild, T. Scheuberth".

Gezieltes und persönliches Ansprechen von Klienten der Beratungsstelle, an der Gruppe teilzunehmen.

Kursform: Teilnehmer und die Leiter verpflichten sich in einer Arbeitsabsprache für jeweils sechs aufeinanderfolgende wöchentliche Treffen von je 2 1/2- bis 3stündiger Dauer.

Kontinuität des Angebots: Der Kurs wird 3- bis 4mal jährlich innerhalb eines Zeitraumes von reichlich zwei Jahren durchgeführt, für jeweils die gleichen und jeweils neu hinzukommende Gruppenmitglieder.

Sozialtherapeutische Zielsetzung: Einzelziele sind Selbsterfahrung in der Gruppe, Stärkung der Ich-Fähigkeiten, Verbesserung der Beziehungsfähigkeit, Erweiterung des individuell verfügbaren Verhaltensrepertoirs, Bearbeitung persönlicher Defizite und Probleme. Anwendung von Spiel- und Übungsformen des Sozialtherapeutischen Rollenspiels.

Gestaltung der Kurseinheiten zu überschaubaren Blöcken: Zu Beginn Interpretation des Angebots, gegenseitiges Kennenlernen, wenn neue Gruppenmitglieder zugegen sind, beziehungsweise Anknüpfen an die vorangehende Kurseinheit, Klären und Sammeln der bereits verbalisierbaren Bedürfnisse, Wünsche und Probleme, gemeinsamer Ausblick auf die Kurseinheit, Arbeitsabsprache; Bearbeitung der Problemstellungen in den Treffen 1 bis 6, Reihenfolge und Bearbeitungsform wird von den Leitern vorgeschlagen; am Ende gemeinsame Auswertung der Kurseinheit und Ausblick auf das folgende Angebot. Gleichbleibendes Verlaufsprofil der einzelnen Treffen.

Abwechseln in der Leitungsverantwortung während der einzelnen Treffen nach vorheriger Absprache, außerdem gemeinsames Vor- und Nachbereiten der Treffen. Fachliche Begleitung durch eine Supervisionsgruppe.

Das beschriebene Arbeitskonzept konnte über die Zeit von zwei Jahren fast unverändert beibehalten werden. Die Gruppen hatten eine Teilnehmerzahl zwischen 5 und 8 Personen; der Frauenanteil lag bei circa 70 %. Durchschnittlich rekrutierten sich zwei Drittel der Teilnehmer eines neuen Kursblocks aus der jeweils vorangegangenen Gruppe.

Der ursprünglich oben angeführte Titel wurde zugunsten der Bezeichnung „Sozialtherapeutisches Rollenspielgruppe" geändert. Dies war möglich, nachdem die Gruppe einen festen Stellenwert im Programm gefunden hatte und die informelle Information unter den Klienten über das, was in der Gruppe läuft, vorausgesetzt werden konnte.

Die Vorbereitung und Kombination der Gruppenarbeit mit Einzelberatung ermöglichte erst vielen Klienten das Wagnis, an der Gruppe teilzunehmen und sich dafür zu öffnen. Auf der anderen Seite ließ es auch die Zielsetzung der Gruppe zu, an den individuell anstehenden Problemen (weiter-)zuarbeiten.

Da es sich bei der Mehrzahl der Klienten, die im Laufe der Zeit an der Gruppe teilnahmen, um depressiv strukturierte, ängstliche Menschen handelte, stellte die Gruppe für sie auch einen Übungsraum dar, um Veränderungen, die sich in der Zweierbeziehung zum Berater angebahnt hatten, zu erproben. Das breitere Beziehungsangebot in der Gruppe ermöglichte es dem einen oder anderen, sich durch Vorgänge wie Abgrenzung und Koalition ein Stück weit zu verselbständigen – auch im Hinblick auf ihren Berater. Der Faktor der gegenseitigen Ermutigung und Verstärkung war in den intensiveren Gruppenphasen gut zu beobachten.

Wir stellten fest, daß Gruppenmitglieder ihre Gruppenteilnahme beendeten, wenn krisenhafte Schwierigkeiten abgeklungen waren. Mitglieder, die sich stärker am Selbsterfahrungsangebot der Gruppe orientierten, und auch Personen mit der Erfahrung wiederkehrender stationärer psychiatrischer Behandlung nahmen längerfristig an der Gruppe teil. Bei letzteren korrelierte – nach Beobachtungen der Mitarbeiter – die Chance, das Intervall zwischen den Klinikaufenthalten zu verlängern, mit ihrer Bereitschaft, an sich zu arbeiten und entsprechende Angebote, darunter nicht zuletzt die Rollenspielgruppe, zu nutzen. Bei vielen Gruppenmitgliedern stellte sich nach der Teilnahme an drei bis vier Kurseinheiten das Bedürfnis nach einer Pause ein.

Begründet wurde dieses Bedürfnis mit Hinweisen auf zeitliche Belastungen beziehungsweise auf die Intensität des Angebots. Einige kamen später wieder in die Gruppe zurück.

Die Frage, ob das Repertoire an *wahrnehmungsverbessernden Spielen, an Beziehungs-* und *Gruppenspielen,* sowie auch an *problemorientierten Bearbeitungsformen* ausreicht, um die wesentlichen Ziele in Gruppenaktivitäten zu übersetzen, kann positiv beantwortet werden. Eine Lücke zeigte sich lediglich dann, wenn es darum ging, familiäre Beziehungskonstellationen zu verdeutlichen und zu bearbeiten. Hier bezogen wir die Möglichkeit der zeichnerischen Darstellung sowie das Mittel der „Skulpturierung der Beziehungen" ein. Inzwischen stehen auch für diesen Bereich spezielle Übungen des Sozialtherapeutischen Rollenspiels zur Verfügung.

Nach unserer Beobachtung wurden *problem-* und *gruppenzentrierte Spiele,* die aktives Tun, Darstellung und Bewegung implizieren, vor allem von den einfacher strukturierten, eher den unteren Sozialschichten zuzurechnenden Gruppenmitgliedern favorisiert.

Eine besondere Schwierigkeit bei der Verwirklichung unserer sozialtherapeutischen Zielsetzung stellte die mangelnde Übung der Klienten dar, Gefühle zu äußern und persönlich zu formulieren. Uns fiel bereits am Anfang und auch später immer wieder auf, daß etwa die Erlebnisberichte mancher Klienten sehr äußerlich und mit der eigenen Person nur locker assoziierte Inhalte hatten. Berichtet wurde eher das Seltsame und Zufällige als das Typische und Personennahe. Nun kann sicher davon ausgegangen werden, daß der Ausdruck von Gefühlen stark schichtabhängig ist und daß in der Arbeiterschicht die nonverbale, handelnde Ausdrucksform gegenüber der verbalen überwiegt. Es wird diskutiert, ob es zulässig und sinnvoll ist, dies therapeutisch zu verändern. Wir sind jedenfalls der Auffassung, daß die Legitimation zu solcher Veränderung sowohl aus der Tatsache psycho-sozialer Schwierigkeiten im Einzelfall als auch daraus erwächst, daß eine Bearbeitung psychischer Phänomene ohne deren verbalen Ausdruck nicht möglich ist. Auch andere Kolleginnen und Kollegen machten in ihrer Rollenspielarbeit mit diesem Personenkreis die Erfahrung, daß die „Schwierigkeiten, zu sich zu kommen", „zu sich zu stehen", sich nicht nur „im schlechten Gefühl zu drehen", sowie die „Schwierigkeit, im Bild zu bleiben", das „Ausarten in Bewertungs- beziehungsweise Ratschlagreden" recht häufig sind. Wir leiteten aus dieser Tatsache die Notwendigkeit zu gegensteuernden Interventionen ab. Wir haben unsere Aufgabe in einem Zusammenhang gesehen, der sich wie folgt umschreiben läßt: Vermittlung der Einstellung „Meine Gefühle sind wichtig, das heißt, ich nehme mich ernst", „Deine Gefühle sind wichtig, das heißt Du bist mir so wichtig, daß ich versuche, Dich auch in Deinen Gefühlen zu verstehen"; Beistand beim Versuch, den subjektiven Bedeutungsgehalt eines Erlebnisses aufzufinden; und Hilfe beim möglichst genauen Ausdruck eines Gefühls.

Ein Vorteil schließlich war die überschaubare Zeitperspektive der einzelnen Spiele und ihre Binnenstrukturierung. Das erstere machte sie zum Mittel der Wahl für die nach dem Kursprinzip ausgerichtete Gruppenarbeit; das zweite erleichterte es uns Leitern, uns in der Verantwortlichkeit in einer auch für die Gruppe nachvollziehbaren Weise abzuwechseln.

IV. Fazit

Die Grundlinie unseres Gruppenkonzepts, mit den gesunden Anteilen der Person zu arbeiten und Eigenkräfte zu mobilisieren, legte ein Vorgehen nahe, das die Gruppenmitglieder herausforderte und sie gleichzeitig in ihrer Selbstverantwortlichkeit förderte. Genau dies bieten die Sozialtherapeutischen Rollenspiele an. Sie sprechen den einzelnen an, ohne ihn zu zwingen, sich zu beteiligen; die Möglichkeiten symbolischen Ausdrucks bieten ihm viele Wege an, sich zu öffnen und seinen persönlichen Fragestellungen nachzugehen.

Für unseren Personenkreis mit zum Teil sehr ambivalenten Therapieerfahrungen war es wichtig, die Freiheit zu haben, sich den persönlichen Fragen zu stellen oder auch nicht beziehungsweise das Maß des Sich-Einlassens selbst zu bestimmen. Wir Leiter konnten jedenfalls sicher sein, daß die persönliche Problematik sich bei den verschiedensten Anlässen immer wieder meldete.

Ein weiterer großer Vorteil des Sozialtherapeutischen Rollenspiels lag in der Hilfestellung beim Umgang mit Distanz und Nähe in den zwischenmenschlichen Beziehungen − einem Bereich, in dem sich viele psychischen Störungen deutlich widerspiegeln. Die strukturierten Übungen mit ihrem Wechsel vom einzelnen zur Gruppe und von der Gruppe wieder zum einzelnen stellten hier eine Trainings- und Feedback-Situation besonderer Qualität zur Verfügung.

Wir hoffen, unsere skizzenhaften Ausführungen konnten zeigen, daß das Sozialtherapeutische Rollenspiel den Sozialpädagogen in der Arbeit mit psychisch gefährdeten und kranken Personen mit wertvollen Mitteln ausstattet, um seine an den Klientenbedürfnissen und -problemen orientierten Zielsetzungen zu erreichen.

ERFAHRUNGEN MIT DEM SOZIALTHERAPEUTISCHEN ROLLENSPIEL IM STRAFVOLLZUG UND IN EINER GRUPPE VON STRAFENTLASSENEN

Hildegard Grüneschild, Marlies Praël

I. Einleitung

Es bleibt unbestritten, daß die Strafvollzugsreform von 1977, die den Gedanken der Resozialisierung propagierte beziehungsweise als Vollzugsziel darstellte, in keiner Weise den Erwartungen gerecht geworden ist. Es muß aber auch gesehen werden, daß Sozialpädagogen zunehmend versuchen, über die täglich anfallenden praktischen und technischen Fragen (unter anderem die Sicherstellung von Habe, Beschaffung von Papieren, Eintreibung ausstehender Lohnforderungen, Kontakt zu Angehörigen) und über die Einzelbetreuung hinaus verschiedene Akzente der Gruppenarbeit zu setzen.

Da sind − neben reinen musischen und Lerngruppen − vor allem die Gruppen zu nennen, die die Entlassung als Thema haben und wo praktische Hinweise und Informationen gegeben und Situationen auch spielerisch erprobt werden. Eine andere Form der Gruppenarbeit ist für Inhaftierte mit längeren Strafen notwendig. Auch für diese Gruppe sollte das Angebot im Sinne einer „durchgehenden Betreuung" (Rest 1982) so früh wie möglich kommen. Für diese zweite Gruppe ist die Teilnahme wichtig, um soziale Fähigkeiten zu entwikkeln beziehungsweise die vorhandenen während der Haft nicht völlig verkümmern zu lassen. Der Vollzug erreicht zumeist leider nicht, daß Eigenverantwortung und Selbstkontrolle geübt noch daß soziale Kompetenz aufgebaut werden können. Die Betroffenen lernen auch nicht, weder von Menschen noch von Institutionen, Hilfe anzunehmen, wenn sie derer bedürfen.

Die Verhaltensauffälligkeiten der Straffälligen ähneln stark den von Rauchfleisch (1981) beschriebenen Merkmalen dissozialer Persönlichkeit. Zur Erläuterung des Begriffs „dissozialer Persönlichkeit" seien hier einige Störungen aufgeführt: Frustrationsintoleranz, Störungen in den Realitätsbezügen, Einsatz archaischer Abwehrmechanismen, Kontaktstörungen, depressive Problematik und Fehlentwicklungen im Bereich der Sexualität und Aggressivität.

Das Sozialtherapeutische Rollenspiel wird gerade bei Straffälligen, die alle mehr oder weniger die beschriebenen Auffälligkeiten zeigen, als ein geeignetes Instrument angesehen, vorhandene Defizite zu bearbeiten. Durch das Vorhandensein fester Regeln bietet das Sozialtherapeutische Rollenspiel eine Struktur an, die die Gruppenmitglieder selbst ausfüllen müssen. Damit sind Eigenverantwortung und Selbstkontrolle gefordert und können geübt werden. Das stellt nur einen Aspekt des Sozialtherapeutischen Rollenspiels dar; zahlreiche andere, wie zum Beispiel die Beschäftigung mit bewußten und vergessenen Anteilen der eigenen Geschichte, mit Schuldgefühlen, mit Krisensituationen, Erkennen von unzweckmäßigem Rollenverhalten und Veränderung zu sinnvollem Verhalten, Verbesserung der Entscheidungs- und Konfliktfähigkeit oder Schärfung der Wahrnehmungsfähigkeit und Einfühlung, kommen hinzu. Sowohl für Inhaftierte wie auch für die bereits aus der Haft Entlassenen wirkt das Sozialtherapeutische Rollenspiel dem Ohnmachtsgefühl der Betroffenen entgegen. Sie erfahren sich in der Spielsituation als Gestaltende und nicht als Opfer und können dadurch ermutigt und motiviert werden, mit realen Lebensschwierigkeiten adäquat beziehungsweise besser als bisher umzugehen. Auf diese Weise wird mit dem Sozialtherapeutischen Rollenspiel der bei Seligmann (zitiert nach Frese/Schöfthaler-Rühl 1976, 58 ff.) beschriebenen „erlernten Hilflosigkeit" entgegengearbeitet.

II. Erfahrungen mit dem Sozialtherapeutischen Rollenspiel
   im Strafvollzug

Die nachfolgende Darstellung der Methode mit einer Gruppe von Männern im Strafvollzug bezieht sich auf die wöchentliche Gruppenarbeit einer der Autorinnen in einer Justizvollzugsanstalt. Die Strafentlassenengruppe wurde von den Autorinnen gemeinsam geleitet. Bei beiden Gruppen war es den Leiterinnen anfangs bewußt, daß es sich um einen Versuch handelte, die Methode des Sozialtherapeutischen Rollenspiels zu verwenden; denn es war nicht bekannt, ob sich die Männer überhaupt auf eine Spielsituation einlassen würden, und es war nicht geklärt, welche Art der Problembearbeitung bei diesem Personenkreis sinnvoll und möglich war. Im Verlauf von mehreren Jahren konnten nun mit der Gruppe im Strafvollzug Erfahrungen gemacht werden, die durchaus dafür sprechen, mit diesem Personenkreis zu „spielen". Es werden im folgenden zwei Gruppensitzungen aus dem Bereich des Strafvollzugs vorgestellt sowie ein Arbeitsabschnitt bei den Strafentlassenen, die in einem Wohnheim leben. Thematisch wird vor allem angesprochen, wie eine Gruppe erlebt, daß Frustrationen anders als negativ behandelt werden können (1.), sodann wie ein Beziehungsspiel zunächst euphorisch aufgenommen wird, aber dennoch Ängste schafft (2.) und in welcher Weise problemzentriert in diesem Feld gearbeitet werden kann (3.).

1. Eine Gruppe erlebt, daß Frustrationen anders als negativ beantwortet werden können

Es handelt sich um eine Gruppe von acht bis zehn strafgefangenen Männern zwischen zwanzig und fünfzig Jahren, die sich regelmäßig einmal pro Woche zu einer Gruppensitzung treffen. In der Regel machen die Männer zu Beginn jeder Stunde Vorschläge, an welchem Thema sie arbeiten wollen.

Heute verweigern sie sich. Auf meine Nachfrage kommt etwas provozierend, daß sie auf das Münchner Oktoberfest gehen möchten. Ich sage ihnen, daß dieser Wunsch nicht realisierbar ist, daß mir aber die Anregung gefällt. Ich schlage deshalb vor, daß wir uns etwas vom Oktoberfest in die Gruppe holen, nämlich denn „Glückshafen". Die Männer stimmen zu, wobei einige meinen: „Da finden wir nur Nieten". Ich erkläre unbeirrt, daß sich jeder in dem „Glückshafen" ein „Glücksgeschenk" holen kann, daß für jeden von uns eins drin ist, das sich mit einem Erlebnis aus der Vergangenheit verbinden läßt:

Domenik will sofort beginnen. Er findet ein Auto und berichtet von einem schweren Autounfall. Er war gegen einen Baum gefahren und kam mit Rippenbrüchen ins Krankenhaus. Er meint, er hätte tot oder gelähmt sein können, und findet es als großes Glück, daß er noch so gut davon gekommen sei.

Viktor erzählt von seiner Flucht mit einem falschen Paß. Dabei trifft er in einem Hotel auf Menschen, mit denen er sich befreundet. Sie halten auch jetzt, während der Haft, zu ihm. Dies empfindet er als Glück. Aus dem Glückshafen hat er den Paß gezogen.

Willi findet zwei Dinge: einen Teller und einen Kalender. Der Teller erinnert ihn an das Mittagessen am Sonntag. Es gibt Koteletts. Auf allen Tellern liegen kleine Fleischstücke, auf seinem aber ein großes. Das macht ihn glücklich. Der Kalender erinnert ihn an seine erste Verhandlung. Er hat mit einer milden Strafe gerechnet, ist dann schockiert, als er erfährt, daß er mehrere Jahre einsitzen soll. Er dreht durch und will sich das Leben nehmen. Ein Beamter findet ihn noch rechtzeitig. Gerade die Zeit nach dem Selbstmordversuch im Krankenhaus und später dann in Freiheit erlebt er als die schönste Zeit seines Lebens.

Rudi erzählt von einem Christbaumdiebstahl in früheren Zeiten. Dabei gerät sein Auto ins Schleudern und bleibt mit einem Rad über einer Böschung hängen. Er fürchtet, es falle hinunter. Mit seinem Körper hält er die Balance. Da kommt ein Auto und der Fahrer hilft ihm. Darum hat er auch jetzt ein Auto gefunden, denn damit hat er Glück gehabt.

Karl findet das Foto seines Buben, der in einem Heim lebt. Das Glücksgeschenk liegt für ihn in der Zukunft: Der Bub geht einen geraden Weg und gerät nicht auf die schiefe Bahn. Karl meint, er selbst habe noch nie in seinem Leben Glück gehabt. Er ist mit zwei Frauen hereingefallen, und nun hat er diesen Wunsch für sein Kind.

Walter erzählt von einer Situation bei Gericht. Er hat im „Glückshafen" sein Urteil gefunden. Er war noch einmal gut davongekommen.

Fritz findet den Gesellenbrief als Kaminkehrer im „Glückshafen". Er ist sehr unsicher bei der Prüfung gewesen und hatte große Probleme. Der Gesellenbrief ist für ihn ein Glücksgeschenk gewesen.

2. Ein Beziehungsspiel schafft Nähe, vor der sich die Gruppe ängstigt

Beziehungsspiele, die Distanzen und Nähe, Konflikte und Bündnisse in der Gruppe aufzeigen, werden in der Regel von Gruppen sehr gerne aufgenommen. Die Möglichkeit, sich sowohl zeichnerisch wie auch verbal auszudrücken, findet großen Anklang. Als Gruppensymbol wählen die Strafgefangenen ein Dorf, in dem sie sich selbst als Häuser sehen wollen. Es macht sehr viel Freude, zunächst das Dorf zu skizzieren. Es soll ein typisch oberbayerisches Dorf werden. Im Gegensatz zu Beziehungsspielen in offenen Gruppen zeigt sich hier ein hoher Grad an Gemeinschaftsbedürfnis, wobei jeder einzelne bemüht ist, etwas für die Allgemeinheit herzugeben. Die Anlage der Häuser ist so, daß sie zum Treffpunkt für andere werden können. Die Wahl der einzelnen Häuser ist dabei von besonderem Interesse:

Da gibt es eine Almhütte auf halber Berghöhe mit Bänken vor der Hütte und einem Brunnen daneben. Wanderer können hier Milch und Butterbrote bekommen. Es wird Viehwirtschaft betrieben. Etwas weiter unten befindet sich ein Gasthof mit Metzgerei; Fremdenzimmer und Biergarten sind vorhanden. Am Rand des Dorfes ist ein alternativer Bauernhof mit Schafen. Der Bauer hat regen Kontakt zu den Schloßbesitzern und zum Pfarrhaus. Ein Schloß mit Zinnen nach allen Richtungen, einem Fenster und einer Türe dienen einem Schriftsteller als Wohnung. Ein Komplex aus Kirche und Pfarrhaus wird in der Mitte des Dorfes errichtet. Ein Forsthaus steht am Berghang und beliefert das Dorf mit Wildbret. Jenseits eines Baches befindet sich ein Kurhaus für Herzkranke mit Park, Kurkonzert und Bädern. In der Ortsmitte steht ein Prachtbauernhof mit großem Eingangstor, das wie das Tor eines Palastes wirkt. Lediglich zwei Beiträge lassen diese Bereitschaft, sich auf Kontakte einzulassen, vermissen: ein Haus mit hoher Hecke, Bäumen und Garage steht am äußersten Ende des Ortes, hat aber guten Anschluß an die Hauptstraße; ein unauffälliges, kleines Haus wird von einem Mann bewohnt, der seine Ruhe haben will.

Nach diesem Spiel erklären die Gruppenmitglieder, wie wohl sie sich fühlten; es sei so, als hätten sie in diesem Dorf gelebt. Sie gehen in gehobener Stimmung auseinander. Beim nächsten Gruppentreffen, eine Woche später, erklären sie, daß sie solche Spiele mit der „Häuserlbauerei" nicht mehr wollten. Sie wirken beunruhigt und aggressiv und schlagen sachbezogene Spiele aus dem problemzentrierten Bereich vor, zum Beispiel Beschwerdeführung, Wahrnehmung von Rechten, Anträge auf Ausgang und Urlaub.

Mit einer solchen Reaktion hatte ich als Gruppenleiterin nicht gerechnet, weil die Gruppe sich beim letzten Treffen in einem Hochgefühl getrennt hatte. Die Durchsicht der Protokolle ließ mich nun erkennen, daß fast alle Beiträge zwar die Nähe betonten, gleichzeitig aber auch Hinweise auf eine Distanz vorhanden waren: So befand sich die Almhütte außerhalb des Dorfes, auf halber Höhe. Der Gasthof hatte nachträglich eine Mauer eingebaut, die schalldämmend sein sollte. Der alternative Bauernhof stand am Rande des Dorfes. Das Schloß ließ nur ein Fenster und eine Türe nach außen gehen. Das Forsthaus war von hohen Tannen umgeben. Das Kurhaus für Herzkranke stand jenseits des Baches, außerhalb des Dorfes. Der Prachtbauernhof hatte als einziger keine derartige Einschränkung, aber ein Rieseneingangstor. Es zeigte sich also deutlich, daß offenbar eine hohe Bedürftigkeit nach Kontakt und Nähe bestand, daß diesem Bedürfnis aber Realitäten entgegenstanden: Mauern, Isolation, Abgrenzungen aller Art. Der Konflikt konnte nicht ausbleiben. Solange die Gruppe zusammen war, wurden die Bedürfnisse nach Kontakt sowohl geweckt als auch teilweise befriedigt. Die darauffolgende Isolation mußte also umso eher schwerfallen. Wären die divergenten Bilder sofort erkannt worden, hätte die Gruppe auf diese Konfliktsituation vorbereitet werden können. Da ich auf diesem Gebiet noch wenig Erfahrung hatte, mußte die Bearbeitung der Situation nachträglich stattfinden.

3. Problemzentriertes Arbeiten mit einer Gruppe strafentlassener Männer

Während die Klientel im Strafvollzug noch wenig motiviert ist, problembezogen zu arbeiten, ergeben sich für die Männer, die bereits ihre Strafe verbüßt haben und sich zur Gruppenarbeit treffen, laufend Schwierigkeiten und Aufgaben, für die sie nach Lösungen suchen. Es handelt sich hier um eine kleine Gruppe von sieben Männern, die in einem Wohnheim leben. Wir vereinbaren zunächst sechs Treffen. Auffallend ist zunächst eine außerordentlich geringe Sicht für Problemzusammenhänge. Die Männer stellen ihre persönliche Situation als hoffnungslose Verstrickung von Geschehnissen dar. Eine Änderung oder „Rettung" halten sie nicht für möglich. Es zeigt sich hier eine geradezu magische Haltung dem Schicksal gegenüber.

Für uns bedeutet dies, daß sowohl auf der Erlebnisebene gearbeitet werden muß wie auch die Handlungsebene zu betonen ist. Die Auswertung von *Erlebnisspielen* sollte nun dazu führen, eigene Anteile am Geschick zu erkennen. Die *problemzentrierten Spiele* dagegen sollten den Blick für die Realität öffnen und das Vertrauen in eigene Kräfte wenigstens ansatzweise herstellen.

Die Männer müssen erst lernen, sich mit ihrer eigenen Problematik zu befassen. Zunächst dominiert ausschließlich das Bedürfnis, „in den Sesseln des Clubraums zu sitzen und Kaffee zu trinken". An Problemen bringen sie dann ein: „Ich habe hohe Schulden. Was tun?"; „Ich fühle mich aus der Gesellschaft ausgeschlossen und möchte wieder zurück. Aber wie?"; „Mir würde der neue Beruf Spaß machen. Ich habe aber Angst davor, die erforderliche Leistung nicht zu erbringen"; „Was habe ich für Chancen, vom Alkohol loszukommen?" oder „Ich bin Strafentlassener. Kann ich das zugeben?"

Situationsspiele und Verhaltensmodifikationen sind gut geeignet, mit diesen Fragen umzugehen und Modelle anzubieten, die in die Realität übertragen werden können. Das Sozialtherapeutische Rollenspiel bietet auch Formen der Gesprächsführung, das *stützende Gespräch*, an, die in diesem Zusammenhang hilfreich sind.

Bei der Auswertung der sechs Gruppentreffen ergibt sich für uns als Leiter auch noch die Frage, ob es günstig ist, strafentlassene Männer mit zwei Frauen zu konfrontieren. Da die Männer erhebliche Probleme im Umgang mit dem anderen Geschlecht haben, glauben wir im nachhinein, daß es besser gewesen wäre, einen Mann und eine Frau als Gruppenleiter anzubieten. Damit wäre die Möglichkeit der Identifikation gegeben, und es hätten Konfliktsituationen leichter neutralisiert werden können.

III. Zusammenfassung

Die Erfahrungen mit dem Sozialtherapeutischen Rollenspiel bei strafgefangenen und strafentlassenen Männern haben gezeigt, daß diese Methode gut einsetzbar und hilfreich ist. Zumindest für diesen Personenkreis, den wir kennenlernten, scheint es wichtig, folgende Verhaltensbesonderheiten beim Spielangebot zu berücksichtigen: Da die Gruppenmitglieder eine infantile Realitätseinschätzung haben, ist es wichtig, die Realitäten besonders herauszustellen und Regressionen, die das Spiel erlaubt, wieder zurückzunehmen. Die Tendenz, lebensgeschichtliche Situationen so zu betrachten, als sei man diesen hilflos ausgeliefert, sollte durch Betonung eigener Handlungsmöglichkeiten rückgängig gemacht werden. Jede eigene zweckvolle Handlung, ja sogar der Versuch hierzu, sind positiv zu verstärken. Der Umgang mit Problemen sollte systematisch erlernt werden, wobei es wichtig ist zu erleben, daß Frustrationen mit vielfältigen Mitteln auch positiv beantwortet werden können. Der besonderen Situation, die eine Gruppengemeinschaft im Strafvollzug mit sich bringt, muß erhöhte Aufmerksamkeit entgegengebracht werden. Dem Wunsch nach Nähe und nach dem Erlebnis von Zusammengehörigkeitsgefühl steht die verordnete Isolation konflikthaft entgegen.

Literatur:
Rauchfleisch, U.: Dissozial. Göttingen 1981;
Rest, J.: Durchgehende Betreuung als zentrale Aufgabe ambulanter Straffälligenhilfe. Frankfurt 1982;
Frese, M./Schöfthaler-Rühl, R.: Kognitive Ansätze in der Depressionsforschung. In: Hoffmann, N.: Depressives Verhalten. Salzburg 1976, S. 58ff.

Das Sozialtherapeutische Rollenspiel im Bereich der Heimerziehung und Sonderpädagogik

SOZIALTHERAPEUTISCHES ROLLENSPIEL MIT KINDERN UND JUGENDLICHEN IM HEIM

Anton Blusch

I. Vorwort

Die Anwendung des Sozialtherapeutischen Rollenspiels ist primär im Behandlungsbereich von Erwachsenen vorgesehen. Die Begründerin dieses Ansatzes vertrat bislang die Auffassung, daß diese Methode nur sehr eingeschränkt bei Kindern anwendbar sei (Stein 1983, 32). Meine Erfahrungen mit Kindern und Jugendlichen haben nun gezeigt, daß das Sozialtherapeutische Rollenspiel, von einem ausgebildeten und erfahrenen Leiter angewandt, auch bei Kindern und Jugendlichen Erfolge zeitigt, die mit anderen Methoden nicht erreicht werden können. Meine Erfahrungen mit dieser Spielform in einer Kindergruppe zeigen, daß Hilfen gegeben werden können, um verborgene Sehnsüchte und Hoffnungen dieser „abgeschobenen Kinder" zum Ausdruck zu bringen und ihre tiefen Sorgen und quälenden Fragen, die sie ansonsten nie formulieren, an das Tageslicht zu bringen. Das Sozialtherapeutische Rollenspiel ermöglicht einen diagnostischen Beitrag zur Aufdeckung von Konflikten des Kindes und setzt im Zusammenspiel zwischen dem einzelnen Kind und der Gruppe, deren unbewußter Dynamik und der Steuerung durch den Spielleiter einen Prozeß der Veränderung in Gang, der neue Möglichkeiten des Erlebens und des Handelns ermöglicht. Solche Erfahrungen mit der Anwendung des Sozialtherapeutischen Rollenspiels bei Kindern in einem Heim darzustellen, ist Ziel dieses fachlichen Beitrags.

II. Die Ausgangssituation

Träger des Kinderheimes ist ein Verein in katholischer Trägerschaft. Das Heim besteht seit fast 80 Jahren und unterlag besonders in den letzten Jahren umfassenden pädagogischen Reformen. 1983 wurde es vollständig umgebaut. Es handelt sich um ein heilpädagogisches bzw. heilpädagogisch orientiertes Heim. Ihm sind erziehungsschwierige und hörgeschädigte Kinder anvertraut. Von den ca. 90 Kindern, die in 9 Wohngruppen leben, sind 48 Kinder im Rahmen der Jugendhilfe

(„erzieherische Hilfen") untergebracht und bedürfen einer langfristigen Fremderziehung. Eine Rückführung in die Ursprungsfamilie ist in den meisten Fällen unmöglich oder auf Jahre hinaus nicht denkbar.

Alle im Rahmen der Jugendhilfe untergebrachten Kinder erleben ein Dilemma: Sie müssen sich eine neue Heimat aufbauen, weil sie in ihrer Herkunftsfamilie nicht mehr leben können. Mir scheint es sehr wichtig zu sein, dieses Faktum der doppelten Zugehörigkeit zu berücksichtigen. Das Kind steckt in einem Loyalitätskonflikt zwischen Familie und Heim. Aus diesem Grunde kommen die Erzieher des Heimes eher nicht für die intensive Klärung der Beziehung des Kindes zu Vater oder Mutter in Frage.

Die Intention des Heimes ist es, den Kindern dieser Lebensgemeinschaft einen sowohl physischen als auch psychischen gesicherten Lebensrahmen anzubieten, der ihnen die Entwicklung von Vertrauens- und Bindungsfähigkeit ermöglicht. Natürlich ist dabei auch beabsichtigt, konkrete Verhaltensauffälligkeiten abzubauen, die die Kinder in ihrer Kontakt- und Arbeitsfähigkeit unmittelbar behindern. Betrachtet man die Störungen wie das Bettnässen, die Wutausbrüche, das Schuleschwänzen und die „Klauereien" weniger vordergründig, so sind die eigentlichen Probleme hinter solchen Symptomatiken klar erkennbar. Dazu zählen Selbstwert- und Leistungsprobleme, Bindungslosigkeit beziehungsweise wahllose Bindungsbereitschaft, Bindungsängste, Mißtrauen und so weiter. Häufig sind diese Symptome natürlich nicht deutlich sichtbar und waren auch meistens nicht der Grund für die Heimunterbringung. Erst im täglichen Leben mit den Erziehern und den anderen Kindern werden langsam diese Schwierigkeiten deutlich. Dennoch machen wir im Heim die Erfahrung, daß sich die Verhaltensstörungen unter veränderten Lebensbedingungen reduzieren lassen. Nebenbei bemerkt: diese Erfahrungen widersprechen der herkömmlichen Meinung, daß Heimerziehung solche Verhaltensstörungen erst produziert.

Insgesamt also wird die Ausgangssituation für die Anwendung des Sozialtherapeutischen Rollenspiels in unserem Hause geprägt von dem zumeist unfreiwilligen Einzug des Kindes ins Heim, von der allmählichen doppelten Zugehörigkeit des Kindes zur Herkunftsfamilie einerseits und zur Heimgruppe andererseits und schließlich von den Selbstwert- und Bindungsproblemen des Kindes, die sich in verschiedenen Symptomatiken niederschlagen.

Langfristiges Ziel unseres pädagogischen Bemühens ist es, die Entwicklung des Kindes zu einem autonomen jungen Menschen mit persönlichen Werten, Lebensvorstellungen und Bindungen zu fördern.

III. Der Einsatz des Sozialtherapeutischen Rollenspiels

Die Grundlagen für eine solche Persönlichkeitsentwicklung will auch das Sozialtherapeutische Rollenspiel durch die Auseinandersetzung mit der eigenen Biographie schaffen. Insbesondere die Beschäftigung mit dem Thema „Familie" spielt in unserem Heim eine besondere Rolle, fühlen sich unsere Kinder von ihren Eltern und Angehörigen doch in irgendeiner Form abgeschoben. Der Wunsch nach Geborgenheit und Sicherheit wurde ihnen bislang möglicherweise nie erfüllt. Die meisten Kinder sind, wie erwähnt, nicht freiwillig zu uns ins Heim gekommen. Sie müssen die Mitarbeiter des Heimes notwendigerweise recht fremd, wenn nicht gar feindlich erleben. Dies erschwert natürlich Gespräche über die Herkunftsfamilie oder über traumatische Erlebnisse des Kindes.

Das Sozialtherapeutische Rollenspiel ermöglicht dem Kind, durch die Beigabe konkreter Situationen über tabuisierte Probleme zu sprechen, ohne sich als Verräter der Eltern zu fühlen. Damit wird eine intensive Auseinandersetzung mit seiner eigenen Biographie möglich; ja, diese gehen bis zum eigenen, selbständigen Versuch, Erklärungen für den Heimaufenthalt zu finden, die über die „schonenden Formulierungen" von Eltern und Sozialpädagogen weit hinausgehen. Gelingt einem Kind dieser Schritt, fühlt es sich anschließend weniger stigmatisiert und entwickelt − selbst in der Rolle des „Abgeschobenen" − langsam ein neues tragfähiges Selbstbewußtsein. Bis dahin ist es ein langer Weg. Die Rolle, ein Heimkind zu sein, zu akzeptieren, sich von den versagenden Eltern zu trennen und sich von Wunschvorstellungen zu distanzieren, alles dies geht häufig nur über einen langen Prozeß der Auseinandersetzung und Trauer.

Auf diesem Hintergrund geht es mir in dieser Darstellung um die Klärung folgender Fragen:

a. Was bringt meine Sozialtherapeutische Rollenspielgruppe den Kindern?

b. Welche Relevanz hat diese therapeutische Gruppe für die weitere pädagogische Betreuung des Kindes?

c. Inwieweit trägt das Sozialtherapeutische Rollenspiel zur Lösung von Erziehungsproblemen im Heimalltag bei? Wird die Lebenssituation im Heim durch diese Methode für das Kind leichter ertragbar?

d. Welche Erfahrungen aus dem Sozialtherapeutischen Rollenspiel kann ein Kind in seinem Alltag umsetzen?

IV. Die Rollenspielgruppe

Die Gruppe, die seit einem Jahr besteht, setzt sich aus 5 Jungen und 4 Mädchen im Alter zwischen 12 und 15 Jahren zusammen. Es handelt sich um sogenannte „erziehungsschwierige Kinder", die im Rahmen der Freiwilligen Erziehungshilfe, der Fürsorgeerziehung und Hilfe zur Erziehung im Heim leben. Keines dieser Kinder und Jugendlichen ist freiwillig im Heim. Ihre bisherige Aufenthaltsdauer im Heim bewegt sich zwischen zwei und zehn Jahren.

Das Sozialtherapeutische Rollenspiel wird im Rahmen des „Freizeitkalenders" angeboten. Der Besuch des Angebots ist freiwillig. Die Kinder und Jugendlichen rekrutieren sich aus drei verschiedenen Heimgruppen. Nach dem Einführungsabend, der unter dem Titel „Ist das was für mich?" lief, hatten die Kinder die Möglichkeit, sich für ihre weitere Teilnahme zu entscheiden. Seit der Entscheidungsfindung trifft sich die Gruppe in konstanter Zusammensetzung regelmäßig alle 14 Tage, jeweils mittwochs von 19.00 bis 21.00 Uhr. Die Gruppenmitglieder empfinden die Teilnahme als eine willkommene Abwechslung zur Alltags- und Schulsituation nach dem Motto „Hier dürfen wir auch mal spielen, was wir wollen."

Die Gruppenzusammenkunft gliedert sich jeweils in drei Phasen:
In eine Anfangs- und Anwärmspielphase, während der die Kinder selbst Spielangebote machen oder sich Spiele wünschen (a.), in eine zweite Phase, die der Gruppenleiter gestaltet (hier werden zur Bearbeitung von Problemen Spiele aus dem Sozialtherapeutischen Rollenspiel angeboten) (b.), und in eine dritte Phase, in der „Konflikte bearbeitet" werden, die das Gruppengeschehen bestimmen (auch hier werden Elemente aus dem Sozialtherapeutischen Rollenspiel verwendet) (c.).

a. Anfangs- und Anwärmphase
Sie steht ganz im Zeichen des gemeinsamen Spiels aller Teilnehmer. Die Kinder und Jugendlichen bringen ein vielfältiges Angebot in die Gruppe mit. Es wird gemeinsam entschieden, was jeweils gespielt wird. In dieser Phase wird die Verantwortung und Führung mehr den Kindern überlassen. Einige Beispiele, welche Spiele die Kinder favorisieren: Mühle spielen mit Personen, Pantomime, alleine oder mit zweien und mehreren zusammen, Berufe raten und so weiter. Hier wird Raum für die individuelle Gruppenentwicklung gegeben. Kinder und Jugendliche erleben sich und den anderen in einer neuen, kreativen Situation.

b. Die vom Gruppenleiter gesteuerte Phase
In dieser Phase wird der Gruppe aus dem Sozialtherapeutischen Rollenspiel ein Angebot unterbreitet, das passend für die beobachtete Gruppensituation ist und einschlägige Themen aufgreift.

c. Die Phase der Konfliktbearbeitung

Die Arbeit in der Gruppe ist oft geprägt durch direkte und indirekte Aggressionen, die die Kinder und Jugendlichen beispielsweise von ihren Wohngruppen mitbringen. Die Möglichkeiten, diese Konflikte und Beziehungsstörungen auszusprechen, werden vom Leiter als ein wichtiger Bestandteil der Gruppenarbeit angesehen. Bei dieser Konfliktberatung fließen immer wieder Elemente aus dem Sozialtherapeutischen Rollenspiel ein.

Das meines Erachtens wichtigste Moment im Versuch, Kindern bei den beschriebenen Erfahrungen und Schwierigkeiten zu helfen, liegt darin, ein gesundes therapeutisches Milieu aufzubauen. Dieser wird einerseits durch die Person des Gruppenleiters hergestellt, zum anderen durch einen entsprechenden anregenden und ungestörten Rahmen.

V. Spielformen, Problembeschreibungen und Auswertungen

Die folgenden Beschreibungen und die anschließenden Auswertungen basieren auf zwei Spielformen: dem *Phantasiebild* (1.) und dem *Erlebnisspiel* mit Bedeutungs-Feedback (2.)

Beim hier dargestellten *Phantasiebild* handelt es sich um den „fliegenden Teppich". Ich wählte dieses Bild deshalb, weil es jenen Kindern entgegenkommt, die sich eine Traumwelt aufbauen. Die Anwendung der Spielform „Phantasiebild" eröffnet dem Gruppenleiter einen Einblick in diese Kinderwelt.

Aus den Möglichkeiten des *Erlebnisspiels* mit Bedeutungs-Feedback wurde der „Wünsche-See" ausgewählt. Wie später dargestellt, geht es dabei überwiegend um die Problematik der Trennung von den Eltern. Die Kinder werden hier erstmals, und zwar in therapeutischer Form, mit ihrer Trauer konfrontiert, die, zum Teil verdeckt, immer wieder in Form von Wut und Zorn in Erscheinung tritt.

Bevor ich über die Erfahrungen aus diesen drei Spielformen berichte, muß ich darauf hinweisen, daß die Darstellung einer eingegrenzten Zielsetzung folgt beziehungsweise in ihrem Aussagewert eingegrenzt werden mußte: Ziel dieser Darstellung ist es vor allem, einen Einblick in die Wirkung des Sozialtherapeutischen Rollenspiels zu geben. Damit soll der Nachweis dafür geliefert werden, daß diese Methode für Kinder und Jugendliche in seiner Anwendung durchaus geeignet ist und zu einer allmählichen Problembewältigung beitragen kann. Die einzelnen methodischen Schritte werden nicht näher beschrieben, weil meines Erachtens die Gefahr besteht, daß interessierte pädagogische Mitarbeiter Beschreibungen dieser Art quasi „experimentell" übernehmen, ohne die nötigen Erfahrungen und das nötige Wissen bezüglich dieser Methode zu haben. Die Begrenztheit der methodischen Darstellung entspricht überdies der Schutzbedürftigkeit der Kinder und Jugendlichen. Diese Schutzbedürftigkeit ist es auch, die es verbietet, den biographischen Hintergrund der später genannten Kinder genauer auszuführen.

Die Gruppe, in der das Sozialtherapeutische Rollenspiel angewandt wurde, umfaßt 9 Teilnehmer. In dieser Darstellung werden nur 4 Mitglieder exemplarisch beschrieben: Ursula, 14 Jahre alt, Helma, 12, Bernhard, 15, und Florian, 12.

1. Das Phantasiebild „Der fliegende Teppich"

Die Gruppenmitglieder suchen sich in ihrer Phantasie einen Teppich aus und sind aufgefordert, mit diesem eine Reise in ihre eigene Traumwelt anzutreten. Bemerkenswert ist, daß die Kinder bei dieser und ähnlichen Spielformen zu einer Stille und „inneren Einkehr" fähig sind, die ihnen im Alltag meist nicht gelingt. Dies ist ein Zeichen dafür, wie sehr sie sich in den Spielformen des Sozialtherapeutischen Rollenspiels selbst finden können. Ihre Erlebnisse können sie dann den anderen mitteilen. Daß ihnen dies wichtig ist, zeigt auch der Name, den sie selbst der Sozialtherapeutischen Rollenspielgruppe gaben: „Erzählgruppe".

1.1. Die Bilder der Kinder

Das Phantasiebild von Bernhard

Zuerst habe ich alle Sachen zusammengepackt, die ich so brauche, und dann bin ich weggeflogen. Ich habe mir gedacht: Jetzt bleibst du noch über der Stadt und schaust, was es da so gibt. Dann bin ich weiter geflogen, nach Nürnberg, und dann noch weiter weg. Dem Teppich habe ich befohlen, er soll ein paar Runden um die Welt drehen. Dann bin ich eingeschlafen. Plötzlich ist ein Windstoß gekommen, und ich bin wieder aufgewacht. Dann wollte der Teppich runtergehen. Ich hab' ihn aber grade noch gehalten, damit er auf der gleichen Höhe bleibt. Dann war ich endlich in dem Land, wo ich hinwollte: im Wunderland. Da gibt es verschiedene Tiere, die man nicht kennt, und Menschen gibt es da auch; aber nicht so viele. Und Inseln gibt es da, Bäume, Seen und viele Häuser. Dann habe ich im See gebadet.

Das Phantasiebild von Helma

Ich bin mit meinem Teppich ganz weit weggeflogen − dorthin, wo es keinen Streit miteinander gibt und wo jeder das Nötigste hat, was er braucht. Mein Teppich ist aus Stoff, und es sind auch Palmen drauf. Ich habe zu meinem Teppich gesagt: Komm, jetzt machen wir beide ganz alleine eine Reise! Zu meiner Mutter habe ich gesagt: Gib mir Geld, damit ich eine schöne Reise machen kann, bis die Schule wieder anfängt! Dann bin ich losgeflogen.

Irgendwann wollte ich nicht mehr weiter und bin in einem Hotel gelandet. Ich habe das Geld bezahlt, für eine Übernachtung. Am Abend habe ich mir noch ein feines Essen bestellt und noch einen Abenteuerfilm angeschaut. Dann bin ich ins Bett. Als ich wieder aus dem Hotel rausgegangen bin, habe ich den Koffer auf den Teppich gelegt und gesagt: Komm, jetzt fliegen wir weiter! Der Teppich ist sofort hoch. In der Luft war ich ganz arg müde und habe gesagt: Teppich, ich schlafe jetzt eine Weile, bring mich hin, wohin ich will: in die Märchenwelt! Da hat er mich eine Weile getragen. Ich bin aufgewacht, weil ich Hunger hatte. Ich habe eine Decke ausgebreitet und habe mich hingehockt. Dann bin ich weitergeflogen in die Märchenwelt: Ich habe Hexen gesehen, Prinzessinnen, Prinzen und sprechende Tiere. Dann habe ich noch Wurzelmännchen, so kleine bucklige, gesehen und − auf einmal − ganz kleine Zwerge. Ich bin mir vorgekommen, als ob ich in einem Märchenbuch gelandet wäre. Zuletzt bin ich auf einem Wunderpferd geritten, auf einem Einhorn. Das ist ganz schön. Wir flogen rauf in den Himmel, wo die schönen Sterne sind. Das ist schon immer mein Wunsch gewesen. Einen Sternkönig hab ich auch noch getroffen. Der hat mir eine Kutsche gegeben, an der vorne Rehböcke dran waren. Dann habe ich all' die armen Kinder gesehen und gedacht: Ich hab' ja von meiner Mutti Geld bekommen, da kaufe ich was für die Kinder. Da habe ich den Armen 'was zu Essen gegeben.

Das Phantasiebild von Florian

In meinem Teppich waren Streifen drin, bunte Streifen. Der Teppich sagte, er sei so groß, damit ich raufpasse. Dann bin ich losgeflogen und habe gesagt: Los, jetzt machen wir 'mal eine Reise. Zuerst bin ich hier herumgeflogen, dann nach München zum Flugplatz. Da habe ich mich ausgeruht und habe meinen Teppich unter der Hand mitgenommen. Dann hat der Lautsprecher gesagt: Jetzt kommt der Flug nach Soundso. Zuerst bin ich mit dem Teppich neben dem Flugzeug hergeflogen, aber das ist dann in eine andere Richtung geflogen. Ich bin über das Gebirge geflogen, in ein wärmeres Land, nach Tunesien. Unterwegs wollte ich runter, in die Stadt Venedig, aber das hätte mich so gestreßt, denn da war alles voll, alles überfüllt. Ich habe mir gedacht: fliege noch ein Stückchen weiter! So bin ich am Meer entlanggeflogen. In der Mitte vom Meer war so ein kleines rundes Ding, eine Insel. Nein, es war doch keine Insel, es war ein Holzfloß. Darauf habe ich mich dann gesetzt, Brotzeit gemacht und bin dann weitergeflogen. Nach ein paar Stunden habe ich ein Schiff gesehen, ein verlassenes Schiff. Ich bin drauf und ein bißchen damit herumgefahren. Anschließend bin ich in eine ganz andere Welt gekommen. Da war alles toll. Alles war da grün, nur Wald. Da waren dann noch ein paar Häuser und ein Bach. Ja, das war schön, etwas ganz Besonderes ...

Nachdem die Kinder ihre Bilder erzählt haben, fragt der Gruppenleiter die Kinder: „Was ist mit meinem Teppich passiert? Wo ist er jetzt? Wo bin ich mit meinem Teppich?"

Bernhard

Ich habe meinen Teppich, als ich im Wunderland angekommen bin, zusammengerollt und gut versteckt. Dann bin ich zwei Monate dort geblieben, in diesem Wunderland. Ich habe mir alles angeschaut, wie es da einem so geht. Ich habe mit manchen Menschen gesprochen und habe auch bei ihnen übernachtet. Die verschiedenen Tiere habe ich mir angeschaut, wie sie so sind. Nach den zwei Monaten habe ich mir gedacht: Jetzt muß ich mich allmählich auf die Socken machen! Dann habe ich den Teppich ausgegraben, er war nämlich tief vergraben. Ich habe ihn ausgebreitet – und dann sind wir los. Da hat er angefangen zu schweben und ist auch noch ein paar Runden über das Land geflogen. Dann sind wir zurück, über Wälder, Wiesen und Täler und über's Meer und über's Gebirge. Ich habe die Zugspitze angeschaut. Mensch, ist die hoch! Da war ich noch zwei oder drei Tage. Dann bin ich heimgeflogen, gleich hierher.

Helma

Also, ich war immer noch oben bei den Sternen, bei der goldenen Kutsche, mit dem goldenen Rehbock. Der König der Sterne hat mich dann ausgesetzt. Den goldenen Rehbock hat er mir gegeben. Da bin ich wieder runter in die Märchenwelt und nach ein paar Jahren oder Monaten oder Tagen war ich total anders. Ich habe schönes langes, prächtiges Haar gehabt und eine Krone. Da bin ich mir ganz anders vorgekommen. Weil ich nichts anderes hatte, habe ich alles angelassen. Dann bin ich wieder zu meinem Teppich gegangen und habe alles eingepackt. Ich habe mir gedacht: Ich komm' mir so richtig blöd vor in diesen Königskleidern. Und dann bin ich geflogen und geflogen. Ich bin in einem Land angekommen, wo man Prinzessinnen nicht kennt. Mit dem Gewand bin ich dort gelandet und da kam ein Mann vorbei, der hat irgendetwas gesagt, aber ich habe es nicht verstanden. Dann ist ein Deutscher gekommen, der hat gesagt: Wer bist denn du? Du hast ja ein doofes Gewand an! Ich habe gesagt: Ja, was kann ich dafür, ich habe halt ein Königsgewand an. Da hat der Mann gesagt: Wir schmeißen dich wieder raus. Jetzt haust du sofort wieder ab! Da bin ich zu meinem Teppich gegangen und hochgeflogen. Da hat der Mann doof geschaut und gesagt: Komm zurück! Aber ich habe gesagt: Jetzt mag ich auch nicht mehr. Du hast mich so angeschrien! Dann bin ich geflogen und geflogen und wieder nach München gekommen. Ich habe noch das Gewand angehabt, als ich runterging. Ein kleiner Junge ist vorbeigelaufen, der hat gesagt: Jetzt ist noch nicht Fasching. Fasching kommt erst in einer Woche. Da habe ich gesagt: Ich war in der Märchenwelt. Ich habe es jedem erzählt, bloß: die haben es mir nicht geglaubt. Dann bin ich zu meiner Mutti gegangen und habe ihr alles erzählt. Und da hat sie gesagt: Du willst ja nur auffallen! Ich habe gesagt: Nein, das ist die volle Wahrheit! Da hat Mutti so eine Wut bekommen, daß sie mir meinen schönen Teppich zerrissen und in die Tonne geschmissen hat. Ich habe geweint. Und am nächsten Tag habe ich alles vergessen. Wenn man so einen Teppich ganz gerne hat, und die Mutter zerreißt ihn, dann gibt das einen Riesenschmerz – wie wenn das Herz zerrissen wird.

Florian

Ich bin dann auch von meiner Welt nicht heimgeflogen (ins Kinderheim, Anm. d. Verf.), sondern der Teppich ist dahin geflogen, wo meine Mama ist. Wir sind wieder übers Meer geflogen und über die Wolken. Dann kam ein riesiger Garten; alles war groß, und auch drei Hunde waren dort. Dann sind wir heimgeflogen, und Mama hat gesagt: Ich habe eine Überraschung für dich. Schau, ich habe einen Stall gekauft, einen Reitstall, mit Pferden und mit Pflegern, wie in einem richtigen Gestüt! Dann habe ich zu meiner Mama gesagt: Schau, ich habe für dich auch ein Geschenk! Ich habe ihr den fliegenden Teppich gezeigt. Da hat sie sich gefreut und hat ihn dann aufgehängt. Das war super.

1.2. Auswertung der Bilder

Das Sozialtherapeutische Rollenspiel kann dem Kind helfen, seine Gefühle zu erkennen, und es ermutigen, diese Gefühle nicht abzuwehren, sondern sie zu ertragen und altersentsprechend zu äußern. Es liegt weitgehend in der Hand des Gruppenleiters, dem Kind beim Wahrnehmen, Ertragen und Ausdrücken seiner Gefühle zu helfen. So bietet das Sozialtherapeutische Rollenspiel die Chance, stützend auf die Trauergefühle des Kindes einzuwirken oder – in der Artikulation von Wünschen – Ansätze für eine Stärkung des Selbstvertrauens zu finden.

Bei Helma wird der Wunsch nach einer besseren Welt geäußert, in der es keinen Streit mehr gibt und dem „armen Kind" geholfen wird. Auch die Ablehnung durch Vater und Mutter kommt deutlich ans Tageslicht. Analog zu ihrer Realität wird Helma auch in ihrem Phantasiebild von einem Mann, dem Vater, rausgeschmissen. Sie erlebt auch ihre Mutter wieder, die ihr einerseits Freiheit und Geld gibt, andererseits aber eine eigene Entwicklung Helmas nicht zuläßt und sie nicht ernst nimmt (der Teppich wird zerrissen). Um ihr Leben erträglicher zu machen, schlüpft Helma in die Phantasiewelt der Prinzessin. Hierin spiegelt sich auch der Alltag Helmas wieder, den sie mit dem Erzählen phantastischer Geschichten und der Idealisierung ihrer Mutter auffüllt.

Nach seinem Ausflug nach Tunesien fliegt Florian nicht „heim" (er meint damit das Heim), sondern zu seiner Mutter. Bei ihm ist die Sehnsucht vorhanden, dort zu sein, „wo meine Mama ist". Diese ist in Wirklichkeit aber im Gefängnis. Florian rettet sich in seine frühere, als besser erlebte Welt, die materiell mehr, nämlich auch Pferde, zu bieten hatte. Menschliche Nähe erfährt Florian in seinem Phantasiebild lediglich bei der Mutter. Andere Kontakte überfordern ihn, sie „stressen". Florian begegnet in seinem Phantasiebild keinem Menschen, nur seiner Mutter. Er zieht in seine eigene, dingliche Welt.

Sein Phantasiebild bestätigt so die Erfahrungen, die wir mit Florian im Heim erleben.

Bernhard dreht mit seinem Teppich (mit seinem Mofa) mehrere Runden um die Welt. Er sieht viel und nimmt mit Menschen Kontakt auf, bei denen er vorübergehend bleibt (übernachtet). Der Teppich, den er tief vergraben hat, symbolisiert nicht nur, daß er ihn, wie viele seiner materiellen Sachen, vor dem Zugriff anderer bewahren möchte. Er steht symbolisch auch dafür, daß er niemanden an sich herankommen lassen möchte. Realiter ist Bernhard nämlich mit seinem Mofa ständig unterwegs. Für die Mitarbeiter ist es schwierig, einen Zugang zu Bernhard zu finden. In seinem Leben gibt es, ähnlich wie in seinem Phantasiebild, viele Menschen, aber keine feste Bezugsperson. Dennoch ist er zum Schluß „heimgeflogen, gleich hierher" – ins Heim.

Wie alle diese Beispiele zeigen, haben die Kinder mit Hilfe des Phantasiebildes die Möglichkeit, zu regredieren und sich eine Phantasiewelt aufzubauen. Diese steht in unmittelbarem Zusammenhang mit ihrer realen Lebenssituation. Wenn diese Lebenssituation, insbesondere die Trennung von den Eltern, vom Kinde kaum mehr ertragen wird, wird es entweder von Selbstzweifeln und Mißtrauen überwältigt oder es nimmt Zuflucht zu Traumbildern. Die Fähigkeit zum Wahrnehmen, zum Ertragen und Äußern von Trauer und Groll kann vorübergehend oder dauernd gestört werden. Wenn somit die Toleranzschwelle des Kindes für unlustvolle Erlebnisse überschritten ist, kann es die Unerfülltheit seiner Sehnsüchte, die blieben, noch weniger ertragen. Um so mehr ist das Kind auf die Hilfe angewiesen, die es von seinen Angehörigen oder von seinen Bezugspersonen im Heim erhält.

Das Sozialtherapeutische Rollenspiel ermöglicht nun den Kindern und Jugendlichen, einen Teil ihrer Geschichte und ihrer Sehnsüchte nachzuerleben und wahrzunehmen. Das Kind sollte aber auch lernen, zu irgendeinem Zeitpunkt zuverlässige, neue Wege zu gehen, um möglichlicherweise nicht in Enttäuschungen und Sehnsüchten zu ersticken. Ein wichtiger Schritt zur Befreiung kann dabei das Sozialtherapeutische Rollenspiel sein. In spielerischer, phantasievoller Form kann das Kind sich selbst und seine Wünsche nach Nähe, Zärtlichkeit und Liebe erkennen und Eigenkräfte dafür entwickeln, neue und eigene Wege zu gehen.

2. Das Erlebnisspiel „Der Wünsche-See"

Einleitend beschrieb ich die schwierige Lebenssituation der Kinder, die mit einer großen „biographischen Last" ins Heim kommen. Im

Leben dieser Kinder spielen Trennungserfahrungen und der Umgang mit dieser Trauer eine besondere Rolle. Die emotionale Belastung, die damit verbunden ist, kommt im Heimalltag immer wieder zum Ausdruck. Doch es gibt viele Möglichkeiten, sich der Auseinandersetzung mit Trennung und der Trauerarbeit zu entziehen. Der normale Alltag der Schule, die Hausaufgaben, die Freizeitangebote und die Dynamik in der Gruppe, alles dies kann die Auseinandersetzung mit der eigenen Person und ihrer Geschichte verhindern.

Auf diesem Hintergrund bot ich in der „Erzählgruppe" ein *Erlebnisspiel* mit Bedeutungs-Feddback an. Das angebotene Erlebnisspiel hat den Namen „Wünsche-See". Die Kinder sitzen dabei um einen imaginären See, in dessen Wasser sie blicken und nach Gegenständen suchen sollen. Die vom Kind dabei gemachten Entdeckungen haben zumeist mit erfüllten und unerfüllten Wünschen zu tun. Der Austausch in der Gruppe ermöglicht es sowohl dem Erzählenden als auch den Zuhörern, die eigenen Wünsche und die der anderen bewußter zu „begreifen".

2.1. Austausch in der Gruppe

Der Austausch in der Gruppe über die Entdeckungen im See nimmt folgenden Verlauf:

Ursula: Ich habe ein Bild von meiner Mutter gefunden. Daß meine Mutter noch lebt, das wäre mein größter Wunsch.

Helma: Früher war's bestimmt schön für dich mit deiner Mutter.

Ursula: So schön war's auch früher nicht. Mein Vater hat meine Mutter nämlich geschlagen.

Helma: Aber als du kleiner warst, noch ganz klein, da war's doch sicher schön...

Gruppenleiter: Was würde es für dich bedeuten, Helma, wenn du das Bild deiner Mutter gefunden hättest?

Helma: Für mich ware es die schönste Freude auf der ganzen Welt, weil für mich meine Mutter mein ein und alles ist. Jetzt hat man ja niemanden mehr, der einen pflegt und der Liebe schenkt. Da habe ich jetzt die Erzieher, und die Ursula (die Schwester von Helma, Anm. d. V.) hat auch ihre Erzieher. Die sind fast wie meine Mutter, die sind jetzt sozusagen meine Eltern. Das Bild von meiner Mutter ist ganz schön. Wenn ich es anschaue, dann würde ich nur noch einschlafen und gar nicht mehr aufwachen wollen. Ich bin ja aus dem Bauch meiner Mutter gekommen, und die hat mich aufgezogen. Ich habe es ihr zu verdanken, daß ich auf die Welt gekommen bin. Ich weiß nicht, ich kann mich irgendwie von meiner Mutter nicht trennen. Irgendwie habe ich sie ganz lieb. Und das verzeih ich ihr nicht, daß sie mich hierher gebracht hat.

Florian: Ich habe auch nur noch meine Mama. Mein Papa ist ja weg. Ich mag meine Mama sehr gern. Ich bin mit ihr immer alleine gewesen, ich war mit ihr

immer zusammen. Ich hab' ja auch bloß noch meine Mama. Den Papa möchte ich aber auch gern wiedersehn. Aber der ist in Amerika. Ich sehe ihn nie. Ich möchte halt gerne wieder, daß mein Papa meine Mama heiratet.
Helma: Ich hab' zwei Freundinnen. Der Vater von ihnen hat Selbstmord gemacht. Der kommt nie mehr. Das ist richtig komisch, wenn ich daran denke. Der Vater hat deshalb Selbstmord gemacht, weil die Mutter einen anderen Freund gehabt hat, und da hat er sich aufgehängt.
Gruppenleiter: Bernhard, was war gerade mit dir? Du hast gesagt: „Oh, mein Gott!"
Bernhard: Weil meine Mutter seit der Scheidung auch einen anderen Freund hat. Da denke ich halt, daß das mein Papa auch macht, daß er auch auf die Idee kommt. Das wäre schlimm.
Gruppenleiter: Dir bedeutet dein Papa sehr viel.
Bernhard: Ja, mehr als meine Mama. Das wäre schlimm.
Florian: Also, nach dem Tod gibt es dort ein Weiterleben. Das denke ich mir immer in der Nacht. Also, wenn ich mal tot bin, dann bin ich ja weg, wie wenn ich schlafen würde. Ich spüre ja dann auch nichts mehr. Aber ich kann ja nicht für immer wegbleiben, dann bin ich genauso wieder auf der Welt oder träume.
Gruppenleiter: Jeder von uns hat irgendwo und irgendwann 'mal ein trauriges Erlebnis. Auch ich habe sehr früh meinen Vater verloren und habe oft den Wunsch, daß er da wäre.
Ursula: Mein Wunsch wird nie in Erfüllung gehen.
Gruppenleiter: Und das macht dich arg traurig. Könntest du dir vorstellen, daß es irgendwo Menschen gibt, die dich sehr gerne mögen.
Ursula: Ja ...

Im weiteren Verlauf schildern die anderen Gruppenteilnehmer ihre Bilder, Wünsche und Sorgen. Der Gruppenleiter beschließt den Abend daraufhin wie folgt:
Gruppenleiter: Ich bin mit euch in der Gruppe sehr zusammengewachsen. Ich finde es sehr mutig von euch, daß ihr eure traurigen Erlebnisse erzählt habt.
Ursula: Das Bildersuchen und das Erzählen hat mir heute schon gefallen, obwohl es sehr traurig war.

2.2. Auswertung
Die Ausführungen geben nur einen Ausschnitt des damaligen Spieleabends wieder. Die Beiträge zeigen jedoch deutlich, daß die Kinder überwiegend regressive Formen zur Bewältigung von Trauer und Trennung benützen. Die Kinder begeben sich in ihrer Phantasie in ein intaktes Elernhaus, das sie in der Realität jedoch so nie hatten. Die narzißtischen Verschmelzungswünsche werden deutlich ausgesprochen. Die Realität wird zunächst geleugnet. Die Kinder wollen geliebt sein. Gleichzeitig können sie ihre Enttäuschungen nicht leugnen. „Schlafen" und „tot sein" erscheinen ihnen als Möglichkeit, der

Härte der Realität zu entfliehen. Dieser Lösungsversuch wird auch den Eltern zugetraut.

Als die anderen Kinder das von Ursula aufgeworfene Thema aufgreifen, ist zu beobachten, daß sich die Mädchen überwiegend mit dem Bild ihrer Mutter und die Jungen sich primär mit dem Bild ihres Vaters auseinandersetzten. Neben den dabei geäußerten narzißtischen Phantasien werden bereits Kompensationsmöglichkeiten deutlich: Die Familie ist zwar das größte Glück, aber es entsteht eine „Ersatzfamilie". Die Erzieher sind unsere Eltern. Wunsch und Realität fangen an, sich zu trennen. Die Realität gewinnt an Bedeutung. Auf Regressionen könnte zunehmend verzichtet werden, wenn die neuen Beziehungen sich als tragfähig erweisen. Dies stellt für die Kinder eine große Anforderung dar; denn noch sind sie „zerrissen".

Helma beispielsweise versucht wohl am intensivsten, zu fliehen. Sie weiß aber, daß man nicht immer „schlafen" kann, daß es ein „Aufwachen" gibt, das mit dem Unangenehmen konfrontiert. Bei Bernhard ist die Scheidungssituation der Eltern deutlich in seinem emotionalen Hin- und Hergerissensein spürbar. Die Eltern wären sicherlich erstaunt zu erfahren, daß Bernhard gegen die Scheidung der Eltern ist, auch wenn Zank und Streit das Familienleben bestimmen. Für Bernhard ist es ein erstaunlicher Schritt, über die ihn belastende Situation in der Gruppe zu sprechen und sich damit auseinanderzusetzen.

Der Gruppenleiter versucht, das Selbstwertgefühl der Kinder zu stärken. Sie müssen und können lernen, eigene Kräfte zu entdecken. Er unterstützt auch die neuen Beziehungen, die außerhalb des Elternhauses entstehen (können). Darüber hinaus aber bietet er sich den Kindern als Identifikationsfigur an: Auch er hat früh seinen Vater verloren.

Das Aussprechen der Angst versetzt die Kinder in die Lage, ihre Trauerarbeit zu beginnen. Die erzählende Form in der Gruppe, in der zuvor gespielt wurde, erleichtert es ihnen, sich mit ihrer Bedrückung und Belastung zu befassen. Damit bietet sich ihnen die Möglichkeit, ihre Trauer in den Griff zu bekommen. Ohne eine solche Auseinandersetzung müßten die Sehnsüchte der Kinder an der Wirklichkeit ihrer Vergangenheit und Gegenwart zerbrechen. Die aktuell erfahrbare Unterstützung durch den Gruppenleiter, der stellvertretend für die Mitarbeiter des Hauses steht, ermöglicht es den Kindern, stärker neuen Boden unter den Füßen zu spüren, nämlich die (relative) Sicherheit, die sie in der Gemeinschaft mit anderen Kindern und mit Mitarbeitern des Heimes finden können.

VI. Zusammenfassung

Wie diese Ausführungen zeigen, bietet das Sozialtherapeutische Rollenspiel auch bei Kindern und Jugendlichen die Möglichkeit, gemeinsam eine „Reise ins Innere" zu unternehmen. Diese Reise öffnet die Tür, hilft vielleicht, nur einen Spalt weit hineinzuschauen und mehr Licht in die Dunkelheit zu bringen. Konkret heißt das: Die Kinder und Jugendlichen können in phantasievoller Form ihre Wahrnehmung erweitern und ihre Einstellung zu früheren oder augenblicklichen Erlebnissen kennenlernen. Sie bekommen die Chance, sich in sich selbst und in andere einzufühlen, ihre Probleme zu verbalisieren, ihre Zusammenhänge zu erkennen und sich realistischere Befriedigungs- und Lebensformen zu suchen.

Wir können aus den Berichten entnehmen, daß durch das Sozialtherapeutische Rollenspiel das Innere des einzelnen, aber auch die Gruppe, in Bewegung gerät. Dabei ist es wichtig, daß der Gruppenleiter sehr behutsam mit den einzelnen Problemen der Kinder und Jugendlichen umgeht. Die Kinder brauchen seine Begleitung und Stütze, damit einerseits die große Zahl der „Themen" nicht zerrinnt und damit andererseits die Kinder nicht an ihren „Wunden verbluten". Durch die Methode des Sozialtherapeutischen Rollenspiels erfahren die Kinder Befriedigung, Trost und Befreiung von ihren Ängsten. Der gebotene Rahmen erleichtert es ihnen, Spontaneität zuzulassen; gerade in spontanen Phasen kommen viele bedeutende Erfahrungen und Erlebnisse der Kinder zum Ausdruck. In ihnen wird besonders deutlich, wie sehr die Kinder und Jugendlichen in ihrer eigenen Vergangenheit verstrickt sind, aber auch, wie sie darin Wurzeln für einen Neuanfang finden können.

Ich bin der Meinung, daß das Sozialtherapeutische Rollenspiel eine zentrale Methode in der Heim- und Heilpädagogik werden kann. Ihm müßte allerdings im Gruppenalltag genügend Platz eingeräumt werden.

Meine bisherigen Erfahrungen legen nahe, die Gruppe in Zukunft kleiner zu halten, also auf vier bis fünf „zusammenpassende" Kinder und Jugendliche beschränken. Die Erfahrungen zeigen darüber hinaus, daß das Sozialtherapeutische Rollenspiel eine sehr gute Grundlage für weitere Einzelgespräche mit dem Kind und seiner Familie sein kann.

Ich räume durchaus ein, daß die bisherige Anwendung des Sozialtherapeutischen Rollenspiels in meinem Heim noch in den „Kinderschuhen" steckt. Um genauere Erkenntnisse und Erfahrungen auswerten zu können, ist wohl eine kontinuierliche Arbeit über einen Zeitraum von drei bis fünf Jahren notwendig. Erst dann ließen sich die Erfolge besser einschätzen. Innerhalb des Heimes ist es wichtig, die Kommunikation zwischen den Erziehern und dem sozialtherapeutischen Gruppenleiter zu pflegen. Schließlich müssen die Erkenntnisse und Erfahrungen, die jeweils mit den Kindern gemacht werden, unter den Mitarbeitern auch ausgetauscht werden. Dieser Austausch ist wichtig, um einer Rivalität zwischen den „alltagsbegleitenden" Erziehern und dem „hervorgehobenen" Sozialpädagogen nicht Vorschub zu leisten. Deshalb sollen die Ergebnisse der „Erzählgruppe" in die wöchentlichen Teamsitzungen mit den jeweiligen Gruppenerziehern einfließen. So kann das einzelne Kind in der Gruppe wirksam unterstützt werden.

Von zentraler Bedeutung bleibt auf jeden Fall die Einbeziehung des Kindes und der gesamten Gruppe. Diese wird unter anderem dadurch erreicht, daß in jeder Sitzung der „Erzählgruppe" die Erlebnisse der letzten Sitzung und die Nachwirkungen bis zum erneuten Zusammentreffen ausgetauscht werden.

Meines Erachtens wäre es wichtig, das Sozialtherapeutische Rollenspiel mit Kindern und Jugendlichen auch außerhalb einer Institution zu erproben, um eventuelle Unterschiede in der Anwendung mit verschiedenen Zielgruppen herauszufinden.

Insgesamt handelt es sich beim Sozialtherapeutischen Rollenspiel um eine Methode, in der vom Sozialpädagogen unterstützend gearbeitet wird. Dabei ist das Sozialtherapeutische Rollenspiel nicht analytisch-aufdeckend, sondern zeigt dem Kind seine eigene Geschichte nur in einer eingeengten Szene des Situationsspiels. Dieser Rahmen nimmt etwas von der Angst, den die Elemente der Vergangenheit und die aktuell unerfüllten Wünsche auslösen können. Ich selbst begreife mich dabei in der Rolle des Gruppenleiters als Weggefährte der Kinder, die einen hohen, felsigen Berg zu erklettern haben, an dessen gefährlichen Abgründen ich ihnen das Seil zur Sicherung zuwerfe. Dieses Seil — in Form des Sozialtherapeutischen Rollenspiels — sollte es den Kindern ermöglichen, festen Tritt unter den Füßen zu finden.

DER EINSATZ DES SOZIALTHERAPEUTISCHEN ROLLENSPIELS IN EINER GRUPPE SCHWERHÖRIGER UND GEHÖRLOSER JUGENDLICHER

Jürgen Falkenhagen

I. Vorüberlegungen

Zwei Gesichtspunkte haben mein Anliegen, das Sozialtherapeutische Rollenspiel bei dem genannten Personenkreis einzusetzen, entscheidend beeinflußt: Während meiner 10jährigen Sozialdiensttätigkeit im Bereich der Personengruppe Hör-/Sprachgeschädigter an einem Berufsbildungswerk, in einer Beratungsstelle und gegenwärtig als Leiter eines Jugendwohnheims wurde mir deutlich, daß das Kommunikationsmittel „Gebärde" zur Klärung von Situationen bisweilen nicht ausreicht. Das von mir dann und wann spontan eingesetzte „Rollenspiel" bei gehörlosen Jugendlichen, die zum Beispiel einen Konflikt im Schul- oder Ausbildungsbereich mit mir besprechen wollten, zeigte mir selbst und den Jugendlichen Möglichkeiten auf, durch „Spiel" eigenes Verhalten beziehungsweise das des Lehrers und Meisters deutlicher zu machen. Auch in gerichtlichen Auseinandersetzungen, bei denen ich als Gebärden-Dolmetscher fungierte, lernte ich den Nutzen von „Rollenspielen" kennen. Ich schlug dem Gericht hin und wieder vor, einen Hergang durch die Beteiligten „spielen" zu lassen, um so ein Geschehen zu erhellen.

Diese „Rollenspielansätze", die von mir sicher sehr laienhaft in Szene gesetzt waren, machten mir jedoch deutlich, daß mit dem Rollenspiel eine Ausdrucksmöglichkeit zur Verfügung steht, die sich noch gezielter nutzen ließe.

Im Hörgeschädigtenbereich gibt es meines Wissens keine Form von Selbsterfahrung. Auch therapeutische Bemühungen trifft man nur vereinzelt an (zum Beispiel Aktivitäten bei Suchtkranken). Zur Zeit wird zwar über Therapiemöglichkeiten bei psychisch kranken Hörgeschädigten diskutiert; es sind jedoch erst Ansätze von einschlägigen Hilfen erkennbar. Sicher ist die gravierende Kommunikationsstörung eine Ursache dafür, daß nur wenige Therapeuten mit Hörgeschädigten arbeiten. Oft wurde mir bewußt, wie alleingelassen sich diejenigen Hörgeschädigten fühlen müssen, die einer Therapie oder Selbsterfahrung bedürften, wenn sie erfahren, daß für sie keine Fachleute zur Verfügung stehen. Therapeuten gaben mir im Gespräch über diesen Tatbestand nicht selten zu verstehen, daß doch ich der Fachmann im Umgang mit Hörgeschädigten sei. Mit der Möglichkeit zur Verständigung ist es jedoch noch nicht getan. Ich war in vielerlei Hinsicht einfach überfordert, wenn es galt, einem psychisch auffälligen Hörgeschädigten gerecht zu werden.

Im Hörgeschädigtenbereich existieren zwar eine Vielzahl von Selbsthilfegruppen. Die „Heimat" des Gehörlosen ist „sein Verein". Oft stehen jedoch diejenigen Hörgeschädigten am Rande oder außerhalb ihrer Schicksalsgemeinschaft, die mit dem Gehörlosenverein nichts anfangen können oder wollen. Aber auch innerhalb der Selbsthilfegruppen wird den Hörgeschädigten Hilfe nicht immer zuteil. Sie stoßen in der Gruppe vor allem dann auf Unverständnis und Ablehnung, wenn sie Verhaltensauffälligkeiten zeigen und sich in das Vereinsleben nicht einzuordnen verstehen.

Dieses Wissen und die berichteten Erfahrungen führten bei mir zu dem Entschluß, mich in der Anwendung des Sozialtherapeutischen Rollenspiels zu qualifizieren und zunächst im eigenen Hause Erfahrungen mit dieser Methode zu sammeln.

II. Aufbau der Gruppe und äußerer Rahmen

Um das Experiment nicht von vornherein der Gefahr des Scheiterns auszusetzen, habe ich die Mitglieder der Gruppe sorgfältig ausgewählt. Es fanden eine Reihe von Einzelgesprächen und zwei Vorbereitungsgespräche mit der Gruppe der Interessenten statt. Bei der Zusammenstellung der Gruppe kam es mir darauf an, daß die Teilnehmer keine zu großen Unterschiede hinsichtlich des Sprachverständnisses aufwiesen. Schließlich hat sich eine Gruppe aus acht Personen herausgebildet, bestehend aus drei weiblichen und vier männlichen Teilnehmern und dem Spielleiter.

Drei Teilnehmer sind bereits aus dem Wohnheim ausgeschieden, sie wohnen in M. und sind in ihrem ausgebildeten Beruf tätig. Die restlichen vier Teilnehmer befinden sich noch in Ausbildung und wohnen zur Zeit im Jugendwohnheim. Drei von den zuletzt genannten Personen werden in nächster Zeit ihre Ausbildung abschließen. Das Alter der Gruppenmitglieder bewegt sich zwischen 19 und 22 Jahren. Einige der Gruppenmitglieder haben untereinander Kontakt, sei es privat oder durch lockere Absprachen im Jugendwohnheim. Als Heimleiter kenne ich alle Teilnehmer gut, da auch die aus dem Wohnheim Ausgeschiedenen vier Jahre dort lebten.

In den Einzelgesprächen wie in den Vorbereitungsgesprächen war es mein Anliegen, die Hörgeschädigten zur Teilnahme an der Gruppe zu motivieren. Ich habe der Gruppe und den einzelnen Personen erzählt, daß es verschiedene Arten von Spielen gebe (Gesellschaftsspiele und ähnliche). Ich hätte nun die Absicht, ihnen eine Form des Spielens nahe zu bringen, die sie noch nicht kennen würden: Das *Sozialtherapeutische Rollenspiel*. Beim Sozialtherapeutischen Rollenspiel sei ich ebenso Teilnehmer wie die anderen. Es gehe vor allem darum, daß man Probleme aus dem eigenen Leben oder Konflikte aller Art (zum Beispiel in Beziehungen untereinander oder eigene Schwierigkeiten) spielerisch angehen und sehr oft auch auf diesem Wege Lösungen finden könne.

Einen großen Teil der Vorgespräche nahm das Erklären von Regeln ein:

a. Jeder soll Rücksicht auf die unterschiedlichen Hörschäden nehmen. In diesem Zusammenhang erarbeiteten wir eine Sitzordnung, die vorsah, daß die leicht Schwerhörigen neben mir sitzen sollten, da sie nicht vom Mund ablesen müssen, und die stärker Schwerhörigen mir gegenüber, da sie vor allem mein „Mundbild" brauchen.

b. Es darf immer nur einer sprechen. Privat(gebärden)gespräche am Rande — wie bei Gehörlosen oft üblich — sind unserer Sache nicht dienlich.

c. Ein jeder sollte seine Ausführungen, wenn möglich, mit Gebärde unterstützen.

d. Niemand sollte sich scheuen nachzufragen, wenn er etwas akustisch oder auch inhaltlich nicht verstanden hat.

e. Jeder sollte eine Pause anmelden dürfen, wenn der Ablauf ihm zu anstrengend wird.

f. Jeder sollte pünktlich zur Gruppe kommen, da ein Zuspätkommen die Gruppe sehr stören würde.

Die Gruppe war mit meinem Vorschlag einverstanden, vorläufig zehn Abende, jeweils dienstags von 19.00 Uhr bis 22.00 Uhr, zusammenzukommen. Nach zehn Abenden sollte überprüft werden, ob ein Weitermachen in der Gruppe gewünscht wird und für alle möglich ist; denn einige werden sich dann auf die Gesellenprüfung vorbereiten müssen.

III. Ziele und Vorüberlegungen zu den einzusetzenden Spielformen

Zu Beginn meiner Gruppenarbeit beschäftigte mich stark die Ungewißheit, ob es mir gelingen würde, in meiner Gruppe die Atmosphäre herzustellen, in der Freude am Spiel und die Neugier zum Weitermachen entstehen kann.

Das Nahziel „Freude am Spiel und die Bereitschaft, sich und andere in der Gruppe zu erfahren und sich gegenseitig zu verstehen" sollte während der ersten Treffen der Gruppe erreicht werden. Hier wollte ich vor allem auf jene wahrnehmungszentrierten Spiele zurückgreifen, die das gegenseitige Kennenlernen in der Gruppe besonders fördern. An Fernzielen schwebte mir vor, bei den vorhandenen Ichstärken anzusetzen, das heißt sie zu entdecken und entwickeln zu helfen; die Kreativität zu schulen und Phantasie zu wecken, da es bei gehörgeschädigten Personen insbesondere hier ein Defizit aufzuholen gilt; soziales Verhalten einzuüben und durch einen Variationsspielraum flexibler werden zu lassen; und schließlich: das Annehmen der eigenen Person und der je eigenen Geschichte zu fördern.

Zur Entwicklung von Kreativität und Phantasie sollten sowohl die *wahrnehmungszentrierten*- wie auch die *gruppenzentrierten Phantasiespiele* dienen. Für den Verhaltensbereich boten sich die *problemzentrierten Spiele* an. Möglichkeiten zur Bearbeitung der eigenen Geschichte halten in hervorragender Weise die Erlebnisspiele bereit.

Ich war gespannt auf die Erfahrungen, die ich mit den verschiedenen Spielformen in der Gruppe machen würde.

Im folgenden möchte ich die Teilnehmer der Gruppe vorstellen:

Siegfried S.: 21 Jahre, schwerhörig mit Hörgerät, seit 2 Jahren Schlossergeselle, arbeitet als Schlosser, hat eine eigene Wohnung.

Alexander L.: 20 Jahre, schwerhörig mit Hörgerät, im letzten Ausbildungsjahr als Druckvorlagenhersteller, wohnt im Jugendwohnheim.

Ina W.: 20 Jahre, gehörlos mit sehr gutem Sprachbesitz, keine Hörgeräte, Gesellenprüfung als Druckvorlagenherstellerin, wohnt nicht mehr im Jugendwohnheim, arbeitet jetzt in ihrem erlernten Beruf in N. (nur einmalige Teilnahme an der Gruppe).

Susan E.: 20 Jahre, ausgelernte Druckformherstellerin, arbeitet in ihrem Beruf in M., hochgradig schwerhörig, trägt Hörgeräte.

Franz M.: 19 Jahre, schwerhörig ohne Hörgeräte, im letzten Ausbildungsjahr als Feinmechaniker, wohnt im Jugendwohnheim.

Georg W.: 22 Jahre, hochgradig schwerhörig, trägt keine Hörgeräte, seit 3 Jahren ausgelernter Schlossergeselle, arbeitet nach verschiedenen Eingliederungsbemühungen nunmehr seit einiger Zeit in einer Wäscherei als Wäscher. Georg ist ein Sonderfall; er paßt eigentlich nicht zu den anderen Gruppenmitgliedern vor allem wegen seiner Sprachfertigkeit und wegen seines Sprachverständnisses.

Sabine H.: 23 Jahre, hochgradig schwerhörig mit Hörgeräten, im 2. Ausbildungsjahr, wohnt im Jugendwohnheim.

IV. Der erste Rollenspielabend

Um jedem die Möglichkeit zu geben, etwas über sich zu sagen, aber auch um von den anderen etwas zu hören und damit eine erste Beziehung zur Gruppe und zu ihrer Arbeitsweise gewinnen zu können, wählte ich zum Einstieg das *Erlebnisspiel "Reisepaß"* aus. Es scheint mir für den Beginn auch deshalb geeignet, weil die Teilnehmer sich von den Eintragungen in das Dokument wie von einem roten Faden leiten lassen können. Würden – fragte ich mich – die Teilnehmer zu der Rubrik „Besondere Kennzeichen" Aussagen zu ihrer Krankheitsgeschichte machen? Könnte die gleichartige Betroffenheit schneller ein solidarisches Zusammenrücken der Gruppe bewirken?

Alle sind gekommen. Nach einer informellen Anwärmphase führe ich in das Spiel ein – unterstützt von Gebärden. Die Teilnehmer finden in einem imaginären Karton ihren Ausweis mit den ihnen bekannten Eintragungen und Vermerken:

Zuerst stelle ich als Spielleiter meinen Reisepaß ausführlich vor und berichte von Erlebnissen, die für mich mit den einzelnen Eintragungen verbunden sind. Franz erzählt als erstes Gruppenmitglied von seinem Personalausweis und den entsprechenden Eintragungen. Er hält sich eng an das Schema des Spielleiters, seine Bemerkungen sind eher schüchtern. Anschließend berichtet Siegfried von seinem Dokument (Kennkarte). Auch er hält sich an der vorgegebenen Form fest. Er berichtet von den Eintragungen, ohne damit Erinnerungen oder eigene Gedanken zu verbinden. Alexander löst sich total vom „Konzept". Er entwickelt seine Biographie, erzählt von seinen Eltern, vom Streit über Namensgebung und anderem. Ausführlich berichtet er von seiner Schwerhörigkeit und den damit verbundenen Problemen von der Kindheit bis in die Jugendzeit. Ina erzählt sehr fesselnd von ihrer Gehörlosigkeit. Ihre Erlebnisschilderungen sind überraschend einfühlsam und sensibel. Georg überrascht mich insofern, als er wider jede Erwartung aus sich herausgeht und ausführlich auf Namen, Geburt, Eltern, eigene Entwicklung, Schulversagen, Schulschwänzen, Foto, Unterschrift und anderes eingeht. Susan weiß nicht, wie sie anfangen soll, weil sie voll ist mit Gedanken zu den Eintragungen. Da kommen ihr Erinnerungen an Amerika, wo sie aufgewachsen ist und bis zum 5. Lebensjahr gewohnt hat. Es geht wild durcheinander. Ich muß sie ein paarmal erinnern, was es mit den Eintragungen (Foto, Unterschrift, Name) in ihrem Ausweis (Personalausweis) auf sich hat, da sie sich zu verlieren droht. Sabine hat Schwierigkeiten, ihre Gedanken zu verbalisieren. Sie überlegt lange, bricht irgendwann ab, möchte nicht weitererzählen.

Das Eingehenkönnen auf das von den verschiedenen Gruppenmitgliedern Erzählte, das Assoziations-Feedback, wird von allen rege in Anspruch genommen. Besonderes Interesse finden dabei Fragen und Antworten zur eigenen Geschichte. Leider wird für dieses Gespräch die Zeit zu knapp.

In der Auswertung äußern die meisten Gruppenmitglieder, es gehe ihnen gut, sie wollten so weitermachen. Sie finden es interessant, so viel Neues von den anderen erfahren zu haben. Nur Sabine ist ungeduldig und will hinausgehen zum Rauchen. Sie weiß noch nicht, ob sie zum nächsten Treffen wiederkommt. Da ein Gruppenmitglied,

Ina, beim zweiten Zusammentreffen nicht mehr dabei sein wird, wird der Vorschlag akzeptiert, als weiteres Mitglied Monika S. in die Gruppe aufzunehmen.

In der Rückschau auf diesen ersten Abend stellte ich fest, daß ich meinem gesteckten Ziel durchaus nahe gekommen bin. Die meisten Gruppenmitglieder sind neugierig geworden auf das, was zukünftig an Spielen kommen wird. Zentraler Punkt des Austauschs und des Assoziationsfeedbacks war für die Gruppenmitglieder die eigene Schwerhörigen- und Gehörlosen-Geschichte. In Ansätzen war bei einigen Gruppenmitgliedern erkennbar, daß sie sich mit ihrer Problematik auseinanderzusetzen bereit sind und weiter daran arbeiten wollen. Das ist in zweierlei Hinsicht ungewöhnlich: Einmal überraschte, daß – wenn auch im Spiel als Angebot enthalten – dieses Thema zu diesem frühen Zeitpunkt aufgegriffen worden ist. Zum anderen war die frühe Thematisierung überraschend, weil erfahrungsgemäß vor allem Schwerhörige zu einem Nichtwahrhabenwollen oder Kaschieren ihrer Problematik neigen. Gehörlose, mit der eindeutigeren Behinderung sind meist eher in der Lage, sich ihrer Situation offen zu stellen. Ich wertete dies als einen ersten Beleg für die Anwendbarkeit auch gesprächsbetonter Formen des Sozialtherapeutischen Rollenspiels in der Arbeit mit Hör-/Sprachgeschädigten.

Folgende Gesichtspunkte mußten jedoch an den folgenden Abenden beachtet werden: Obwohl das Spiel anstrengend für alle Beteiligten war, wurde versäumt, Pausen zu machen; bei den weiteren Spielplanungen muß offensichtlich mehr Zeit angesetzt werden, um nicht – wie bei diesem Spiel – in Zeitnot zu kommen; die Teilnehmer berichteten – wie in der Anfangsphase nicht anders zu erwarten – vor allem in Richtung des Spielleiters. Dieser Umstand erschwerte es den anderen Teilnehmern, den Sprecher zu verstehen; nicht alle trauten sich, dies auch zu sagen. Ich nahm mir vor, diese Beobachtung in die nächste Gruppenstunde einzubringen.

V. Weiterer Gruppenverlauf
Vom zweiten Abend an nimmt anstelle von Ina Monika an den Gruppensitzungen teil:

Monika S.: 22 Jahre, hochgradig schwerhörig, kontergangeschädigt (keine Ohrmuscheln, halbseitige Gesichtslähmung), war längere Zeit wegen persönlicher Probleme in Einzelgesprächen beim Spielleiter, ausgelernte Technische Zeichnerin, arbeitet in ihrem Beruf, wohnt in M. in eigener Wohnung.

An den zehn vereinbarten Treffen nahmen die Gruppenmitglieder mit großer Regelmäßigkeit teil. Das Programm wurde ausschließlich mit Angeboten des Sozialtherapeutischen Rollenspiels gestaltet. Folgende Sozialtherapeutische Rollenspiele wurden in der Gruppe eingesetzt:

Vorbereitungsspiele/ Kennenlernspiele:	Reisepaß Gegenstände in die Mitte legen
Erlebnisspiele:	Korb mit Schulbüchern Knopfschachtel Strandgut
Erlebnisspiele mit Problemeingabe:	Zukunftsspiegel
Phantasiebild:	Reiter
Gruppenzentrierte Phantasiebilder:	Hühnerhof Speisekammer
Realitätsorientierte Gruppenspiele:	Stehausschank
Problemzentrierte Spiele:	Situationsspiele Verhaltensmodifikation

Wie aus dieser Übersicht hervorgeht, wurden *Erlebnisspiele* von mir sehr häufig herangezogen. Sie ermöglichen insbesondere, einzelne Stationen in der Biographie und Persönlichkeitsentwicklung der Teilnehmer zu bearbeiten. Die Gruppe ließ sich – ähnlich wie beim Erlebnisspiel „Reisepaß" – auf diese Angebote ein. Neben den behinderungsspezifischen sind es jedoch im Laufe der Sitzungen mehr und mehr allgemeinmenschliche Fragestellungen dieses Lebensalters, die in den Vordergrund rücken.

Diese Tendenz zeigt sich auch beim *realitätsorientierten Gruppenspiel* „Stehausschank": Folgende Rollen werden gewählt (die Reihenfolge der Aufzählung ist identisch mit dem Eintreten in die Spielszene): Spielleiter: Rentner mit Hund; Siegfried: 20jähriger Arbeitsloser „Siggi Wurst"; Franz: 40jähriger Wirt „Sepp"; Susan: 19jähriger Bundeswehrsoldat; Alexander: 30jähriger arbeitsloser Reprofotograf „Michael"; Sabine: 23jährige Schauspielerin; Monika: 30jährige geschiedene Putzfrau; Georg: 23jähriger Zuhälter (er wird von Sabine in die Spielszene geholt).
Im Spiel entwickelt sich eine laute, durch Kurzkontakte gekennzeichnete Stimmung einer Kneipe. Getränke aus der „Bar" des Jugendwohnheims werden herbeigeschafft; es wird vorwiegend Bier getrun-

ken. Grüppchen bilden sich, die Stimmen gehen wild durcheinander. Die Szene wirkt sehr realistisch.

Die anschließenden Äußerungen der Teilnehmer zeugen davon, daß sie das Experimentierangebot des Spiels aufgreifen und nutzen konnten:

Siegfried wollte einmal eine Rolle spielen, die nicht seiner Realität entspricht, nämlich einen Arbeitslosen, der mit wenig Geld auskommen muß. Ihm ging es nicht so gut dabei, weil er sich in die Arbeitslosigkeit nicht einfühlen konnte und er das Gefühl hatte, sein Agieren sei nicht stimmig mit der Ist-Situation.

Franz wollte einen Wirt spielen. Er ging deshalb früh in die Spielszene, damit ihm niemand zuvorkommen konnte. Diese Rolle wählte er deshalb, weil er in seiner Heimatgemeinde zwei müde Wirte kennt, die ihm nicht gefallen. Er wollte vor allem einmal spielen, wie man es anders machen kann. Er fühlte sich in seiner Rolle wohl, weil er gerne anderen hilft (bedient) beziehungsweise einen Gefallen tut, denn er bekommt dafür auch etwas.

Susan spielte einen 19jährigen Bundeswehrsoldaten auf Urlaub bei den Eltern, der auf einen Sprung in die Kneipe geht. Sie wollte einmal eine Männerrolle spielen. Es ging ihr recht gut dabei, wenn auch vieles in der Kneipe durcheinanderging. Die Mutter von ihr hat zu Hause in K. ein Wirtshaus.

Alexander wollte einen 30jährigen Arbeitslosen spielen, um zu erfahren, wie es einem bereits 30jährigen Arbeitslosen geht. Es ging ihm in seiner Rolle nicht so gut, da er sich schlecht in sie einfühlen konnte.

Sabine weiß nicht, wie sie zu der Rolle kam, plötzlich war sie in der Szene als Schauspielerin; etwas Ausgefallenes sollte es jedenfalls sein. Es ging ihr beim Spiel nicht so gut, sie fühlte sich nicht wohl.

Monika wollte einmal mitbekommen, wie es einer Geschiedenen geht, die früh geheiratet hat, nichts gelernt hat und plötzlich alleine dasteht. Sie fühlte sich nicht so gut, weil sie in der Kneipe schlecht Kontakt zu anderen Personen bekam.

Georg weiß nicht genau, warum er einen Zuhälter gespielt hat. Es ging ihm nicht so gut dabei.

In der Auswertung sind die Teilnehmer durchaus in der Lage, Paralellen zwischen dem Spiel und der Gruppenrealität herzustellen, zum Beispiel wenn Sabine und Georg auffällt, daß sie auch sonst Schwierigkeiten haben, Fuß zu fassen in der Gruppe, und sie sich hin und wieder als Outsider erleben (Schauspielerin, Zuhälter).

Eine durch das Spielthema provozierte soziale Anforderung an die Teilnehmer war – rückblickend – die Kontaktaufnahme. Hier bot das Spiel reichlich Gelegenheiten, die allerdings nur von einigen Teilnehmern voll genutzt werden konnten. Erschwerend kam sicher dazu, daß in der lärmigen Kneipensituation, in der viele Geräusche und Stimmen durcheinandergingen, vor allem die schwerhörigen Teilnehmer, die sich durch „Richtungshören" auf eine Stimme oder ein Geräusch einzuorten gelernt haben, Mühe hatten, sich akustisch zu orientieren. Als Spielleiter war mir bewußt, daß auf der individuellen Ebene altersentsprechend die Thematik der Identität mit jeweiligen Wunsch-, aber auch Zukunftsaspekten (30jähriger Arbeitsloser, geschiedene Frau, Schauspielerin und so weiter) mitschwang. Nicht allen war es gelungen, sich in ihre gewählte Rolle einzufühlen; ihnen ist es deshalb im Spiel „nicht gut gegangen". Die Häufung dieser Schwierigkeiten in der Gruppe ist unter anderem auch dadurch zu erklären, daß die Fähigkeit, sich in andere einzufühlen, einer der vordringlichen Lernbereiche für die Personengruppe der Hörgeschädigten darstellt. Das realitätsorientierte Gruppenspiel ist deshalb sicher eine Spielform, die regelmäßig in der Gruppenarbeit eingesetzt werden sollte, wenn damit ein Einübungseffekt beabsichtigt ist.

Auch das angebotene *Phantasiespiel* „Ritt mit einem Pferd, das jeder für sich findet" war ein voller Erfolg. Alle Gruppenmitglieder beschrieben einen schönen Ausflug mit ihrem Pferd. Meist ging es durch schöne Landschaften mit Wäldern und Wiesen, einmal war auch ein Ritt ans Meer dabei. Sabine berichtete von einem Ausritt mit einem Wildpferd durch Wüstenlandschaften und kam schließlich an einem See an. Keinem der Gruppenmitglieder fiel es schwer, sich auf eine Reise mit einem Pferd einzulassen. Offensichtlich hatten alle Vorerfahrungen und gute Erlebnisse mit Pferden. Monika war allerdings traurig darüber, daß sie mit ihrem Pferd nicht noch länger unterwegs bleiben konnte. Sie wäre gerne dort geblieben, wo das Pferd sie hingeführt hatte.

VI. Zusammenfassung
In meiner Gruppe, die vorwiegend aus schwerhörigen Gruppenmitgliedern bestand und bei denen − bis auf Georg, der auch inhaltliche Verständnisprobleme hat − guter Sprachbesitz und gutes Sprachverständnis vorlagen, habe ich das *Sozialtherapeutische Rollenspiel* in seiner bestehenden Form mit Erfolg anwenden können.
Die für die Gruppenarbeit formulierten Nahziele wurden erreicht: Spielfreude, das erforderliche Maß gegenseitigen Vertrauens und Offenheit, das heißt die Voraussetzungen für die Erreichung der weiter gesteckten Ziele, waren während der zehn Abende gewachsen. Meine Gruppenmitglieder konnten meines Erachtens ihren Erfahrungshorizont über sich selbst und die anderen Teilnehmer der Gruppe erweitern. Ihre regelmäßige Teilnahme belegte ihr Interesse und ihre Neugier, auch wenn in der Auswertung manchmal anders argumentiert worden ist. Die formulierten Fernziele waren wichtig für die

Orientierung meines Handelns als Gruppenleiter; um sie mit der Gruppe deutlicher erkennbar zu erreichen, hätte es eines längeren Gruppenprozesses bedurft.

Als Zwischenergebnis läßt sich festhalten, daß sich die eingesetzten Mittel des Sozialtherapeutischen Rollenspiels als geeignet erwiesen haben, Veränderungen in der angezielten Richtung zu fördern. In der Auswertung der zehn Abende zeigten die Teilnehmer Bereitschaft, in dieser Form weiterzuarbeiten. Es wurde aus der Gruppe angeregt, noch mehr *problemzentrierte Spiele* zur besseren Bewältigung konkreter Alltagssituationen ins Programm einzubeziehen.

Spielleiter, die mit Hör-/Sprachgeschädigten Sozialtherapeutisches Rollenspiel durchführen möchten, sind genötigt, auf „akustische Besonderheiten" Rücksicht zu nehmen. Das kann bedeuten, bei einigen Spielen kleinere Veränderungen und Anpassungen vorzunehmen. Ein solches Beispiel ist das Einstimmen auf Situationen bei geschlossenen Augen. Da ich die verbale Einstimmung beim *Phantasiespiel* „Der Reiter" durch Gebärden ergänzen mußte, konnte ich erst am Ende der Einstimmung die Teilnehmer auffordern, ihre Augen zu schließen und sich ihrer Phantasie anzuvertrauen.

Bei *problemzentrierten Spielen* war es notwendig, die Schwerhörigen um die Spielszene zu gruppieren (Situationsspiel zum Beispiel), da sie aus der Distanz des Halbkreises nur wenig mitbekommen hatten. Überhaupt müssen schwerhörige Gruppenmitglieder immer das Mundbild der Spielenden oder Sprechenden vor Augen haben, um eine Handlung verfolgen zu können. In den Auswertungsphasen mußte ich mehrmals einige Teilnehmer bitten, ihre Ausführungen zu wiederholen, langsam zu sprechen und ihre Worte mit Gebärde zu unterstützen. Für Schwerhörige und Gehörlose sind Sozialtherapeutische Rollenspieleinsätze sehr anstrengend, da sie sich beim Zusehen und Zuhören ständig konzentrieren müssen. Ich mußte deshalb ausreichend Erholungsphasen einplanen, was ich anfangs versäumt hatte. Signale für Anspannung und Müdigkeit zeigten sich deutlich. Auch für die Spiele selbst mußte ich mehr Zeit berücksichtigen. Ich selbst verspürte während der Spiele ebenfalls eine große Anstrengung. Deshalb gebe ich zu bedenken, ob es nicht sinnvoll wäre, bei einer Gruppe Schwerhöriger und Gehörloser zwei Spielleiter abwechselnd einzusetzen, wobei einer immer der Beobachter sein sollte. Zwei hochgradig Schwerhörige fühlten sich bei einigen Spielen überfordert, und zwar immer dann, wenn sie beim Spiel nicht alles verstanden hatten. Hier machte zum Beispiel Georg auch die Bemerkung, daß er oft inhaltlich nicht mitgekommen sei. Georg, der sich auf *wahrnehmungszentrierte Spiele* gut einlassen konnte, hatte bei *gruppenzentrierten Spielen* Schwierigkeiten, Kontakt aufzunehmen und sich zu unterhalten, überhaupt sich mit den Gruppenmitgliedern zu verständigen.

Diese Äußerungen werfen die Frage auf, ob und gegebenfalls unter welchen Bedingungen das Sozialtherapeutische Rollenspiel bei hochgradig Schwerhörigen, aber auch bei spracharmen Gehörlosen einsetzbar ist. Solange keine Erfahrungen in dieser Richtung vorliegen, muß die Beantwortung der Frage offenbleiben. Da ich vorhabe, später auch diesem Personenkreis eine Rollenspielgruppe anzubieten, habe ich bereits einige Vorüberlegungen dazu angestellt: In einer Gruppe Gehörloser muß das Sozialtherapeutische Rollenspiel zum einen mit mehr Bildern, Schautafeln, Requisiten, optischen Zeichen und ähnlichem arbeiten. Zum anderen ist es dringend geboten, realitätsnah zu spielen. *Phantasiespiele* dürften am Anfang schwerlich einsetzbar sein. Auch bei *Einfühlungsspielen* sehe ich Schwierigkeiten. Ich sehe mehr einen Ansatz bei *problemzentrierten Spielen*. Weiter kommt der Gebärdenkommunikation, verbunden mit einfachster Sprache, eine zentrale Bedeutung zu. Mit der Gebärde wiederum kann ich nicht alles das ausdrücken, was mir über die Lautsprache möglich ist. Meine Stimmungen, Gefühlslagen oder seelischen Zustände kann ich sprachlich differenziert darlegen, wenn ich entsprechend geübt bin. Wenn ich hier die Gebärde benutze, gelingt mir das oft nur oberflächlich. Die Schulung der Phantasie und Kreativität, oder zu lernen, bestimmte Zustände zu beschreiben, kann nur in kleinen Schritten erfolgen und nur langfristig erfolgreich sein. Der Spielleiter wird sich auf eine mühsame und langwierige Anstrengung einstellen müssen. Dies ist allerdings bei jeder anderen Behandlungsform ebenso notwendig. Zu den spezifisch sozialtherapeutischen Anforderungen kommt als erschwerender Faktor immer das Kommunikationsproblem hinzu. Das scheint wohl auch der ausschlaggebende Grund dafür zu sein, daß sich − wie oben erwähnt − Therapeuten sehr oft scheuen, mit Hörgeschädigten zu arbeiten. Die hier skizzierten Erfahrungen mit einer Gruppe von vorwiegend schwerhörigen Teilnehmern ermutigen mich jedoch und berechtigen zu der Hoffnung, daß die schweren Kommunikationsdefizite der Gehörlosen durch geeignete technische und didaktische Vorkehrungen, durch sorgfältig abgestuftes und schrittweises Vorgehen und durch erhöhtes Engagement des Spielleiters ausgeglichen werden können.

Das Sozialtherapeutische Rollenspiel im Rahmen der Familienhilfen

DAS SOZIALTHERAPEUTISCHE ROLLENSPIEL IN DER PSYCHOSOZIALEN BEHANDLUNG VON FAMILIENMITGLIEDERN UNTER BESONDERER BERÜCKSICHTIGUNG DES FAMILIÄREN SYSTEMS

Herbert Huber, Adelheid Stein

I. Vorbemerkungen

Innerhalb der Sozialarbeit wurde schon immer mit Familien gearbeitet. Die hierfür angewandten Methoden haben jedoch im Laufe der Zeit eine deutliche Veränderung erfahren. Ebenso erfolgte ein Wandel der Sichtweise und der Beurteilung familiärer Konflikte. Mehr und mehr wird die Familie als Gruppe und als soziales System betrachtet. Damit rückt die Familiendynamik, die unzweckmäßiges Verhalten bedingt und aufrecht erhält, in den Mittelpunkt des Interesses.

Soll die psychosoziale Behandlung eines Familienmitgliedes Erfolg haben, dann muß eine Veränderung der sozialen Situation herbeigeführt werden, damit die Familie sich nicht einen Ersatz für die „geheilte problematische" Person sucht oder alle ihre Energien dazu verwendet, die neu formierten Kräfte zu stören.

Solche Neuorientierungen sind mit Trennungsängsten verbunden, die sowohl auf seiten der Familie wie auch beim problematisch erlebten Familienmitglied Schmerz und Trauer auslösen. Und: Neuorientierungen führen zu einem Sinnverlust, da das bisherige Verhalten sinnlos wird und den Beteiligten in der Regel nur ganz eingeschränkte und überdies rigide Wertsysteme zur Verfügung stehen, mit denen sie den erlittenen Sinnverlust nicht ausgleichen können.

Betrachten wir die besondere Situation der Familie von Suchtkranken, so wird deutlich, daß es vielfach die Erfahrungen in der Herkunftsfamilie sind, die den Ausschlag für die Partnerwahl geben und die das Erziehungsklima in einer Weise gestalten, die wiederum Abhängigkeiten bei den Kindern geradezu vorprogrammiert.

Es darf nicht verkannt werden, daß es aus vielfältigen Gründen schwierig ist, die gesamte Familie in einen Behandlungsprozeß einzubeziehen. Weder liegt bei allen Familienmitgliedern immer eine

Behandlungswilligkeit vor, noch besteht in vielen Fällen die Möglichkeit, daß alle zur gleichen Zeit am gleichen Ort sind und an einer Beratung teilnehmen können. Von daher ist es häufig notwendig, mit Teilen des familiären Systems zu arbeiten und überdies das Thema „Familie" in den Mittelpunkt der Gruppenarbeit zu stellen.

II. Das Sozialtherapeutische Rollenspiel als Methode in der Familienarbeit mit Gruppen.

Das Sozialtherapeutische Rollenspiel hält eine Fülle von Themen bereit, die geeignet sind, gezielt familiäre Probleme anzusprechen und zu bearbeiten. Mit Ehepaaren, Jugendlichen und Kindern wie auch mit aus der Familie ausgegliederten Einzelpersonen konnten wir einschlägige Konflikte thematisieren. Über solche Spielangebote werden wir im folgenden berichten.

Unsere Erfahrungen beziehen sich auf die Gruppenarbeit im Rahmen einer ambulanten Behandlung von Suchtkranken und deren Angehörigen. Seit etwa 15 Jahren wird dort mit dem Sozialtherapeutischen Rollenspiel gearbeitet. Die Gruppen sind geschlechtergemischt, wobei Männer überwiegen. Es handelt sich primär um alkohol- und medikamentenabhängige Personen.

Jede Gruppe durchlebt zunächst eine Phase des Sich-Kennenlernens. Dabei wird deutlich, wie schwierig für einen Suchtkranken die Konfrontation mit sich selbst ist, wie sein geringes Selbstwertgefühl ihn zu einem Ausweichverhalten drängt oder zu einer Flucht in Phantasien, die der Realität nicht standhalten können.

In dem Maße, wie die einzelnen sich selbst erkennen, wächst auch ihre Fähigkeit, sich auf Realitäten einzulassen. Die Gruppe beginnt, sich zunehmend als ein soziales System zu begreifen und Korrekturfunktionen zu übernehmen.

Da es primär um die Individuation der Suchtkranken geht, wird vor allem ihr Konflikt zwischen Abhängigkeits- und Freiheitswünschen deutlich. Die Fähigkeit zur Distanz und gleichzeitig zur Intimität muß bei ihnen entwickelt werden.

Die Gruppe bietet die Möglichkeit, neue Positionen zu erwerben und das Rollenverhalten auf seine Zweckmäßigkeit hin zu überprüfen. Erfahrungen aus der Familie, aus Freundes-, Schul- und Arbeitsgruppen leben dabei wieder auf und können einer Veränderung zugänglich gemacht werden.

Da diese Spiele in Gruppen stattfinden, werden wir in besonderer Weise diese Gruppensituation ansprechen.

Das Verhalten der Gruppenmitglieder schwankt zunächst zwischen Verschmelzung und Abgrenzung. Die Beiträge in den Spielen sind häufig von Projektionen bestimmt. Das eigene Anliegen wird zu dem des anderen gemacht. Oder man grenzt sich extrem von anderen Gruppenmitgliedern ab, so daß deren Schicksal nichts mit dem eigenen zu tun hat. So wird häufig das Erlebnis, das ein Teilnehmer einbringt, zwar gehört, aber eine innere Teilnahme kann nicht erbracht werden. Hier bedarf es des Modells des Gruppenleiters, der die Dynamik der Gruppe kennt und steuert. Zunehmend lernen die Gruppenmitglieder daran, sich flexibler abzugrenzen, so daß sie sich ohne Furcht vor Selbstverlust wenigstens wieder zeitweilig auf Personen und Themen einlassen können.

Die Gruppe konfrontiert ihre Mitglieder mit unterschiedlichen Erfahrungen und unterschiedlichen Einstellungen zu ein und demselben Sachverhalt. So wird den einzelnen Teilnehmern die Möglichkeit gegeben, sich sowohl mit gleichen Erfahrungen zu identifizieren („was dem geschehen ist, kenne ich auch") wie auch eine Einfühlung in fremde Verhaltensweisen und Haltungen zu erfahren und damit möglicherweise eigene rigide Einstellungen zu überprüfen.

Die Gruppe repräsentiert überdies einen bekannten Rahmen, der in Teilen der Familiensituation, der Freundesgruppe, der Schul- und Arbeitsgruppe ähnlich ist. Dabei ist es Aufgabe des Gruppenleiters, je nach Bedarf die vertrauten oder die fremden Elemente ins Zentrum zu stellen. Hier wird deutlich, daß er selbst immer wieder Supervisionen bedarf, um nicht in eine Position gebracht zu werden, die das vom Suchtkranken und seinen Angehörigen erwünschte familiäre System aufrecht erhält.

Das Medium bei dieser Gruppenarbeit ist das Spiel, das Erlebnisse weckt und Bilder aufsteigen läßt. Im Auswertungsgespräch ergibt sich jeweils die Möglichkeit, unbewußte Anteile zunehmend zu erkennen und zu gestalten, neues Verhalten kennenzulernen und einzuüben.

III. Das Thema „Familie" in der Spielsituation

Die Familie als ein Ort, in dem für jeden Menschen die primären Lernerfahrungen erfolgten, scheint in den einzelnen Spielformen immer wieder auf. Bei vielen Klienten geschieht dies in der Gruppenarbeit schon sehr bald, so daß relativ schnell eine Ablösung von diesem betonten Familienbezug zu beobachten ist; bei anderen fehlen diese Bilder aus der Familie zunächst, um dann etwas später dennoch zum Vorschein zu kommen. Dem Gruppenleiter stehen auch Spieleingaben zur Verfügung, die das Thema direkt auf die Herkunftsfamilie lenken.

Aus der Fülle spielerischer Möglichkeiten wählen wir einige Grundthemen aus, in denen der Konflikt zwischen Individuation und Anpassung deutlich und gleichzeitig ein Bezugsrahmen zur familiären Situation hergestellt wird.

Spiele, wie z. B. *Erlebnisspiele* zum Kennenlernen, konfrontieren mit dem eigenen Namen und mit dem Bild, das man von sich selbst hat:

Herr K., 36 Jahre alt, Alkoholiker, sagt zu Beginn des Spiels: „Ich heiße zwar König, aber ich bin keiner." An seinem Foto im Reisepaß stören ihn die abstehenden Ohren. Er macht es seinen Eltern zum Vorwurf, daß so wenig für sein Äußeres getan wurde. Nach einem Jahr ambulanter Behandlung ist er stolz auf seinen Namen. Er überlegt sich, ob er sich die Haare länger wachsen lassen soll, damit seine Ohren nicht so sichtbar sind. Er hat zunehmend gelernt, daß er selbst etwas kontrollieren und in Bewegung setzen kann. Er ist seiner Familie nicht mehr völlig ausgeliefert.

Unbewältigte Erlebnisse blockieren häufig den Reifungsprozeß. *Erlebnisspiele* können hierbei behilflich sein:

Frau L., 43 Jahre alt, geschieden, seit 18 Monaten abstinent, findet über längere Zeit keine eigenen Beiträge. Sie identifiziert sich jedoch stark mit anderen Gruppenmitgliedern. So hängt sie beispielsweise dem Bild eines Kindes mit Holzpantoffeln nach, das ein anderes Gruppenmitglied eingebracht hat, und erinnert sich schließlich auf Nachfragen des Gruppenleiters, daß sie mit ihrer Schwester im Waisenhaus aufgewachsen ist und selbst solche Schuhe hatte. Sie schildert betroffen die Kälte, die sie in diesem Waisenhaus verspürt hat. Kurz nach diesem Spiel entscheidet sich Frau Lieb für eine stationäre Behandlung, in der es ihr schließlich gelingt, ihre dramatischen Erlebnisse zu bearbeiten.

Familiäre Zusammenhänge werden im Spiel deutlich:

Frau W. ist in der Gruppe, weil ihr Mann alkoholkrank ist. Bei einem *Erlebnisspiel* „Fotoalbum" findet sie ein Bild ihres Vaters und erzählt stockend, daß auch er alkoholkrank war. Kurz darauf fällt ihr bei einem *Situationsspiel* eines anderen Gruppenmitgliedes auf, daß sie sich ganz ähnlich verhält wie die Ehefrau in dieser Spielszene. Gleichzeitig wird ihr bewußt, daß sich auch ihre Mutter so dem Vater gegenüber verhalten hat. Zunehmend erkennt Frau W., daß sie keine brauchbaren Verhaltensweisen erlernt hat, die den Umgang mit ihrem kranken Mann zweckvoll gestalten könnten.

Erlebnisse von Trennung und Nähe scheinen in Spielsituationen auf:

Herr N., 35 Jahre alt, schildert in einem Einfühlungsspiel den Abschied von seiner Heimat, die ihm zu eng geworden war. Er hat dies als eine Befreiung erlebt. Eine Woche später entdeckt er bei einem *Erlebnisspiel,* welches sich mit Abschiedsbildern beschäftigt, daß ihm Abschiedszenen sehr unangenehm sind. Er findet heraus, daß er nie gelernt hat, mit Abschied sinnvoll umzugehen. Er klammerte bisher seine Gefühle aus, kränkte damit die anderen und war selbst gekränkt. Mit ihm können sich deshalb viele Gruppenmitglieder identifizieren, die − wie dies für Alkoholiker typisch ist − zwischen Verschmelzungswünschen und solchen nach Abgrenzung schwanken.

IV. Das Spiel ermöglicht die Veränderung des Rollensverständnisses und das Einüben neuen Verhaltens

Für sehr viele Klienten erscheint das eigene Verhalten wie das der anderen als nicht korrigierbar. Sie haben die Vorstellung, weder die eigene noch die fremde Situation kontrollieren oder gar beeinflussen zu können. Von daher ist es sehr wichtig, im Rahmen von *problemzentrierten Spielen* negative Erfahrungen zu verbalisieren, im *Situationsspiel* Abläufe zu zeigen und durch die Einfühlung der einzelnen Gruppenmitglieder ein weiteres Spektrum von möglichen Motiven, Gefühlen und Einstellungen zu erfahren:

Frau D., 40 Jahre alt, wurde von ihrem Ehemann über Jahre ausgenutzt und schließlich, als sie krank und arbeitsunfähig war, verlassen. Sie lebte seither mit ihren beiden Söhnen, 16 und 17 Jahre alt, zusammen. Beide wurden von der Mutter verwöhnt, ließen sich von ihr bedienen, waren aber unfreundlich und anspruchsvoll zu ihr. Frau D. war unterwürfig und fing in besonders belastenden Situationen zu trinken an. Seit einiger Zeit überlegte sie, wieder zu arbeiten, getraute sich jedoch nicht, „die Kinder" alleine zu lassen. Im Spiel wird zunächst ein „realistisches" Gespräch mit den beiden Söhnen geführt. In der Realität waren die beiden mit dem Wunsch der Mutter jedoch nicht einverstanden. Sie wollte deswegen ihren Plan aufgeben. Ein zweites Spiel bietet nun ein neues Verhalten an: eine (andere) Mutter teilt ihren Kindern mit, daß sie arbeiten will, ohne diese um ihr Einverständnis zu bitten. Es dauert eine Zeit, bis Frau D. sich dieses Modell zu eigen machen kann, aber schließlich gelingt es ihr. Als nächster Schritt muß die Möglichkeit einer Teilzeitarbeit ins Auge gefaßt werden. Auch dies wird im Spiel vorbereitet. Der Mutter gelingt es zunehmend, sich von ihrer verwöhnenden Haltung zu lösen und die Buben zum Beispiel vor die Tatsache zu stellen, daß nicht eingehaltene Abmachungen zu Nachteilen führen. Frau D. kann längere Zeit keine dieser Gespräche ohne Vorbereitung in der Gruppe führen. Sie braucht immer wieder die Analyse eines *Situationsspieles,* um zu verstehen, an was ihre Versuche scheitern. Ein halbes Jahr später bucht sie jedoch den ersten Urlaub, und zwar alleine, und vereinbart mit ihrem geschiedenen Mann die Beaufsichtigung ihrer Söhne.

Nicht nur die Spiele sind als Übungsfeld zu werten. Der Ablauf von Spiel, Einfühlung und Auswertungsgespräch vermittelt neue Fähigkeiten, die auf die familiären Situationen übertragbar werden:

Sich gegenseitig zuzuhören, andere aussprechen zu lassen und sich in eine fremde Situation einzufühlen, ohne den eigenen Standpunkt aufzugeben, sind wesentliche Voraussetzungen, um Konflikte in der Gruppe und in der Familie darzustellen und zu klären.

Eine Situation zu strukturieren, den veränderbaren Teil zu finden und das Unveränderbare zunächst zu ertragen, wird im Spiel erlernt, wobei Hilfen zur Sinnfindung notwendig werden.

Eigene Bedürfnisse mit denen anderer zu koordinieren und Kompromisse zu schließen, werden für das Gruppenmitglied möglich, wenn es lernt, seine Bedürfnisse zu erkennen und zu formulieren.

Geübt wird – und zwar unmerklich – die sprachliche Gestaltung von Problemen, von Wünschen, von Abläufen und Planungen. Wo die Sprache nicht ausreicht, werden andere Ausdrucksmöglichkeiten gefunden, die ebenfalls im Spiel geübt werden.

Grundbedürfnisse, die bisher nur eingeschränkt befriedigt werden konnten, wie Macht, Geltung, Geborgenheit und so weiter, können im Spiel in fiktiver Weise befriedigt werden, und zwar im Sinne einer „stellvertretenden Wunscherfüllung". In diesem Zusammenhang wird verständlich, daß die Erprobung des Verhaltens in der Realität immer wieder bedeutsam wird und sorgfältig zu beobachten ist.

Im Hinblick auf die Familie zeigt es sich, daß das Verhaltensrepertoir des einzelnen Gruppenmitgliedes durch die Einlassung auf ihm fremde Rollen angereichert wird und sich so sein rigides Rollenverhalten allmählich auflöst.

Die Konfrontation mit anderen Einstellungen bewirkt eine flexiblere Haltung. Die Notwendigkeit, sich zu einem Standpunkt zu bekennen, verhindert Verschmelzungen.

Es gibt Spiele, die der Sinnfindung dienen und von daher die Auseinandersetzung zwischen Vertrauen und Verzweiflung anstoßen. Die einzelnen Mitglieder erfahren, wie andere mit ähnlichen Situationen umgehen und erlernen Vertrauen in die eigene Kraft.

Im Spiel wird die Gegenwart verlassen, Erinnerungen werden ausgetauscht und zukünftiges Verhalten wird eingeübt. Damit wird der Klient aus seiner „Verfangenheit im Augenblick" gelöst. Er wird aber gleichzeitig wieder zum Hier und Jetzt zurückgeführt, das heißt, er kann der Realität nicht ausweichen. Flucht ist immer nur auf Zeit möglich. Viele familiäre Konflikte werden deshalb zum Drama, weil einmal das Geschehen des Augenblicks Ewigkeitswert erhält und zum anderen Probleme, die sich möglicherweise für die Zukunft ergeben, in ihrem negativen Ausgang vorweggenommen werden. So wird an dem gelitten, was möglicherweise niemals eintritt.

Das Spiel bietet ein Übungsfeld, in dem Fehler erlaubt, mitunter sogar nötig sind. Ein solche Einstellung zum Fehler könnte sich hilfreich auf den Umgang in der Familie auswirken.

Partnergruppen, Familienfreizeiten und Zusammenkünfte von Kindern geben zunehmend die Möglichkeiten, die unterschiedliche Sichtweise und Belastbarkeit der einzelnen Beteiligten zu erfahren. Der Spielleiter wird sorgfältig überprüfen, welche Spiele er für welche Probleme einsetzt, wann der Erlebnisaspekt betont wird und wann der Handlungsaspekt. Er wird sein Modell anbieten, solange die Gruppe noch keine eigenen Möglichkeiten hat, und er wird sich zurückziehen, wenn die Gruppe reif dafür ist.

SOZIALTHERAPEUTISCHES ROLLENSPIEL IN EINER GRUPPE ALLEINERZIEHENDER MÜTTER UND VÄTER

Elisabeth Herbsthofer, Brigitte Müller

I. Vorbemerkungen
In der Gruppenarbeit mit alleinerziehenden Müttern und Vätern haben wir es mit drei verschiedenen Problemkonstellationen zu tun:

a. Geschiedene alleinerziehende Mütter und Väter
Die unvollständige Familie ist zu einem zentralen Problem sozialer Arbeit geworden. Der alleinerziehende Elternteil kommt nicht nur der Überforderungen wegen in Konflikte, die die ausschließliche Verantwortung für Kinder, Haushalt und häufig die notwendige Berufstätigkeit mit sich bringt. Es sind vor allem auch die Auseinandersetzungen mit der Trennung von einem Partner, aber auch die Teilung des Hausrats und die Aufgabe der Wohnung, die zu dieser Überforderung beitragen. Die Geschiedenen belasten zusätzlich oft zermürbende Auseinandersetzungen um das Sorgerecht und die Besuchsregelung für die Kinder sowie die Trennung von ehemals gemeinsamen Freunden und Verwandten. Ferner darf nicht außer acht gelassen werden, daß Geschiedene mit verminderten Chancen bei der Arbeitsplatzsuche zu rechnen haben und auf bestehende Vorurteile gegenüber Geschiedenen treffen. Oft schämen sie sich, geschieden zu sein. Gegenseitige Schuldzuweisungen lassen sie nicht zur Ruhe kommen. Alles dies führt zu immer wieder aufs neue beginnenden problematischen Situationen.

b. Nicht verheiratete alleinerziehende Mütter
Mütter mit nicht ehelich geborenen Kindern leiden häufig unter Trennungsproblemen, sei es daß sie von ihrem Partner verlassen worden sind, sei es daß sie den Vater des Kindes nicht heiraten möchten. Auch sie haben oft mit Vorurteilen zu kämpfen. Ihre Problematik liegt häufig auch auf dem wirtschaftlichen Gebiet. Sie sind überwiegend der ausschließliche Ernährer und Betreuer ihrer Kinder, das heißt, sie sind − trotz öffentlicher Hilfen − oft auf die Hilfe von Angehörigen angewiesen und daher auch von ihnen abhängig.

c. Verwitwete alleinerziehende Mütter und Väter
Verwitwete haben zwar weniger mit moralischen Abwertungen zu kämpfen. Für sie steht das Zurechtkommen mit einem unwiderbringlichen Verlust im Vordergrund.

Das Miteinander der verschiedenen beschriebenen Personenkreise mit ihren jeweils unterschiedlichen Problemen kann in der Gruppe und in der Gruppenarbeit zu Spannungen führen.

Die Gruppe, von der hier zu berichten ist, entstand in einer oberbayerischen Kleinstadt durch die Initiative einer Sozialarbeiterin. Sie bestand über einen Zeitraum von fünf Jahren, während derer verschiedene Mitglieder wechselten. Die Zahl der Teilnehmer variierte von 4 bis 14, die Beteiligung der Männer wechselte zwischen 1 und 4. Die Gruppenmitglieder waren zwischen 20 und 50 Jahre alt. Die Anliegen der Gruppe ergaben sich aus der oben beschriebenen Situation der Gruppenmitglieder. Daraus resultierten folgende Zielsetzungen für die Gruppenarbeit: Beratung auf verschiedenen Gebieten, zum Beispiel bei der Kindererziehung und bei rechtlichen und finanziellen Fragen, Erfahrungs- und Gefühlsaustausch, Verstärkung der Selbständigkeit und Selbstsicherheit, Wegführung von der Verbitterung zur kritischen Selbstbetrachtung, Trauerarbeit, Freizeitgestaltung mit der Gruppe, Hilfestellung bei der Suche nach einer neuen Identität.

In der praktischen Gruppenarbeit war uns das Sozialtherapeutische Rollenspiel ein wertvolles Mittel zur Erreichung der verschiedenen Ziele. Vor allem die *wahrnehmungszentrierten Spiele* boten Gelegenheit, Schuldgefühle, Trennungsängste und Verlusterlebnisse zu thematisieren. Daneben wurden auch *gruppenzentrierte* und *problemzentrierte Spiele* angewandt. Weitere Programmpunkte der Gruppenarbeit waren die Durchführung von Feiern und Ausflügen, Basteltreffen, Diavorführungen, Stammtisch- und Kegelabende, Informationsbeschaffung.

II. Die Anwendung des Sozialtherapeutischen Rollenspiels in der Gruppe

Wir machten hier die Erfahrung, daß die verschiedenen Problemlagen der Gruppenmitglieder immer wieder im Spiel aufschienen.

1. Wahrnehmungszentrierte Spiele

a. *Erlebnisspiele* zum Kennenlernen

Da solche Spiele mit der Nennung des Namens verbunden sind, bieten diese neben der Möglichkeit, sich näher kennenzulernen, auch Hilfen bei der Suche nach Identität. Wir konnten feststellen, daß bei alleinstehenden Frauen der Vorname an Bedeutung gewonnen hat. Er ist das zuverlässige Element in der Reihe der Namen. Der eigene Familienname wurde meist bei der Eheschließung abgelegt, der Name des getrennten Ehemannes wird abgelehnt. Der Vorname alleine ist geblieben, begleitet die Frauen seit ihrer Geburt. Bei solchen Spielen zeigten die Teilnehmer viel Neugierde und Bereitschaft, sich im Spiel zu äußern. Erinnerungen an die Kindheit und Jugend – als einer noch unbeschwerteren Zeit – wurden wach.

b. *Erlebnisspiele* mit realen Gegenständen in der Mitte
Auch dieses Spiel zeigte die aktuelle Problematik der Gruppenteilnehmer. Man hatte sich zwar von einer oder von mehreren Personen getrennt, aber keinesfalls von allen Gegenständen, beispielsweise von einer Uhr, die in der Mitte lag und Erinnerungen auslöste. Die Uhr machte aber auch deutlich, wie unterschiedlich die einzelnen mit „Zeit" umgehen und welch unterschiedliche Bedeutung diese für jeden hat. Für manche lag die Trennung schon lange zurück, manche hatten diese noch vor sich; andere erlebten die Gegenwart als so belastend, daß die Zeit nicht zu vergehen schien. Die Tatsache, daß sehr viele Erinnerungen zu den Erlebnissen der Spieler in Verbindung gebracht wurden, zugleich aber kaum Gefühle dabei genannt worden sind, die solche Erlebnisse begleiten, macht deutlich, wie konfliktgeladen dieses Thema für den einzelnen noch war.

c. *Erlebnisspiel* „Schnappschuß" zu aktuellen Erlebnissen
Bei diesem Spiel stehen aktuelle Erlebnisse, Vorkommnisse der allerletzten Zeit im Vordergrund. Hier wurde der Alltag mit seinen Belastungen für die Alleinerziehenden besonders deutlich. Der Austausch über solche den einzelnen überfordernde Szenen brachte Erleichterungen und verhalf den Gruppenmitgliedern zu einer Distanz zum Problem. Das Spiel verlief zumeist sehr lebhaft und zeigte anschaulich, mit welchen drängenden Problemen Alleinerziehende konfrontiert sind und wie ihr Alltag bestimmt wird von Anforderungen, die wenig Raum für eigene Bedürfnisse lassen. Das Erlebnis aber, daß es anderen ähnlich geht, daß nicht nur sie so hilflos sind, führte zu einer Entlastung und verstärkte das Zusammengehörigkeitsgefühl der Gruppe.

d. *Erlebnisspiel* zur Verarbeitung von Schuldgefühlen
Wir boten hierfür den „leeren Korb" an, der Raum gab für Unterlassenes, das diese Schuldgefühle hervorruft. Hier zeigte sich, daß bei den Gruppenmitgliedern eine Fülle von belastenden Situationen, die mit Schuldgefühlen verbunden sind, vorhanden waren. So hatten sie häufig die Vorstellung, als Alleinerziehende auch noch den Erziehungsteil leisten zu müssen, der vom fehlenden Partner hätte erbracht werden müssen. Berufstätigkeit und familiäre Anforderungen führten häufig in einem Ausmaß zu Streß mit der Folge, daß die Be-

dürfnisse der Kinder nicht immer berücksichtigt werden konnten. Die Frage, wer von den Partnern Schuld an der Trennung hat, war oft noch nicht ausreichend geklärt und verarbeitet. Es bestanden Ängste, daß die Kinder zu irgend einem Zeitpunkt ihnen Schuld für die fehlende komplette Familie zuweisen würden.

e. *Phantasiebilder*

Neben diesen Erlebnisspielen setzten wir *Phantasiebilder* ein, um legale Fluchtmöglichkeiten aus dem Dilemma, in dem sich unsere Gruppenteilnehmer befanden, anzubieten. Wir stellten dabei fest, daß besonders die Frauen sich regressive Möglichkeiten dadurch schufen, daß sie leichte Unterhaltungslektüre lasen. Nun konnten sie in ihrer Phantasie die Wirklichkeit verlassen und in eine „schöne Welt" flüchten. Die Beteiligung war außerordentlich lebhaft. Interessant war, daß die Teilnehmer kaum versuchten, alleine zu flüchten. Sie phantasierten vielmehr Urlaubsreisen, bei denen sie ihre Kinder dabei hatten und mit ihnen eine unbeschwerte Zeit verbrachten. Dies machte uns nochmals deutlich, wie belastend der Alltag für diese Alleinerziehenden ist, wie wenig Erfreuliches sie im Alltag erleben und daß kaum etwas Gemeinsames unternommen wird. Auffällig war für uns ferner, daß diese Spiele bei der Versprachlichung von Problemen sehr behilflich sind. So gab zum Beispiel ein wortkarger Mann die phantastischsten Schilderungen. Uns wurde hierdurch bewußt, daß er mittlerweile stark „nach innen lebte" und wie gefährlich diese Regression für ihn werden konnte, wenn man ihm nicht die Möglichkeit bot, das auszusprechen, was er sich in seiner Phantasie ausmalte. Wichtig bei diesen Spielen ist, daß die Regression wieder zurückgenommen wird, daß Traum und Wirklichkeit deutlich voneinander geschieden werden.

2. Erfahrungen mit gruppenzentrierten Spielen

Wir boten der Gruppe das *gruppenzentrierte Phantasiespiel* an, das bereits höhere Anforderungen an die Bereitschaft der einzelnen stellt, sich in der Gruppe zu engagieren. Während bei den Erlebnisspielen das Sitzen im Kreis möglich ist, wird hier dieser „schützende Rahmen" verlassen. Jeder Teilnehmer muß sich selbst in einer anderen Rolle darstellen und diese auch ausfüllen. So wurden beispielsweise in unserem Spiel „Wildpark" nicht verwirklichte Wunschrollen aus dem erotischen Bereich gewählt, es wurden Führungsansprüche gestellt oder Fluchtmöglichkeiten aus belastenden Situationen gesucht. Thematisch kam der Wunsch nach Geborgenheit und „Verwurzelung" zum Ausdruck. Sehnsüchte nach Zärtlichkeit und Anlehnung brachen auf. Der Wunsch, einfach davonlaufen zu dürfen, wurde geäußert. Einige Gruppenmitglieder waren sehr rasch bereit mitzuspielen, andere hatte erhebliche Hemmungen, den sicheren Platz zu verlassen.

Die Auswertung dieses Spieles ergab, daß in der Gruppe Bündnisse unter den Teilnehmern geschlossen worden waren. Deutlich wurden auch die Machtkämpfe, die sich die Mitglieder lieferten; so rivalisierten die einzelnen Untergruppen miteinander, die Kompetenzen der Leiter wurden in Frage gestellt, Übertretungen von Normen erprobt.

3. Der Einsatz von problemzentrierten Spielen
Alleinerziehende, vor allem die Frauen unter ihnen, haben Ängste vor Ämtern und glauben, daß Frauen weniger Gehör finden. Sie glauben auch weniger als Männer in der Lage zu sein, rechtliche Zusammenhänge zu erkennen. Von daher ergibt sich gerade hier die Notwendigkeit, einen Behördenbesuch, der besonders Angst macht, vorzubereiten. Hier bietet sich das *Situationsspiel* aus dem Sozialtherapeutischen Rollenspiel an und ebenso die *Verhaltensmodifikation*. Eines dieser *problemzentrierten Spiele* befaßte sich mit dem Besuch beim Sozialamt. Die Gruppe war in der Lage, eine Fülle von Handlungsalternativen anzubieten, die das Verhaltensrepertoir für die Bewältigung des Problems anreicherten. Die Spieler bekamen positive Verstärkung und wurden sehr bewundert. Auch die „Zuschauer" waren stark beteiligt und identifizierten sich mit den einzelnen Rollen. Interessant für sie war, daß es ihnen gelang, sich in den Beamten einzufühlen, der ihnen bisher fremd und daher auch beängstigend erschien. Der Lernerfolg bestand primär darin, daß alle erkannten, daß sie und der Beamte unterschiedliche Interessen vertraten und daß sie ihre eigenen Bedürfnisse so darzustellen haben, daß ihr Anrecht auf Unterstützung deutlich wird. Damit wuchs bei den Teilnehmern der Mut, Ämter aufzusuchen. Es entstand das Bedürfnis, solche Spiele auch für andere Problemlagen, etwa der Wohnungs- oder Arbeitssuche, oder im Rahmen des veränderten Umganges mit dem ehemaligen Partner, einzusetzen.

4. Einfühlungsspiele in ihrer Besonderheit für diese Gruppe
Bei diesen Spielen, die zu den *wahrnehmungszentrierten Spielen* zählen, gelang es zwar, Spielfreude und Engagement herzustellen, eine genauere Analyse der Ergebnisse machte jedoch die Identitätsverwirrung deutlich, in der die Klienten während ihrer Krisen standen. Bei einem dieser Spiele sollten sich die Gruppenmitglieder einem

Spielzeug zuordnen. Die Spielregel sah vor, daß der einzelne genau überlegt, ob diese Zuordnung zu ihm passen könnte, ob er sie verändert haben will, ob er sie annimmt oder ablehnt. Dieser Spielschritt wurde von unserer Gruppe aber nicht bewältigt. Es war zwar ein frohes Geben und Nehmen, die Reflexion über den „Hintergrund" wurde aber verweigert. Dies hatte eine diagnostische Bedeutung. Im Zusammenhang mit der Lebensgeschichte der Beteiligten und mit den Erfahrungen, die andere Spiele offenlegten, wurde daraus deutlich, daß bei Partnerproblemen viele Verletzungen durch Schuldzuweisungen erfolgen: „Du bist...", „Du führst dich auf wie...", „Du kannst und kannst nicht...". Dies alles sind gegenseitige Mitteilungen, die gleichzeitig mit dem Erlebnis verbunden sind, daß es sinnlos ist, sich dagegen zu verteidigen oder gar das Bild des anderen zurechtzurücken. Hinzu kommt, daß bei der Trennung vom Partner offenbar wird, daß viele ihre Identität nur als Ehepaar oder als Paar überhaupt hatten. Der einzelne muß seine persönliche Identität erst noch finden, sich vom Partner abgrenzen lernen. Waren im familiären Bereich die Zuschreibungen ohne Überlegungen, welcher Wahrheitsgehalt in ihnen steckte, einfach abgelehnt worden, so wurden nun in der Gruppe die Zuordnungen angenommen, als wären es ausschließlich positive Geschenke. Für die weitere Spielsituation bedeutet dies, darauf zu achten, ab wann die Reflexion möglich wird, das heißt ab wann das Selbstwertgefühl der einzelnen so stabil ist, daß sie sich gestatten können, sich auch ihrem Schatten zu stellen.

Das Rollenspiel ruft vielerlei Bilder hervor. Manche Bilder werden von den Gruppenmitgliedern im Auswertungsgespräch aufgegriffen und bearbeitet. Andere Bilder sprechen für sich und geben dem Gruppenleiter wertvolle Hinweise auf den Standort des einzelnen Gruppenmitgliedes. Gedanken, die durch Bilder ausgelöst wurden, treten später im Einzelgespräch zutage. Wir erlebten auch öfter — wie beim *Einfühlungsspiel* — die Situation, daß die Bilder nicht angetastet werden, was teilweise auch damit zusammenhängt, daß die Gruppenmitglieder noch nicht gewillt sind, sich dem Problem zu stellen.

4. Entwicklung der Gruppe

In der Anfangsphase bestanden die Aktiviäen der Gruppe mehr im Zuhören und im Unterhalten. Zu diesem Zeitpunkt war die Gruppe vom Alter und der Zusammensetzung her sehr heterogen.

Zu Beginn der mittleren Phase blieben einige Gruppenmitglieder längere Zeit weg. Da die Gruppe schon lange Zeit vor unserer Leitung bestanden hatte, waren hierfür sicherlich auch die veränderten Bedingungen mit ausschlaggebend. In kurzen Abständen kamen neue Mitglieder hinzu, die eine große Bereitschaft mitbrachten, sich mit der eigenen Situation auseinanderzusetzen. Für sie stellte das Sozialtherapeutische Rollenspiel eine Hilfe dar, sich mit der eigenen Person und mit den anderen Gruppenmitgliedern zu befassen.

Zunehmend strukturierte sich die Gruppe, Freundschaften entstanden und führten zu Bündnissen. Ein starkes „Wir-Gefühl" kam auf, man fühlte sich untereinander solidarisch, half sich gegenseitig von der Kinderbetreuung bis zu handwerklichen Arbeiten. Das Klagen über das eigene Leid trat in den Hintergrund. Man kam immer mehr weg vom Zuhören (Konsumieren von Referaten) und wollte selbst aktiv werden (zum Beispiel entwickelte sich eine ausgesprochene Spielfreudigkeit).

Zu dem Zeitpunkt, als wir uns von der Gruppe verabschiedeten, war zu erkennen, daß die Bereitschaft, noch mehr für sich zu tun, gewachsen war. Dies drückte sich beispielsweise in dem lebhaften Interesse an einem Kommunikationstraining aus. Zu dieser Zeit war die Teilnehmerzahl wieder sehr konstant.

Das Sozialtherapeutische Rollenspiel hat unserer Meinung nach wesentlich zu der erfreulichen Entwicklung der Gruppe beigetragen – zur Anregung der Phantasie, zur Zunahme von Verhaltensmöglichkeiten, zur Bereitschaft, sich mit der eigenen Person und den Mitmenschen zu beschäftigen und nicht zuletzt zur oft wiederentdeckten Freude am Spiel.

DER EINSATZ DES SOZIALTHERAPEUTISCHEN ROLLENSPIELS IN EINER PFLEGEELTERNGRUPPE

Gabriele Treiber

I. Vorbemerkungen

Ausgangspunkt meiner Überlegungen, eine Pflegeelterngruppe anzubieten, war der Gedanke, daß auch Ersatzeltern zur Bewältigung der alltäglichen Probleme in ihrer spezifischen Situation dringend einer Begleitung der erzieherischen Praxis bedürfen. Diese Notwendigkeit liegt vor allem darin begründet, daß Pflegefamlien im Vergleich zu anderen Kleinfamilien erhöhten Belastungen ausgesetzt sind. Neben Einzelberatung bietet die Zusammenarbeit mehrerer Pflegefamilien die Chance, daß bei den Ersatzeltern ein größeres Problembewußtsein geweckt und die Bereitschaft, sich mit dem eigenen Erziehungsverhalten kritisch auseinanderzusetzen, gefördert wird. Die Gruppe kann dabei einen schützenden Rahmen bieten, in dem durch kreatives Ausprobieren verschiedener Handlungsmöglichkeiten ein Prozeß des Wahrnehmens und Nachdenkens über eigenes Verhalten aktiviert wird.

II. Die Gruppe

Nach einer kurzen Information bei einem offenen Pflegeelternabend vom Jugendamt trafen sich zwei Elternpaare und eine Pflegemutter 14tägig an 10 Abenden mit mir. Teilnehmer waren das Ehepaar M. (2jährige Kathrin in Wochenpflege), die Pflegeeltern Herr L. und Frau C. (gemeinsam zwei asiatische Pflegekinder, 13 und 14 Jahre alt, und jeweils zwei leibliche Jugendliche aus 1. Ehe) und die Pflegemutter Frau K. (zwei Adoptiv- bzw. Dauerpflegekinder, Michael, 10 Jahre, und Nina, 8 Jahre alt). Der erste Abend diente dem Kennenlernen, dem gegenseitigen Schildern der familiären Situation und dem Gespräch über Erwartungen und Vorstellungen bezüglich dieser Gruppe. Die Beteiligung war freiwillig.

Die Ersatzeltern hatten ein starkes Bedürfnis, sich auszusprechen und sich gegenseitig mitzuteilen, um sich so von eigenem Leidensdruck zu entlasten. Es wurde deutlich, daß trotz der einheitlichen Zielgruppe „Pflegeeltern" sich sehr heterogene Gruppenmitglieder vor allem bezüglich der Dauer ihrer pädagogischen Erfahrungen im Umgang mit Kindern, insbesondere mit Pflegekindern, und hinsichtlich ihrer Verbalisationsfähigkeiten zusammengefunden hatten. Diese Tatsache bestärkte mich in der Wahl einer Methode, die bei den

Stärken der einzelnen Gruppenmitglieder ansetzt und sowohl für redegewandte als auch für eher handlungsorientierte Menschen gleichermaßen geeignet ist: das *Sozialtherapeutische Rollenspiel*.

III. Das Sozialtherapeutische Rollenspiel

Allgemeines Ziel der Gruppenarbeit sollte sein, den Pflegeeltern Gelegenheit zu geben, gemeinsam über den erzieherischen Alltag nachzudenken, eigenes Verhalten klarer zu sehen und verschiedene Handlungsmöglichkeiten im pädagogischen Umgang zu finden.

Als freie Mitarbeiterin des Jugendamtes vereinbarte ich mit den Eltern und den dort zuständigen Sozialarbeitern, die beim ersten Gespräch anwesend waren, daß ich bezüglich des in der Gruppe Besprochenen auch gegenüber dem „Sozialen Dienst" der Schweigepflicht unterliege und sich die Eltern weiterhin zur Klärung zum Beispiel von konkreten rechtlichen Fragestellungen dorthin wenden können.

Mit der Pflegeelterngruppe wurde sodann regelmäßig mit dem Sozialtherapeutischen Rollenspiel gearbeitet. Im Verlauf der 10 Treffen wurden insgesamt 6 verschiedene Spiele durchgeführt. An den übrigen Abenden fanden entweder vor- oder nachbereitende Gespräche statt, in die teilweise ebenfalls Elemente des Sozialtherapeutischen Rollenspiels einflossen, wie zum Beispiel die Gruppeneinfühlung, um den Teilnehmern die Identifikation mit einer Person oder Thematik zu erleichtern oder Anregungen für unterschiedliche Wahrnehmungsmöglichkeiten in einer Situation zu bieten.

1. Erlebnisspiel „Spielzeugkiste"

Als erstes Sozialtherapeutisches Rollenspiel wählten wir aus der Gruppe der *wahrnehmungszentrierten Spiele* das *Erlebnisspiel „Spielzeugkiste"*. Dieses Spiel dient im allgemeinen an Hand von gewähltem Spielzeug dem Zurückerinnern an Erlebnisse aus der eigenen Kindheit, dem Wahrnehmen und Auseinandersetzen mit den damit verbundenen Gefühlen. Dadurch lernen sich die Teilnehmer gegenseitig anders kennen als nur dem Namen nach und gewinnen Lust am eigenen Spielen.

Nach kurzer Verwunderung über die imaginäre Spielzeugkiste gelang allen Gruppenmitgliedern rasch der Einstieg ins Spiel, und Herr und besonders Frau M., denen es schwerfiel, sich verbal zu artikulieren, konnten sich mit ihren Schilderungen von den gefundenen Gegenständen auch sofort einbringen. Frau C. fiel die andere Art des Miteinander-in-der-Gruppe-vertraut-Werdens besonders positiv auf. Erstaunt waren alle über die Intensität des Spieles und über die Fülle an erinnerten Erlebnissen. Angeregt durch das Spiel folgte ein lebhaftes Gespräch über Spielzeug heute und früher, über Unterschiede und Gemeinsamkeiten beim Spiel der Kinder früher und heute, Betrachtungen darüber, was für sie als Kind „Spiel" und „Erkunden" war, was sie als Erwachsene heute als Gefahr sehen, Vergleiche über unterschiedliches Spielverhalten von Mädchen (ausgelöst durch die von Frau M. gefundene Puppe und durch die Assoziation von Frau C., die Mädchenspielzeug immer haßte) und eine längere Unterhaltung über die Bedeutung eines Lieblingsspielzeugs für Kinder, das Erwachsene oft verkennen.

Für mich war dieses Rollenspiel vor allem diagnostisch von Bedeutung. So erfuhr ich Stärken, wichtige Werte, Einstellungen und Ansätze von Schwierigkeiten des einzelnen. Gleichzeitig war es mir durch das Schildern eigener Erlebnisse möglich, bestimmte Aspekte besonders zu betonen; zum Beispiel schilderte ich ein stark gefühlsbetontes Erlebnis als Gegengewicht zu einem sehr rationalen Beitrag von Frau C. und unterstützte dabei gleichzeitig emotionale Erlebnisberichte von Frau M. Die im Spiel vorgegebenen Regeln erlebte ich in der Anfangssituation der Gruppe als besonders hilfreich, damit jeder sich äußern konnte, ihm zugehört wurde und von anderen nicht wertend darauf eingegangen wurde. Die Teilnehmer berichteten, daß sie an diesem Abend die Atmosphäre angenehm erlebt hätten und sie sich bei Äußerungen zunehmend sicherer gefühlt hätten.

2. Situationsspiel mit Verhaltensmodifikation

Das nächste Rollenspiel war ein *problemzentriertes,* und zwar das Situationsspiel mit Verhaltensmodifikation. Ziel war einerseits, die beschriebene Problemsituation deutlicher zu sehen und zu verstehen, und andererseits, das Verhaltensrepertoire der Problemeinbringer zu erweitern mit dem Ziel, eine Verhaltensänderung zu ermöglichen.

Zunächst schilderten alle Teilnehmer eine für sie schwierige Situation im erzieherischen Alltag und einigten sich dann auf das Problem des Ehepaars M. und ihrer Pflegetochter Kathrin. Alle Pflegeeltern schienen an dem Problem sehr interessiert zu sein, fragten nach und berichteten, daß sie dies aus eigener Erfahrung sehr gut kennen würden. Es bestand die Gefahr, daß einzelne Rezepte verteilten, die das Ehepaar M. sicherlich dankbar als Entlastung vom massiven Leidensdruck aufgenommen und unreflektiert versucht hätte, diese zu kopieren. Die Ratschläge unterband ich mit dem Hinweis, daß jeder im Spiel sofort konkreter darstellen könne, was er ausdrücken wolle.

Nach einer Vorbereitungsphase, in der die Pflegeeltern M. eine Problemsituation mit Kathrin näher schilderten, die Szene realitätsnah aufgebaut wurde und die Rollenübernahme und -verteilung stattgefunden hatte, folgte das eigentliche Spiel, Verhaltensmodifikationen und Auswertungen mit Rollen-Feedback, Identifikations-Feedback und Auswertungsgespräch, in dem auch der Realitätsbezug hergestellt wurde.

Das Ehepaar stellte dabei fest, daß es „nie gedacht hätte, daß das Spiel hier so werde wie daheim", und wollte die im Spiel gewonnenen neuen Erkenntnisse gleich zu Hause ausprobieren. Die anderen Gruppenmitglieder zogen aus dem Spiel für ihren eigenen Umgang mit ihren Pflegekindern alternative Verhaltensmöglichkeiten. Obwohl es einzelnen zunächst schwer fiel, sich mit guten Ratschlägen zurückzuhalten („das ist doch schnell in einem Satz gesagt"), erlebten es alle als hilfreich, aber gleichzeitig auch als nicht einfach, in einer Situation praktische Handlungsalternativen auszuprobieren und die Reaktionen der anderen Beteiligten zu erleben. Dies zeigten Äußerungen wie: „Es ist nicht so einfach, das zu tun, was man sich im Kopf vorgestellt hat" oder: „Daheim gelingt mir das nicht so wie hier, aber ich will es versuchen − jetzt habe ich es ja schon einmal ausprobiert".

Aus meiner Sicht wurden den Problemeinbringern durch das Spiel Zusammenhänge in der Eltern-Kind-Beziehung durchschaubarer. Durch die Gruppe fühlten sie sich sicherer, weil sie Verständnis spürten, Handlungsalternativen erfuhren und gemeinsam nach praktischen Problemlösungsmöglichkeiten suchten. Mir wurde im Spiel die vielfach hinter der geschilderten Problematik stehende Angst der Pflegeeltern deutlich, vom Kind bewertet zu werden. Und so konnte ich dies beim Identifikations-Feedback einbringen. In meiner Rolle oder durch die Identifikation mit jemand konnte ich auch zu anderer Wahrnehmung anregen und verschiedene Sichtweisen einer Situation und Verhaltensalternativen vermitteln. Die Gruppenmitglieder bestätigten dies oder setzten ihre eigene Sichtweise dagegen. Im Auswertungsgespräch wurde thematisiert, daß ein bestimmtes Verhalten meist nur für eine Situation inadäquat ist, aber sich in einer anderen Situation als durchaus hilfreich erweisen kann.

In der folgenden Sitzung schilderten die Pflegeeltern M. dann ihre positiven Erfahrungen, die sie daheim machen konnten, als sie die im Spiel gewonnenen Erkenntnisse mit Kathrin ausprobierten.

3. Problemzentrierte Rollenspiele
Ähnlich hilfreich empfangen die Pflegeeltern zwei weitere *problemzentrierte Rollenspiele,* bei denen eine von Frau K. geschilderte schwierige Situation mit ihren Pflege- und Adoptivkindern und auch eine aktuelle Problemsituation mit den beiden asiatischen Pflegekindern bearbeitet wurde.

Ich erlebte die Gruppe dabei als zunehmend offener für die erzieherischen Alltagsprobleme der anderen und selbstkritischer gegenüber eigenen Verhaltensweisen. So wurde zum Beispiel das Ehepaar M., nachdem die Problemsituation mit Kathrin gespielt worden war, fähig, zu Beginn eines Treffens von den Alltagssituationen, die sich zwischen den Sitzungen ereignet hatten und die sie beschäftigten, zu berichten. Die anderen Gruppenmitglieder lernten zuzuhören und, statt Ratschläge zu erteilen, sich in das Geschilderte einzufühlen. Immer häufiger tauschten die Teilnehmer auch ohne meine modellhaften Beiträge gegenseitig ihre Wahrnehmung einer bestimmten Situation aus und fanden kreative Möglichkeiten auf der Handlungsebene. Nach diesen Sitzungen folgten jeweils Gespräche mit Themen wie „Selbstwertgefühl bei Pflegekindern" oder „Verarbeitung, ein Pflegekind zu sein", in denen kurze *Gruppeneinfühlungen* den verbalen Austausch anschaulich anregten und intensivierten.

Als weiteres *problemzentriertes Spiel* machten wir ein *Zukunftsgespräch* mit *Verhaltensmodifikation,* bei dem es um die Schwierigkeiten ging, in welchem Alter und zu welchem Zeitpunkt wer wie und wo mit dem Pflegekind darüber sprechen könnte, daß es kein leibliches Kind ist. Ziel dieses Rollenspiels war es, in einer fiktiven Situation dem problemeinbringenden Gruppenmitglied verschiedenartige Gesprächsmöglichkeiten und deren Konsequenzen für alle Beteiligten in unterschiedlichen Situationen aufzuzeigen, damit es in der Realsituation ein breitgefächertes Spektrum von Handlungsalternativen zur Verfügung hat.

Als besonders hilfreich wurde dabei von dem betroffenen Gruppenmitglied das Einfühlen in das Pflegekind in den unterschiedlichen Gesprächssituationen erlebt; das Erweitern der eigenen Argumentationsfähigkeit vermittelt ein Gefühl von Sicherheit für das reale Gespräch. Auch die anderen Teilnehmer konnten sich differenzierter als bei den ersten Rollenspielen beim Identifikations-Feedback einbringen. Sie lernten im Auswertungsgespräch, einerseits das Gemeinsame der Erlebnisse bei eigenen ähnlichen Gesprächen zu sehen und andererseits auch deutlich individuelle Unterschiede für ihre spezifische Situation herauszuarbeiten. Zum Abschluß eines jeden Abends machten wir eine kurze Auswertung, bei der jeder sich überlegte, was für ihn dieses Mal besonders wichtig war, was er eventuell zu Hause wie umsetzen kann und welche Wünsche er für das nächste Treffen hat.

Am letzten Abend folgte zur Gesamtauswertung ein *Gruppenspiel,* also ein *gruppenzentriertes Spiel,* bei dem sich die Teilnehmer an Hand von imaginären Fotos von Gruppensituationen noch einmal mit eigenen positiven und negativen Erlebnissen in der Gruppe beschäftigen konnten.

Beim Beschreiben der negativen Bilder berichteten alle, daß es ihnen – im Gegensatz zu dem positiven Bild, wo sie viele Fotos fanden – schwer gefallen sei, überhaupt so ein Gruppenfoto zu finden. Das Assoziations-Feedback verlief sehr lebhaft. Besonders zu den als negativ erlebten Situationen folgten Schilderungen der gleichen, von anderen aber positiv erfahrenen Gruppensituation. Im Auswertungsgespräch berichteten die Pflegeeltern noch einmal ausführlich, was sie bei den anderen Gruppenmitgliedern und dem Gruppenleiter hilfreich fanden und wie sie jetzt im Alltag mit den geschilderten problematischen Erziehungssituationen umgehen. Insgesamt stellten die Teilnehmer fest, daß dieses Spiel viel einfacher gewesen sei als die problemzentrierten, und sie bemerkten, daß sie weitaus mehr und deutlichere Bilder als beim ersten Spiel gefunden hätten. Frau C., die schon in einigen pädagogisch-psychologischen Gruppen war, gefiel besonders, daß die eigene praktische Erfahrung aller beim Umgang mit einer Problematik überwog und die Atmosphäre so dicht und vertraut gewesen sei, wie sie es zuvor nicht erlebt habe. Herr und Frau M. sagten, daß sie besonders vom Durchspielen der Problemsituation mit ihrem Pflegekind profitiert hätten und dieses Verhalten nun auch auf andere Situationen im Umgang mit Kathrin zu übertragen versuchten. Frau K. war froh, noch einmal über die für sie schwierige Gruppensituation reden zu können und von den anderen ein unterstützendes Feedback auf ihr Verhalten zu bekommen, bei dem sie sich sehr unsicher gefühlt hatte.

Alle Pflegeeltern äußerten im Anschluß an dieses Rollenspiel noch das Bedürfnis, die Kinder der anderen kennenzulernen und ihre eigenen vorzustellen. So planten sie einen gemeinsamen Nachmittag in einem nahe gelegenen Ausflugsziel.

4. Fazit

Aus Äußerungen der Teilnehmer schließe ich, daß sie insgesamt positive Erfahrungen in dieser Gruppe machen konnten und ihr Vertrauen zu mir als Gruppenleiter gewachsen war. Anfangs wurden bei Schilderungen von schwierigen Alltagssituationen noch Bedenken geäußert hinsichtlich der eigenen erzieherischen Kompetenz als Ersatzeltern und es kamen Nachfragen bezüglich meiner Schweigepflicht gegenüber dem „Sozialen Dienst". Sie artikulierten ihre Angst, daß das Eingestehen mangelnder Fähigkeiten Auswirkungen in bezug auf die Kontrollfunktion des Jugendamtes haben könnte. Hilfreich erwies sich hierbei eine akzeptierende Grundhaltung, die eine Sicherheit des Sich-angenommen-Fühlens bewirkte. Sicherheit bot ihnen auch die Orientierung an den strukturierenden Spielregeln. Gleichzeitig wurde dieses Gefühl unterstützt durch das Erleben in der Gruppe, daß Äußerungen nicht bewertet, sondern als eine Möglichkeit betrachtet wurden, die die Chance des Lernens von Alternativen beinhaltete. Meine Interventionen als Gruppenleiterin hatten modellhaften Charakter. So mußten anfangs Aktivitäten in dieser Gruppe verstärkt von mir ausgehen und über mich laufen. Später konnte ich mich eher zurücknehmen und Interaktionen und Interventionen wurden vermehrt von den Gruppenmitgliedern übernommen. Die Teilnehmer nahmen eigene Verhaltensweisen wahr, äußerten immer häufiger Zutrauen in eigene Fähigkeiten, lernten sich in andere einzufühlen und entdeckten neue Möglichkeiten im Umgang miteinander, in der Gruppe und schließlich auch im erzieherischen Umgang im Alltag.

Leider war die Zusammenarbeit mit der Gruppe nur auf zehn Abende beschränkt, so daß Veränderungsprozesse zwar initiiert werden konnten, aber eine weitere Begleitung durchaus noch sehr effektiv für einzelne gewesen wäre. Zusammenfassend kann gesagt werden, daß es durch das Sozialtherapeutische Rollenspiel gelang, den Pflegeeltern Anregungen zur Bewältigung von Schwierigkeiten im pädagogischen Alltag zu geben. Dies geschah sowohl durch unterstützende Interventionen der Gruppenleiterin als auch der Gruppenmitglieder untereinander.

ERFAHRUNGEN MIT DEM SOZIALTHERAPEUTISCHEN ROLLENSPIEL IM RAHMEN DER SCHWANGERSCHAFTS-KONFLIKTBERATUNG

Adelheid Stein

I. Vorbemerkungen

Die Schwangerschaftskonfliktberatung zeigt häufig sehr rasch die Verwobenheit von individuellen und gesellschaftlichen Konflikten auf. Schnell offenbaren sich auch die Grenzen und Möglichkeiten einer Beteiligung wichtiger Bezugspersonen bei der professionellen Beratung. Die Hilfsangebote in der Schwangerschaftsberatung sind unterschiedlich. Sie reichen von der einmaligen Beratung bis zur kontinuierlichen Bearbeitung von Problemen, die mit Schwangerschaft und Geburt, mit der Auseinandersetzung mit Partnern, Eltern und Arbeitgebern, mit der Gewöhnung an das Kind, mit der Organisation von Pflege und Beruf, aber auch mit Schuldgefühlen im Zusammenhang mit einem Schwangerschaftsabbruch zu tun haben.

Die für solche Beratungen, insbesondere aber für eine regelmäßige Konfliktberatung eingesetzten Methoden bestimmen sich durch die Persönlichkeit der jeweiligen Klientin und ihre besondere Situation sowie durch die Möglichkeiten der Beratungsstelle. Das Sozialtherapeutische Rollenspiel konnte in unterschiedlichen Gruppen als ein hilfreiches Instrumentarium in der Schwangerschaftskonfliktberatung erfahren werden – insbesondere da, wo es galt, zweckmäßige Verhaltensweisen zu erproben oder Zusammenhänge mit aktuellen Problemen oder mit der Lerngeschichte von Klienten herzustellen.

II. Das Beispiel der Helga A.

Im folgenden wird der Prozeß einer solchen Konfliktberatung an einem Beispiel aufgezeigt, wobei eine Vielzahl der beteiligten Personen, deren Unfähigkeit zur Akzeptanz unterschiedlicher Einstellungen und die Lerngeschichte der Klienten herausgestellt werden:

Helga A., Industriearbeiterin, ist 17 Jahre alt und wohnt bei ihren Eltern. Sie ist schwanger. Geschwängert wurde sie von einem 19jährigen Süditaliener. Auf Betreiben ihrer Eltern (Mutter, 38 Jahre alt, Packerin; Vater, 40 Jahre alt, Postangestellter) besucht sie die Beratungsstelle, genauer: zum Zwecke eines Schwangerschaftsabbruches wird sie von ihren Eltern zur Beratungsstelle geschickt. Die ersten Gespräche mit Helga und ihren Eltern ergeben unvereinbare Grundhaltungen. Die Eltern halten eine spätere Adoption des Kindes für verwerflicher und für ihr Ansehen abträglicher als einen Schwangerschaftsabbruch. Die Tochter benutzt ihre Schwangerschaft als Druckmittel gegen die Eltern, von denen sie sich um jeden Preis lösen will. Sie ist deshalb eher mit einer Adoption als mit einem Schwangerschaftsabbruch einverstanden. Die Eltern schämen sich ihrer Tochter wegen. Da für Helga ausschließlich dieser Elternkonflikt bestimmend ist, kann sie sich auch keinerlei Vorstellungen von den Realitäten machen, die auf sie zukommen. Ihre einzige Planung gilt dem Auszug aus der Familie, der damit verbundenen Wohnungssuche und dem Bemühen, Tonio, den Vater des zu erwartenden Kindes, zum Auszug von seiner Familie zu überreden.

Es wurde der Sozialarbeiterin klar, daß hier eine längerfristige Hilfe angeboten werden mußte. Helga kam in eine Gruppe junger schwangerer Frauen, von denen eine unmittelbar vor der Entbindung stand.

III. Das Sozialtherapeutische Rollenspiel

Die Konfrontation mit den übrigen Gruppenmitgliedern, die alle schon deutlich sichtbar schwanger waren, erschreckte Helga zuerst. Die Gruppenleiterin bot zunächst ein *Erlebnisspiel* an, das die Auseinandersetzung mit einem Identitätsausweis (Personalausweis) ermöglichte, in dem die Teilnehmer auch ihr Bild fanden. Hier setzten sich die werdenden Mütter vor allem mit ihrer veränderten Figur auseinander, obgleich diese im realen Personalausweis nicht sichtbar ist. Vor allem die Veränderung des Gesichtes wurde schmerzlich unterstrichen. Ängste, beim Partner nicht mehr in gleicher Weise angesehen zu sein wie früher, wurden geäußert. Für einzelne Frauen wurde es zum Problem, daß sie von Außenstehenden nur mehr als Mütter, zusammen also mit dem ungeborenen Kind, gesehen wurden, als Individualitäten aber nicht mehr in Erscheinung traten.

Im Auswertungsgespräch wurde deutlich, daß die sehr jungen schwangeren Frauen noch keine ausreichende Identität entwickelt hatten und so sich durch das werdende Kind bedroht fühlten. Helga, die als einzige noch keine Merkmale der Schwangerschaft zeigte, fing erstmalig an zu begreifen, daß sie einer Veränderung gegenüberstand, die offenbar schwerwiegender war.

Das zweite Treffen, bei dem Helga beteiligt war, stand unter dem Eindruck des kleinen Tobias, den ein anderes Gruppenmitglied, Marlies H., mittlerweile geboren hatte. Es wurde ausführlich über die Erfahrungen der jungen Mutter vor und während der Geburt diskutiert. Die Gruppenleiterin war froh darüber, daß es sich um eine ganz normale Geburt gehandelt hatte, da Helga so auf „natürliche Weise" mit der Realität konfrontiert werden konnte. Als wichtigste Aufgabe war nun das Problem des bevorstehenden Auszugs von Helga aus dem Elternhaus zu lösen, die erklärte, es bei ihren Eltern nicht mehr länger aushalten zu können. Hier mußte *problemzentriert* gearbeitet werden. Vorzubereiten war das Gespräch mit den Eltern; sie sollten dem Auszug zustimmen. Des weiteren war die Wohnungssuche vorzubereiten, wobei zwei Gesichtspunkte besonders wichtig erschienen: die Wohnungssuche selbst und das Gespräch mit den Vermietern der Wohnung. Zurückgestellt wurde die Auseinandersetzung mit Tonio, der sich immer noch nicht entschieden hatte, mit Helga in eine gemeinsame Wohnung zu ziehen.

Da alle Gruppenmitglieder zu irgendeinem Zeitpunkt einmal in einer ähnlichen Lage gestanden hatten, sind von ihnen viele hilfreiche Modelle zur Problembewältigung unterbreitet worden. Sie führten insbesondere dazu, daß Helga einsah, daß es für sie letztlich günstiger ist, sich – so gut wie möglich – mit den Eltern zu einigen. Zwei Gruppenmitglieder spielten überzeugend die Eltern, die übrigen zeigten, wie sie als Helga jeweils agieren würden. Helga war mit einer Fülle von möglichen Verhaltensweisen ausgestattet worden. So konnte sie der Gruppe beim nächsten Treffen das Gelingen dieses Gespräches mit den Eltern berichten.

Die Wohnungssuche wollten zwei Gruppenmitglieder mit Helga gemeinsam angehen; beide hatten auf diesem Gebiet reiche Erfahrungen. Das Gespräch mit den Vermietern wurde wiederum gespielt. Es wurden sowohl Modelle angeboten, in denen die Schwangerschaft mitgeteilt wurde wie auch solche, in denen sie verschwiegen wurde. Dieser Spielversuch konnte allerdings nicht auf seine Tauglichkeit hin überprüft werden, weil Helga durch ein Gruppenmitglied von einer kleinen freien Wohnung erfuhr, bei der für den Vermieter ausschließlich die finanzielle Sicherheit eine Rolle spielte.

In der vierten Gruppensitzung brachte Helga spontan ein Problem ein: Tonio war arbeitslos geworden, in ihre Wohnung gezogen und ließ sich von Helga total versorgen; er schlief lange, bemerkte kaum, wenn sie zur Arbeit ging, weigerte sich, den Haushalt in ihrer Abwesenheit zu versorgen und ging abends, wenn sie nach Hause kam, aus. Helga war wütend; sie hatte sich die Gemeinschaft mit ihrem Freund anders vorgestellt. Andererseits war sie auch unsicher, da auch ihr Vater von der Mutter in ähnlicher Weise versorgt wurde, ohne daß es dort zu Konflikten kam. Damit war zum ersten Mal das Problem „Tonio" Gegenstand der Gruppenarbeit geworden.

In *Situationsspielen* wurden verschiedene Gespräche mit Tonio modellhaft durchgespielt und analysiert. Neue Verhaltensmuster sind von den Gruppenmitgliedern entworfen und von Helga ausprobiert worden. Dabei wurde zunehmend ein ausgeprägtes Abhängigkeitsverhältnis von Helga gegenüber Tonio sichtbar. An dieser Stelle versuchte die Gruppenleiterin nochmals die Erlebnisebene zu klären und bot dafür den „Zukunftsspiegel" an, – ein Spiel, in dem eine mißlungene Lösung gezeigt und in dem, in einem zweiten Bild, eine Ideallösung phantasiert werden kann. Hier wurde Tonio nun von Helga gerettet, als er Selbstmord begehen wollte. Im Auswertungsgespräch zeigte sich der reale Hintergrund: Tonio erpreßte Helga mit Selbstmorddrohungen. Sie hatte bereits als 15jährige einen Freund, ihren Schulfreund, verloren, der sich mit Schlaftabletten das Leben genommen hat. Die Angst, an einem solchen Tod schuldig zu werden, war bei ihr sehr groß. Die Partnerproblematik nahm nun einen immer größeren Raum ein. Gleichzeitig wurde deutlich, wie gering die Beziehung Helgas zu ihrem ungeborenen Kind war; dieses stellte zunehmend nur noch die letzte Brücke zu Tonio dar.

Tonio hatte inzwischen ein italienisches Mädchen geschwängert. Als er dieses schließlich heiratete, stimmte Helga einer Adoption ihres noch ungeborenen Kindes zu; sie war inzwischen im 7. Monat der Schwangerschaft. Auch diese Entscheidung wurde sorgfältig hinterfragt. Die notwendigen Vorbereitungen erfolgten in Gesprächen und in *Rollenspielen.*

Als die kleine Tochter geboren war, fand sich ein sehr nettes Ehepaar, das Helga – entgegen sonstiger Gepflogenheiten bei Adoptionen – auch kennenlernte und dem sie ihr Kind vorbehaltlos anvertraute.
Sie selbst war an den komplizierten Umständen gereift, war erwachsen geworden. Zur Gruppenleiterin und zur Gruppe hatte sie inzwischen eine gute Beziehung aufgebaut. Nicht gelungen ist es allerdings, das Umfeld von Helga zu beeinflussen. Die Eltern konnten der Tochter nicht verzeihen, sich in einer Kleinstadt als „uneheliche Mutter" präsentiert zu haben. Auch ihre Arbeitskolleginnen verziehen ihr nicht, daß sie – „bar aller mütterlichen Instinkte" – ihr Kind zur Adoption freigegeben hat. Beide, die Eltern wie die Arbeitskolleginnen, hielten den Schwangerschaftsabbruch für die „bessere" Lösung. Die schwierige berufliche Situation von Helga spitzte sich zu und führte schließlich dazu, daß Helga entlassen wurde und arbeitslos war; wie immer war die Kündigung „einwandfrei" begründet. Wieder war es nun die Gruppe, in der Helga Halt fand und in der „dem Drama ihres noch jungen Lebens" ein Sinn zu geben versucht wurde. Wie schwer es für Helga war, im Nachhinein zu ihrer Entscheidung „Ja" zu sagen, die bestimmt nie eine für das Kind, vielmehr eine gegen die Eltern und für den Freund war, ist sicherlich einfühlbar.

Das Sozialtherapeutische Rollenspiel im Umgang mit Sinnkrisen

SOZIALTHERAPEUTISCHES ROLLENSPIEL: HILFE ZUR SINN-FINDUNG UND BEWÄLTIGUNG RELIGIÖSER KONFLIKTE

Adelheid Stein

„Welchen Sinn hat es denn zu spielen und was wird damit eigentlich erreicht?" Diese Frage wird häufig von intellektuellen Gruppenteilnehmern und öfter noch von Fachkollegen gestellt. Es ist nicht möglich, diesen Sinn mitzuteilen wie eine fachliche Information. Es wird den Interessierten angeraten, sich auf das Spiel einzulassen und den Sinn selbst zu entdecken.

Was hier über den Sinn des Spielens gesagt wird, könnte für die Sinnfindung überhaupt stehen: Im Spiel wird versucht, einen Sinn zu erhalten oder – vom Verantwortlichen her gesehen – einen Sinn zu geben. Die Bedeutung für etwas, was leer geworden und seines Sinnes entledigt ist, kann jedoch nur unter der Voraussetzung sich neu bilden oder gebildet werden, daß sich die entsprechenden Personen auch auf die Suche begeben.

Das Sozialtherapeutische Rollenspiel hat neben vielen Bedeutungen auch die, daß sich Menschen in Bewegung setzen, häufig auch – vor allem bei *Erlebnisspielen* –, daß sie etwas suchen und finden. Zunächst erscheinen vielen die beim Spielen auftauchenden Bilder und Beschreibungen als bedeutungslos. Sie erhalten aber ihren Wert dadurch, daß sie von anderen beachtet und mit anderen, die ähnliche Erlebnisse hatten, geteilt werden. Zunehmend erfährt das Gruppenmitglied im weiteren Spielverlauf die Wertigkeit, die gerade dieses von ihm zuerst als unbedeutend empfundene Geschehen für es selbst und für andere hat. Mitunter wird aber auch eine Umwertung der Bedeutung erfahren. Erlebnisse, die von dem einen nur als dunkel oder nur als heiter empfunden werden, zeigen dem anderen auch helle oder düstere Seiten. Es werden Aspekte sichtbar, die einer Person bisher verborgen geblieben waren, oder es ergeben sich Bedeutungen, die bislang fremd gewesen waren. Isolationen werden aufgebrochen und Zusammenhänge hergestellt. Das traumatische Kindheitserlebnis wird nicht mehr als abgespaltenes Ereignis gesehen und kann nicht mehr sein düsteres Eigenleben behalten. Im Bezug zum Hier und

Jetzt verändert es seine Bedeutung und verlangt nach Klärung und Einbettung in die gesamte persönliche Geschichte.

Frankl (1975) spricht im Hinblick auf Werte von drei Kategorien: den schöpferischen Werten, die sich durch Tun und durch Schaffen verwirklichen lassen, den Werten, die im Erleben verwirklicht werden und von den Einstellungswerten, die durch das Stehen zu den Einschränkungen, die den Menschen auferlegt sind, erfahren werden. Im Sozialtherapeutischen Rollenspiel werden solche Werte in besonderer Weise entdeckt und ausgebaut. Hier erfährt der Mensch seine Macht im Tun. Er beeinflußt andere in ihrer Rolle, nötigt ihnen Reaktionen ab, zwingt sie, ihn wahrzunehmen und zu beachten. Damit entsteht zunehmend wieder Vertrauen in die eigene Kraft. Breiter Raum wird außerdem den Erlebniswerten eingeräumt. In einer Zeit, in der sich der Mensch der Natur entfremdet und in der er schrittweise sich selbst ein Fremder wird, lernen die Spieler, Bilder zu sehen und zu beschreiben, Gerüche wahrzunehmen, Geräusche und Tastempfindungen zu erleben. Sie erinnern sich glücklicher und leidvoller Begebenheiten und der dabei empfundenen Gefühle. Sie nehmen Anteil an dem, was anderen begegnet ist, und versuchen, sich einzufühlen und mitzuschwingen. Dies vermittelt den Gruppenmitgliedern das Erlebnis der Zusammengehörigkeit. Gleichzeitig kann sich der einzelne aber auch als Selbst, als Individuum erleben. Es werden Gestalten erschaffen, Abenteuer bestanden, Schicksale im Spiele gewendet und Zeiten und Grenzen überschritten. Die Auseinandersetzung mit der Realität, mit den Problemen des Alltags hat im Sozialtherapeutischen Rollenspiel ihren festen und unverrückbaren Platz. Hier werden Verletzungen sichtbar, Schicksalsschläge benannt, Verluste eingestanden, Trennungen betrauert und Verzweiflungen laut. Zu allem muß jedoch auch Stellung genommen, eine Einstellung gesucht und eine Veränderung vorbereitet werden. Das Spiel bietet mitunter auch stellvertretende Wunscherfüllung, aus der sich Hoffnung entwickeln kann.

Das Sozialtherapeutische Rollenspiel kennt Spielformen, die sich mit Sinnfindung beschäftigen und die eine Auseinandersetzung mit den eigenen Wertvorstellungen wie auch Phantasien zur Daseinsbewältigung in Gang setzen. Um hier die notwendigen Stützen leisten zu können, muß aber der Gruppenleiter seinen eigenen Sinnbezug sorgfältig hinterfragen.

Der Umgang mit Schuldgefühlen, mit Trennungs- und Verlusterlebnissen, mit Veränderungen und den damit verbundenen Ängsten und vor allem die Erkenntnis, daß Unveränderbares hingenommen werden muß, führen zu religiösen Krisen. Es ist vielen Klienten nicht möglich, einen Sinnbezug zu einer außerirdischen Macht, zu Gott, herzustellen. Sozialisationsdefizite im Rahmen der religiösen Entwicklung, Konflikte mit Personen und Institutionen im kirchlichen Bereich sowie unbewältigte persönliche Schicksale stehen beispielsweise einer solchen Sinnfindung entgegen.

Für das Sozialtherapeutische Rollenspiel wurden *Spiele mit Religiöser Symbolik* entwickelt, um eine Verarbeitung der Erlebnisse zu ermöglichen, die einen transzendenten Bezug blockieren. Der Umgang mit Märchen, Mythologien und biblischen Geschichten soll die Bearbeitung solcher emotionaler Sperren einleiten, die aus bislang unbewältigten Erfahrungen resultieren.

Literatur:
Frankl, V. E.: Ärztliche Seelsorge. München 1975

Zusammenfassung

DER EINSATZ DES SOZIALTHERAPEUTISCHEN ROLLENSPIELS IN DER PRAXIS DER SOZIALEN ARBEIT

Klothilde Aschenbrenner-Egger, Walter Schild, Adelheid Stein

Der Austausch mit Praktikern, die das Sozialtherapeutische Rollenspiel im Einzelbezug und vor allem in der Gruppenarbeit anwenden, ergibt, daß diese Methode im Rahmen der psychosozialen Behandlung eine wertvolle Hilfe darstellt. Die Möglichkeit, unterschiedliche Spielformen mit brisanten Themen zu koppeln und aus einer Vielfalt entwickelter Spiele auszuwählen, erlaubt eine breite Anwendung in der Sozialen Arbeit, so daß in fast allen Klientengruppen damit gearbeitet werden kann.

Unsere Erfahrungen zeigen, daß für Klienten mit schweren Störungen und für solche, die über nur geringe Ausdrucksmöglichkeiten verfügen, ebenso wie für Gruppenmitglieder mit geringer Motivation *einfache* Spiele, wie sie die Grundausbildung vermittelt, am erfolgreichsten sind. Erfahrenen Gruppenmitgliedern und solchen, die über ein besseres Sprachniveau verfügen, stehen *kompliziertere* Spiele zur Verfügung. Voraussetzung dafür ist die Kompetenz eines ausgebildeten Spielleiters, der ihre Struktur und Regeln kennt und den Prozeß der Bearbeitung im Spiel zu steuern gelernt hat.

Wir haben versucht darzustellen, wie mit dem Sozialtherapeutischen Rollenspiel in den einzelnen Arbeitsfeldern der Sozialarbeit und Sozialpädagogik gearbeitet wird und welcher Stellenwert dieser Methode im Rahmen der Ausbildung zukommt. Es ließ sich verständlicherweise keine vollständige Übersicht über alle Anwendungsbereiche im gesamten Ablauf vorstellen. Es dürfte dennoch gelungen sein, anhand von Beispielen aus unterschiedlichen Arbeitsbereichen die problemlösende Wirkung der Spiele zu skizzieren und die prozeßhaften Veränderungen zu dokumentieren.

Die Bearbeitung der Problematik erfolgt beim Sozialtherapeutischen Rollenspiel im Wechsel zwischen Erlebnis- und Handlungsebene und wird vom Tempo des Klienten und seinen Möglichkeiten bestimmt. Der Spielleiter arbeitet stützend, spielt selbst mit und unterwirft sich den Spielregeln in gleicher Weise wie die Gruppenmitglieder. Er interpretiert nicht, bietet sich aber als Modell an und zeigt Formen des Verstehens und der Einfühlung auf, um Reflexionen in der Gruppe einzuleiten.

Die Beiträge zeigen, daß das Sozialtherapeutische Rollenspiel das Problembewußtsein bei den Klienten fördert, Problemformulierungen ermöglicht und Veränderungen schrittweise einleitet. Unveränderbares ängstigt, lähmt und blockiert menschliches Handeln, wenn ihm kein Sinn zugeschrieben werden kann. Es ist dabei für alle wichtig zu unterscheiden, welches Problem zur Zeit noch nicht änderbar ist und welches niemals einer Änderung zugänglich sein kann, was der einzelne nicht bereit ist zu wenden und was andere an Änderungen verhindern. Solche Überlegungen führen zur Auseinandersetzung mit sich und mit den Bezugspersonen, mit der Welt und mit der Transzendenz. Hierdurch ergeben sich Konflikte, die erkannt, ausgehalten, formuliert und gelöst werden sollen, soweit dies möglich ist. Die Konfrontation mit individuellen und gesellschaftlichen Grenzen führt zu Zorn und Trauer, Verzweiflung und Resignation. Hier gilt es, Fähigkeiten zur Darstellung und Gestaltung solcher Probleme zu entwickeln und zunehmend Ich-Kräfte aufzubauen. Die Versöhnung mit sich, der eigenen Geschichte und mit Gott könnte das Resultat solcher Auseinandersetzung mit Auflehnung und Trauer werden.

AUTOREN

Achenbrenner-Egger Klothilde, Sozialarbeiterin (grad.), — Sozial-therapie —, Familientherapie
Katholischer Caritasverband München, Fachambulanz für Sucht-kranke

Blusch Anton, Dipl. Sozialpädagoge (FH), Heimleiter
Katholisches Kinderheim St. Johannis-Zweig-Verein, Augsburg

Falkenhagen Jürgen, Dipl. Sozialpädagoge (FH), Heilpädagoge, Heimleiter
Bayerischer Landesverband für die Wohlfahrt Gehörgeschädigter, München

Ferner Helga, Dipl. Sozialpädagogin (FH)
Katholischer Caritasverband München, Fachambulanz für Sucht-kranke

Grüneschild Hildegard, Dipl. Sozialpädagogin (FH),
Innere Mission München, Fachreferat Straffälligenhilfe

Herbsthofer Elisabeth, Sozialarbeiterin (grad.)
Waldhof-Kindergarten, Salzburg

Huber Herbert, Sozialarbeiter (grad.), — Sozialtherapie —
Katholischer Caritasverband München, Referat Gefährdetenhilfe

Juen Siegmund, Dipl. Sozialarbeiter, Professor für Methodik und Theorie der Sozialarbeit
Akademie für Sozialarbeit der Caritas der Diözese Innsbruck

Knaier Doris, Dipl. Sozialpädagogin (FH)
Altenheim, Kirchheim i. Ries

Miller Hans Michael, Sozialarbeiter (grad.), Dipl. Psychologe
Katholische Fachakademie für Sozialpädagogik, München

Müller Brigitte, Sozialarbeiterin (grad.)
Baldham

Praël Marlis, Dipl. Sozialarbeiterin, Freie Mitarbeiterin
Alten- und Service-Center, München-Moosach

Roidl Barbara M. A., Mitarbeiterin auf Honorarbasis
Katholischer Caritasverband München, Fachambulanz für Sucht-
kranke

Roidl Ulrich-Peter, Dipl. Sozialpädagoge (FH)
Katholischer Caritasverband München, Fachambulanz für Sucht-
kranke

Scheuberth Traudl, Sozialarbeiterin (grad.), Supervisorin
Caritasberatungsstelle für Psychische Gesundheit, München

Schild Walter, Sozialarbeiter (grad.), Supervisor, Professor für
Sozialarbeit/Sozialpädagogik
Katholische Stiftungsfachhochschule, München

Schmidtobreick Ursula, Sozialpädagogin (grad.)
Haus- und Familienpflegeschule, Freiburg

Stein Adelheid, Dr. phil., Sozialarbeiterin (grad.), Dipl. Psychologin,
Professorin für Psychologie und Sozialarbeit/Sozialpädagogik
Katholische Stiftungsfachhochschule, München

Teuber Mechtild, Dipl. Sozialpädagogin (FH)
Katholischer Caritasverband Augsburg, Kindergartenreferat

Treiber Gabriele, Sozialarbeiterin (grad.), Dipl. Pädagogin
Neckarsulm

Im Zusammenhang mit diesem Buch werden Sie interessieren:

Horst Belz Christian Muthmann	**Trainingskurse mitr Randgruppen** Handreichung für die Praxis 1985, 152 Seiten, Forco, DM 19,80
Saul Bernstein Louis Lowy (Hrsg.)	**Untersuchungen zur Sozialen Gruppenarbeit** **in Theorie und Praxis** 7. Auflage 1982, 184 Seiten, Forco, DM 22,—
Jutta Brakhoff (Hrsg.)	**Eßstörungen** Ambulante und stationäre Behandlung 1985, 160 Seiten, kart. lam., DM 18,—
Tom Douglas	**Wie man mit Gruppen arbeitet** Eine Einführung 2. Auflage 1981, 256 Seiten, Alcor, DM 28,—
Naomi Golan	**Krisenitervention** Strategien psychologischer Hilfen 1983, 256 Seiten, Forco, DM 29,80
John Haines	**Interventionsprozesse in der sozialen Arbeit** Die Doppelstrategie gegenüber Betroffenen und ihrem gesellschaftlichen Umfeld 1979, 264 Seiten, Alcor, DM 29,50
A.M.A. Houtman	**Machtaspekte in der helfenden Beziehung** 1978, 76 Seiten, kart. lam., DM 10,80
Ulrich John	**Rehabilitation Alkoholabhängiger** Ansätze und Grenzen sozialwissenchaftlicher Untersuchungen 1985, 236 Seiten, Forco, DM 28,—
Katholische Bundes- arbeitsgemeinschaft für Beratung (Hrsg.)	**Rat in ratloser Zeit** Kirchliche Beratung — Dienst am Menschen Bearbeitung von Ingrid Post, Notkar Klann und Franz Herzog. 1986, 270 Seiten, Forco, DM 28,—

▶

Ursula Kuypers (Hrsg.)	**Sucht und Therapie** Therapeutische Ansätze – Die Persönlichkeit des Helfers – Die Sinnfrage in der Therapie 1982, 128 Seiten, kart. lam., DM 16,80
K. J. Nijkerk Ph. H. van Praag	**Die Arbeit mit Gruppen** Ein Handbuch 2. Auflage 1980, 272 Seiten, Alcor, DM 26,—
Helen Northen	**Soziale Arbeit mit Gruppen** Der Verlauf des helfenden Prozesses 2. Auflage 1977, 292 Seiten, Alcor, DM 28,50
Helen H. Perlman	**Soziale Einzelhilfe als problemlösender Prozeß** 4. Auflage 1978, 288 Seiten, Alcor, DM 28,—
William J. Reid Laura Epstein	**Gezielte Kurzzeitbehandlung in der Sozialen Einzelhilfe** 2. Auflage 1984, 224 Seiten, Alcor, DM 24,—
Robert W. Roberts Robert H. Nee (Hrsg.)	**Konzepte der Sozialen Einzelhilfe** Stand der Entwicklung – Neue Anwendungsformen 3. Auflage 1982, 424 Seiten, Forco, DM 39,50
Margaret Schubert	**Das Gespräch in der Sozialarbeit** Eine Anleitung für Ausbildung und Praxis 2. Auflage 1982, 144 Seiten, kart. lam., DM 16,—
Gerald G. Smale	**Die sich selbst erfüllende Prophezeiung** Positive oder negative Erwartungshaltungen und ihre Auswirkung auf die pädagogische und therapeutische Beziehung 2. Auflage 1983, 128 Seiten, kart. lam., DM 14,50
Adelheid Stein (Hrsg.)	**Problemfelder der Therapie Suchtkranker** 1985, 128 Seiten, kart. lam., DM 18,—

Preisstand: 1. April 1987

Lambertus-Verlag GmbH, Postfach 1026, D-7800 Freiburg